宏观
算大账
新篇

——与中国发展同频共振的经济统计

◎ 高敏雪 著

中国统计出版社
China Statistics Press

图书在版编目（CIP）数据

宏观算大账新篇 ：与中国发展同频共振的经济统计 / 高敏雪著. -- 北京 ：中国统计出版社，2024. 6.

ISBN 978-7-5230-0443-2

I. F222.1

中国国家版本馆 CIP 数据核字第 2024S0N690 号

宏观算大账新篇——与中国发展同频共振的经济统计

作　　者 / 高敏雪
责任编辑 / 荣文雅
封面设计 / 王　芳
出版发行 / 中国统计出版社有限公司
通信地址 / 北京市丰台区西三环南路甲 6 号　　邮政编码 /100073
发行电话 / 邮购（010）63376909　　书店（010）68783171
网　　址 / http://www.zgtjcbs.com/
印　　刷 / 河北鑫兆源印刷有限公司
经　　销 / 新华书店
开　　本 / 787mm × 1092mm　1/16
字　　数 / 380 千字
印　　张 / 25
版　　别 / 2024 年 6 月第 1 版
版　　次 / 2024 年 6 月第 1 次印刷
定　　价 / 75.00 元

自 序

这是一部经济统计专题研究文字合辑。所谓经济统计，简单说就是面向经济领域的统计。统计是一类进行量化、分析的方法，经济则是一个有待量化、分析的领域，二者嫁接起来，成就了这样一套专门进行经济计量和分析的经济统计方法论。书中汇编的数十篇文字，题目比较灵活，呈现方式也比较多样，但总体而言都可归入经济统计这个范畴。

各篇文字主要来自 2017 年以来我在《中国统计》的发稿，另一个来源是以“数数”之名在豆瓣贴出的读书笔记，还有少数篇目是工作、交流过程中留下的记录。各篇题目主要由两种情景引入：我自己读了一本书、参加了一项活动，或者现实世界中发生了一件事、观察到一类现象。文字铺陈力争口语化，没有故弄玄虚的“目的”和“意义”，没有佶屈聱牙的专业术语，更像是课题组的日常讨论，而不是专门组织的学术讲座。

尽管可读性比较强，但不同于网络上常见的口水文。每篇文字都体现了较高的专业性和学术含量，同时包含着对中国现实的紧密关切。无论起头怎样“灵活”，总会落实到一个“问题”的讨论上来。或者以经济统计理论与方法作为讨论的基础，借助数据，用以对事件或现象进行解读；或者直接讨论其中包含的经济统计问题，可能是国际前沿的介绍，也可能是中国动态的解析，还有可能是历史演变过程的钩沉。文字虽然比较“随意”，但内在逻辑绝不含糊，一方面是讨论所依据的学理，延伸开来还包括行文大结构、小段落的起承转合，均力求体现应有的逻辑，一层一层向前推进。此次汇编起来，自我定位于：这是一部以宏观算大账为主题、体现中国特色和自主知识凝练、与中国发展同频共振的经济统计专题研究合辑。

为汇编成书，我将 60 余篇文字粗粗分为三个板块。第一是宏观核算，其中各篇都与国民经济核算的原理与应用有关，可能是关键时刻或核心指标的数据解读，可能是国民核算体系发展动态的介绍，也可能是某些具体核算方法的阐释，最典型地体现了"宏观算大账"这个主题。第二是政府统计，所收各篇内容涉及统计数据生产过程的具体方法与实务操作，包括对统计指标及其应用的解读，某领域专题统计开发的前沿动向，以及政府统计组织实施过程中的管理问题，体现了宏观算大账背后的数据基础和组织管理架构。第三是专业阅读，所列各篇相对较杂，都以阅读为媒借题发挥，或介绍当下新知，或钩沉早期旧识，但都会着落在宏观算大账这个主题范畴之中。

为此次出版，我在保持原貌前提下对各篇文字做了一些编辑。一是每篇之下都加了一个注释，注明原刊出处和写作年份，必要时还会对当时的写作背景做一点儿交代。二是对原文进行了最低限度的修改，消灭简单的文字错误，去掉一些过分随意的句子——这些加工主要针对豆瓣发文，原本带有自媒体风格的文字，现在作为正式印刷品出版，必须要做一些"修剪"。

感谢《中国统计》这个以追踪中国统计实践、展现中国统计发展为己任的重要平台。自从 2005 年 7 月开始，每期一篇长短文字，我与《中国统计》的文字缘延续至今，已经进入第十九个年头。2011 年我曾经将此前刊文合集出版《宏观算大账》；这一次合集成书，主体部分则是 2016 年之后刊出的各篇目，书的名字也体现了与前一部的衔接。为此我要特别感谢胡文华女士当年的热情邀约，张玉妹女士多年来的宽容接纳，中国统计出版社罗浩主任和荣文雅编辑在成书这个关键节点上的文字把关和细心设计，没有他们的敦促和帮助，就不会有这些文字问世，不会有今天这部合集的出版。

感谢中国人民大学应用统计科学研究中心为此次出版提供的资金支持。人民大学是我的“东家”，也是我数十年职业生涯的精神家园。我很荣幸能够在研究中心这个交流平台上为经济统计研究效力，展示自己的学术成果。

时代在变化，数字时代的变化肯定是加速度的。这些变化给经济统计提出了各种各样的新问题，还可能会引起经济统计自身面貌的变化。作为经济统计领域的“老兵”，我会勉力前行，继续发挥余热。同时特别期待新一代经济统计学家的成长，期待经济统计学在新时代继续绽放光芒。

高敏雪

中国人民大学应用统计科学研究中心

2024 年元旦前夕

1 宏观核算－原理与应用

目录

2 政府统计－方法与实务

目录

专业阅读－旧识与新知 3

1

宏观核算－原理与应用

疫情压力测试下的宏观经济指标解析

此文写成于 2020 年 4 月 20 日，曾获得时任国家统计局局长宁吉喆的转发批示。2020 年 4 月 22 日以《-6.8%，一次不可能复制的压力测试》为题，在澎湃新闻刊出，点击量逾 40 万次。后由国家统计局官方公众号“统计微讯”、中国人民大学统计学院和中国人民大学应用统计科学研究中心的公众号转发。这是我第一次在新媒体全文刊发的专业文章，为疫情突发后的经济数据提供了比较完整的分析，同时也可以作为一套综合运用各方面统计数据、放在 GDP 核算平台上挖掘有价值信息的样板。

疫情暴发以来，经济增长率等宏观经济指标就成为各界关注对象，先是各方机构的预测，后是期待国家统计局相关数据的发布。国民经济核算是我的主要研究领域，熟悉 GDP 以及经济增长率的算法，理应对相关数据有些感觉，为此不免有人到我这里唠叨自己的疑惑，想听听我的看法。3 月初我曾经写了几段话，题为“怎么算疫情之经济影响这笔账”放在豆瓣上，就事论事，对其中可能会出错的地方、算账时需要遵循的路径做了一点说明。此次国家统计局发布了 1 季度 GDP 以及经济增长率数据之后，更有不少人问我对数据结果的判断。他们的问题是：（1）供给方看，第一产业下降 3.2%，第二产业下降 9.6%，这个好像可以接受，但第三产业只下降 5.2%，似乎和感觉有较大差距，由此就影响到整个经济总体增长率下降 6.8% 这个数据是否可信。（2）需求方数据问题更大：都知道 GDP 需求方由消费、投资、净出口三匹马拉动，抛开净出口（占比较小可以忽略）不谈，社会消费品总额下降 19.0%，固定资产投资下降 16.1%，都是两位数，虽说是名义值，但无论如何似乎凑不上 6.8% 的经济跌幅吧！

已经有不少人围绕这些数据的解读做工作，国家统计局自身全力以赴自不待言，外部专家也已经有所行动，比如社科院的专家、清华大学的专家等。一方面是对数据做解读，更多的是通过数据看中国经济的基本状况，当然，正面解读居多，说明当前中国经济正在恢复之中，伴随复工复产步伐加快，会有更好的境况出现。

毫无疑问，这些工作都很重要，很有建设性。但几篇东西看下来，我总体感觉是：这些解读只是看到了中国经济以及中国经济数据的第一层面，还是有些就事论事。在我看来，此次疫情相当于为中国经济提供了一次不可能复制的压力测试，同时也为相关统计指标的测算和应用提供了一次难得的检验机会。我们必须穿透数据的表层，在更深层次有所发现，这样才能为未来中国经济后续改革和相关决策提供一些着力点；同时应该超越对数据真实性的质疑或辩护，发现当前经济指标的应用价值和问题所在，这样才能为政府统计的进一步完善、引导用户更有效地使用统计数据提供建议。

以下我将以此为出发点对 1 季度 GDP 以及经济增长率数据做一些讨论。

一、GDP 及经济增长率概述

经济增长率是基于 GDP 通过价格缩减计算得到的。GDP 内涵丰富，可以从生产、收入、需求三个方向上定义，覆盖了几乎所有的实体经济活动，为宏观经济观察搭建了一个基本框架，是把握宏观经济态势的不二指标。与此相对应，GDP 算法复杂，沿着上述三个方向，有生产法（行业增加值加总）、收入法（大体相当于各部门可支配收入加总）、支出法（最终产品使用加总）之分，三者在结构上各有用途，总量上相互校验相互支撑，几乎要动用经济社会统计各个领域的数据作为核算基础，常常会引起外界数据用户的误解和误用。

如何用好 GDP 以及基于 GDP 计算的经济增长率数据，不仅是对宏观经济观察者的考验，也是对政府统计部门的考验。我在“怎么算疫情之经济影响这笔账”短文里曾经说，最好先从需求侧的直观观察开始，然后落实到供给侧各个产业的经济增长，以下我就按照这个思路做讨论，最后尝试用收入数据做进一步验证。

二、需求侧观察

需求角度看，拉动 GDP 以及经济增长率这架车的三匹马分别是最终消费、资本形成、货物服务净出口。国家统计局不发布季度支出法 GDP 核算结果，但会以其他方式披露一些信息。今年 1 季度，最终消费支出拉动 GDP 下降 4.4 个百分点，资本形成拉动 GDP 下降 1.4 个百分点，货物和服务净出口拉动 GDP 下降 1.0 个百分点，合起来就是经济增长率下降的 6.8%（见赵同录：*一季度经济受疫情冲击影响显现 长期向好发展趋势没有改变*）。因为没有给出更详细的核算信息，故而人们习惯上常常用现实的社会消费品零售额、固定资产投资额、货物进出口差额来看需求动态，对应支出法 GDP 的三个构成项——也难怪，两两之间直觉上很容易对应起来。我要说的是，日常里这么替代使用可能不会出很大的纰漏，但遇到如当下疫情暴发、经济停摆这样的特殊时期，可能还真需要谨慎考量，否则就会出问题。

从社会消费品零售额到最终消费支出，从固定资产投资额到固定资本形成总额，其间有很多话题，其中既涉及指标口径调整也涉及对基础数据质量的判断，国家统计局已经多次在不同场合苦口婆心解释两两之间的对应差别。这些具体问题我在此统统忽略，直接讨论其中的核心问题。概括而言，不能简单替代的主要问题在于：这些替代指标的内容只覆盖货物而忽略了服务部分。货物进出口没有包括服务进出口；固定资产投资额只涉及实物投资，包括建筑工程投资、安装工程投资，以及与此有关的其他费用，却不包括各种无形资产投资，如计算机软件、数据库以及研发投入所代表的知识积累；社会消费品零售额主要是消费品的购买支出，却不包括越来越重要的服务消费（餐饮服务是个例外），尤其值得关注的是，这就基本上把由政府掏腰包的公共消费支出排除在外了。如果说无形资产投资在数额上尚无法与实物投资相比（它与固定资本形成之间的关系需要结合其他因素做讨论，这里略过不提），但不包括服务消费所带来的估计后果则确实非常致命，因为服务消费的变化轨迹与货物消费有很大区别，尤其是政府公共消费支出，自有其动态变化逻辑。以下专门就最终消费部分做详细讨论估算。

结合当前数据看一看。（1）根据2018年数据（见《中国统计年鉴2019》），最终消费支出总计48万亿，其中居民消费34.8万亿，政府消费13.2万亿，政府消费占比27.5%。（2）按照2017年投入产出表提供的数据，居民消费中服务消费超过50%（2017年服务消费17万亿，占当年居民消费支出32万亿的50.3%），政府消费全部都是服务消费。两方面合起来估算，全部2018年48万亿最终消费中，服务消费应该不会少于31万亿，占比65%。

进一步看，（1）居民服务消费中住房消费超过了10%（2017年是3.5万亿/32万亿），其中相当大部分是居民自有住房消费，也就是自己使用自己提供的住房服务（以及物业服务消费），与住房市场无关。（2）政府消费的服务应该包括两部分，一部分是购买市场生产部门提供的服务供全社会使用，更大部分则是政府购买了自己以非市场生产方式提供的公共服务（说白了就是为这些公共服务生产活动买单），排在前面的服务项目依次是公共管理和社会组织、卫生、教育，此外还有公共设施与土地管理、科学技术、文化体育等，除了科学技术之外，一般都归之于“其他服务”（在2017年投入产出表中，这些“其他服务”消费占政府公共消费支出的比例接近90%（11万亿/12.4万亿）。如果综合起来估算，非市场性服务消费在全部服务消费中的占比可达50%，在整个最终消费支出中的比例可达1/3。

把上述估算结果综合起来，放在表1里。可以看到：（1）用社会消费品零售额

表 1 最终消费支出构成估算

	居民消费	政府消费	合计
货物消费	社会消费品零售额（不会超过 35%）	0	不超过 35%
服务消费	35% 以上（虚拟住房服务为非市场服务）	不到 30%（主要是非市场服务）	不少于 65%（非市场服务超过 30%）
合计	70% 以上（少量非市场服务）	不到 30%（主要是非市场服务）	100%

代表最终消费支出，有很大片面性。（2）服务消费的重要性已经大大超过货物消费。（3）政府主导下的非市场服务消费占比显著，其消费特征与市场性服务消费差异很大。

正常年份里，伴随货物（消费品）消费水平提高，服务消费也会提高，尽管可能提高的速率会有一定差别（按照消费需求理论，很可能高于货物消费提高速度），但年度观察其差别不会太大；进一步地，伴随市场化消费水平的提高，非市场化服务消费水平也会有提高（经济发展了就会通过公共服务改善民生）。所以，即使社会消费品零售额只反映货物消费部分，这一部分在总体中只占三分之一，用来反映最终消费支出的整体状况也还是有一定代表性的。但是，疫情发生，经济停摆，首先影响的是市场经济部分，非市场部分的影响则不会直接、马上显示出来。也就是说，一方面我们看到的是市场性消费的大幅下滑，另一方面则是非市场消费部分的大体稳定，比如虚拟住房服务不会因为疫情而发生变化，教育等公共服务消费也会照常发生，有些部分比如卫生服务、公共管理服务甚至还会有所提高（具体原因涉及到算法，下一部分专门讨论），于是，仅仅用社会消费品零售额的下降来指代全部最终消费支出的变化，结果就会出现较大偏差。

三、供给侧观察

从供给侧做讨论，可以更直接地对应当前估算的 -6.8% 这个显示经济负增长的关键数据。

在三次产业层面上，不难看到，“一产”因为种植业的稳定从而降幅有限（增速为负主要是畜牧业造成的），但在 GDP 中占比较小，故而对经济整体影响不大；“二产”下降幅度较大，接近 10%，考虑其超过 35% 的权重，对经济的影响肯定显著；“三产”下降幅度大大低于第二产业，同时“三产”占比最大（超过 50%，1 季度更是非常接近 60%），故而在经济负增长中缓冲了第二产业大幅下滑带来的影响。所以，第三产业的情况最值得关注，需要专门讨论。

第三产业内部构成复杂，需要在细分层面做观察。分解看“三产”中各个细分部门增速及其占比，可以发现，有若干股力量在同时发挥作用。第一是当下感受最深、跌幅最大的部门，批零贸易、住宿餐饮、交通邮电，三个部门合起来在“三产”中占比为 23.9%，再加上商务租赁服务业，共同构成下拉三产经济增长速度的主要力量；第二是有正向增长的信息服务业和金融业，二者占比合起来达到 24.7%，是对冲“三产”负增长的重要力量；第三是“其他服务业”，占比超过 30%，跌幅却只有 1.8%，可以认为在很大程度上是最后决定第三产业跌幅的力量，与此相似的还有房地产业，跌幅适中但占比例较大，作用虽然不及“其他服务业”但性质上有相似之处。因此，要解开服务业下跌幅度较低这个“谜”，关键就是“其他服务业”以及房地产业。

“其他服务业”里都包含什么？看投入产出表可知，其细分行业多多，性质各异，但大体可以分为两类，一类是居民服务业、文化娱乐业等市场主导的部门，占比相对较小（在 2017 年投入产出表中占比大约 17% ~ 20%）；另一类占比较大，属于政府主导下的非市场生产部门（占比约 80%，但其中会包含一些市场化产出），按经济规模排序依次为公共管理与社会组织，科学研究，土地和环境生态管理，卫生，教育，社会工作和社会保障等。我们不掌握这些细分部门的增长率数据，但不难推测，疫情期间，前一部分与市场对接的部门肯定有较大降幅，之所以“其他服务业“能够保持很低的下降幅度，主要是这些非市场性生产部门的作用所致——没有同步下降，甚至还会出现正增长。房地产业的情况与此类似：一部分是与市场接轨的房地产开发业，疫情期间下降明显，但另一部分居民自有住房虚拟服务则与市场无关，保持了动态稳定。

为什么会出现这样的结果？这与非市场生产部门产出和增加值的计算方法有关：因为其非市场性质，无法用市场价格估算其产出，只能以投入代产出，按照总投入计算其总产出，扣除中间消耗之后获得这些部门的增加值。用收入法增加值的项目构成看最为清楚：在劳动者报酬、固定资产折旧、生产税、营业盈余四个构成项中，最后一项视为零，生产税可以忽略不计，余下的就是劳动报酬和固定资产折旧。结合公共管理、教育、卫生等公共部门来说，可以想象，无论开学不开学，线上办公还是现场办公，固定资产折旧照提，工资照发，其部门增加值基本不受影响，还可能会因为疫情而增加相应的工资支出，比如一线的医疗卫生人员、下沉到社区的大量防疫人员，以及线上教育火爆，结果还可能导致部门增加值出现正增长。虚拟住房服务也属于这种情况：当前中国核算依然是以成本为基础对接存量住房计算服务产出，疫情期间其增加值不会减少，同比看还可能伴随存量住房增长而保持一定的增长幅度。

也就是说，由于这部分非市场服务生产部门的存在，其产出核算的刚性直接对冲市场生产部分，导致“其他服务业”维持了一个很低的下降幅度（不到2%），加上房地产业，借助于占比的显著性，成为整个第三产业经济增长状况的压舱石。什么情况下其跌幅才会显著？我们可以设想一种情景：如果因为抗疫，政府要共度时艰过紧日子，各类行政事业单位开始降薪 / 裁员（或者减少其他人工支付，比如奖金、津贴、劳务费等），这些行业增加值才会下降。

总结以上，可以看到：（1）第三产业份额已经大大超过 50%，由此其增长率高低对于整个经济增长率的决定意义重大。（2）新兴服务业与传统服务业之间呈现截然相反的经济增长态势，新兴服务业所占份额已经比较显著，其不俗表现为对冲疫情期经济负增长做出了重要贡献。（3）非市场生产部门所占份额显著，与市场的疏离，使其在稳定第三产业经济增长率方面发挥了作用。

四、收入数据的补充观察

国家统计局公布了1季度居民可支配收入数据，下降幅度好于一般想象，只有3.9%。但放到GDP核算这个平台上看，需要回答以下两个问题。

第一，居民可支配收入数据怎么看。国家统计局公布的住户调查数据显示出，居民可支配收入四个构成部分各自呈现出不同态势。其中，转移性收入对应社会救济和退休金，这部分有比较显著的正增长；财产性收入取决于财产存量，1季度不会下降，但因为其占比不高故而对整个居民收入动态影响有限；工资性收入整体有所提高，但内部差异较大，相比而言，行政事业单位、大型企业、新兴行业企业、国有企业等工资比较稳定，中小企业、传统行业企业、私营企业等的工资水平肯定会有较大幅度的下滑；个体经营要直接面对市场，故而其净收入肯定会受到较大冲击（以上见“2020年一季度居民收入和消费支出情况”）。

第二，居民可支配收入只代表住户部门收入状况，除此之外还需要看企业部门、政府部门的可支配收入状况。企业部门当前没有全面数据，照理可以通过税后利润大体反映一般情况，国家统计局只公布了1–2月份规上工业企业利润总额，有大幅度下滑，3月份应该不会有显著好转，扩展到各类中小企业、工业之外的企业，虽然会有一些对冲的力量，但整体看可支配收入下降幅度肯定比较显著。政府部门也没有全面数据，通过财政收支可以反映其一般状况，财政部公布了1季度数据，财政收入显著下降（14.3%），尤其是税收收入（16.4%），财政支出也有下降，但幅度大大小于收入（5.7%），在结构上明显向社会保障和就业支出、卫生健康支出倾斜（见“2020年一季度财政收支情况”）。综合收支两方面的情况，落实到政府部门可支配收入上来，结果肯定有大幅减少。下一步如果按照当前很多专家的呼吁对居民发放消费券，那就会形成政府部门可支配收入的更大跌幅。

将收入状况与需求侧和供给侧数据综合起来，会在一定程度上印证前面已经形成的认识：政府公共消费支持下的非市场服务生产保持稳定，对市场性生产活动下跌形成了对冲，但背后实际上是政府部门通过财政支出在托底；如果进一步考虑政府在投资方面的投入（这一部分我在前面需求侧省略掉了，没有讨论），财政支出的托底作用可能会更加明显。问题是：政府没有足够的收入，如何能够支撑这些活动，为整个经济托底？解决办法就是发债，只有发债，扩大财政赤字，才能为一个有为政府在特殊时期干预经济提供保障。这就回到凯恩斯经济学提出的药方，通过政府部门扩大支出，保障民生并为经济体提供有效需求：政府消费支出，一方面购买了政府部门自己提供的公共服务，同时购买了市场生产部门提供的货物服务，然后通过产业链条，共同拉动其他部门的增长——直到市场性部门回到正轨，税收增加，相应的救助式支出减少，政府部门的收支状况才会随之改善。当前中国的情况，政府肯定以保障民生为主要目标，但增加支出的行动确实也发挥了扩大需求、稳定经济增长下降幅度的作用，而这一切都要以扩大政府财政赤字和债务水平为代价。

五、总结

总结以上，我有以下几点认识供商榷。

第一，疫情期间经济状况显示出，市场主体部分因为停摆而大幅下挫；同时一部分新兴市场经济成分逆势上升，尤其是与信息技术有关的行业，不仅成为对冲经济下滑的重要力量，而且会对未来经济产生深远影响；政府主导下的非市场经济部分在此特殊时期成为显著的存在，一方面发挥了保障民生的作用，另一方面成为稳定经济的压舱石，对应地则要面临不断加大的政府债务负担。

第二，无论是供给面还是需求面，服务相比于货物的重要性在疫情期间得到进一步凸显。一方面因为服务生产、消费在行业增加值和最终消费中的占比均已大大超过货物，权重较大；另一方面更因为服务生产和消费具有多样化特征，由此可以在不同经济状况下保持更强的活力和适应性。

第三，GDP 和基于 GDP 计算的经济增长率，可以覆盖宏观经济的方方面面，对经济状况做总括式表达，故而在宏观经济观察中具有不可替代的作用。但是，如果直接将其作为一个反映市场动态的指标使用，本身的灵敏性还存在问题，因为其中包含了不可忽略的非市场经济成分。可以说，GDP 核算就是在全面性和市场性这两个目标之间妥协的结果。所以，在使用 GDP 观察宏观经济整体状况的同时，需要辅之以那些直接显示市场动态的指标，才能全面把握经济态势。如果仅就市场性经济部分做观察，当前面临的形势应该比所公布的 -6.8% 更为严峻。

第四，当前 GDP 核算以生产法为核心，对应地，相关业务统计指标在货物统计方面有深厚基础，服务统计方面则缺失明显，尤其是短期季度核算。结果就是无法满足宏观管理从需求视角看问题的数据要求，无法就服务的生产与消费进行系统分析。未来期待国家统计局集中力量攻关，弥补相关业务统计短板，逐步形成支出法 GDP 数据公布机制。

附表 2020 年第一季度 GDP 初步核算数据

	绝对额（亿元）	比上年同期增长（%）
	1 季度	1 季度
GDP	206504	-6.8
第一产业	10186	-3.2
第二产业	73638	-9.6
第三产业	122680	-5.2
农林牧渔业	10708	-2.8
工业	64642	-8.5
# 制造业	53852	-10.2
建筑业	9378	-17.5
批发和零售业	18750	-17.8
交通运输、仓储和邮政业	7865	-14.0
住宿和餐饮业	2821	-35.3
金融业	21347	6.0
房地产业	15268	-6.1
信息传输、软件和信息技术服务业	8928	13.2
租赁和商务服务业	7138	-9.4
其他服务业	39660	-1.8

数据来源：国家统计局，2020 年一季度国内生产总值（GDP）初步核算结果。

从经济增长到经济增长率

本文刊发于《中国统计》2018 年第 12 期。后被选入《统计的维度（首届维度杯中国统计好文章获奖作品文集 2015—2019）》。

经济增长是一类现象，经济增长率是一个用于表征经济增长的指标。经济增长是万千百姓福利提升的基本前提，可以超越国家的大小、政体，甚至意识形态，由此成为各国各级政府案头的第一功课。如何量化表现一国（地区）一时期的经济增长，从经济学家到统计学家，百年来殚精竭虑搞出来的一个 GDP（国内生产总值），然后实施动态监测形成了所谓经济增长率指标。但是，经济到底是怎样增长的？这些增长如何被 GDP 收于囊中并转化为一个经济增长率数字？答案似乎还不是一目了然的，坊间关于 GDP 以及经济增长率数据的种种质疑，除了数据质量问题之外，也有不少就是因为对这些指标内涵理解不到位。如何帮助读者（数据用户）更好地了解这些，是我写作本文的初衷。需要提前说明的是：本文的目的不是详细介绍中国 GDP 以及经济增长率的具体算法实务，更不是要对当前中国经济增长率数据质量做出判断（这些都是更复杂的话题），这里只是就基本理解和测算要点点到为止。

一、经济：如何增长

按照通常的理解，经济增长是指经济生产产出的增长。也就是说，与以前时期相比，经济体系通过生产活动为消费者提供了更多的产品，带来了更多的效用，满足了更多需求。所以，探索经济增长的路径，首先要从更多、更好的产品入手来分析。

第一是产品产量的增加。所有的产品，从粮食、钢材、石油天然气等关系国计民生的大类产品，到纽扣、铅笔、零食这样的日常消费品，还有保洁、课业辅导、健身指导等服务类产品，如果提供的产品产量较上一时期有了增减变化，都将汇总到经济增长（负增长）之中。在此意义上说，所谓经济增长率，就是所有产品产量变化率的加权平均。

第二是产品品质的提高。一块电池有了较长的使用寿命，一台冰箱有了更大的容量，铁路运输有了更快的速度，稻米有了更好的口感，住房有了更好的空间设计。这些变化虽然不体现为产量的增加，却无疑包含着更高的效用，对需求有更好的满足。所以也应该作为经济增长的一部分。由此说明，仅仅用产品产量变化做加权平均来计算经济增长率是不够的，还应该将产品质量变化包含在其中。

第三是新产品的出现。以上都是就已有产品追踪其产出的变化，更加引人注目的变化是大量新产品的涌现。仅从我们身边的生活消费而言，现在已经习以为常的各种产品，比如手机、电脑等电子信息产品，电视机、洗衣机、微波炉、空调机等家用电器产品，国内外旅游、出国留学、健身活动等服务类项目，这些在中国经济腾飞开始之前（四十年前）大多数都是不存在的。毫无疑问，这些从无到有的产品产出，必须适时纳入经济增长率的测算。

是什么促成了上述种种的发生并实现了经济增长？

第一与科学技术的创造发明有关。借助于科学技术，人类对世界有了越来越清晰的认识，基于这些知识极大地增强了驾驭自然物质形成产品从而造福人类自身的能力。大到冲出地球大气层的太空观测，小到在微观纳米世界里的技术追求，其结果从经济层面观察，要么是产生了大量的新产品，要么是逐步提升了产品的品质，要么是以更加节约的方式形成了更大的产量。

第二与分工引起的效率变化和产业链条细化有关。由于分工，一件产品的生产被拆分为多个环节完成，为其服务的各种辅助活动开始由专门的生产者独立承担。通过分工，生产者专注于自己具有比较优势的生产活动，从而特别有助于提高原有产品的产量和质量，促成更多新产品出现，同时也会导致我们可以在经济增长过程中看到更多的产品类别，不仅是终端产品，更包含了大量在分工前提下衍生出来的中间性产品，由此使得经济结构日益复杂化。

第三与经济社会机制变化引起的经济生产范围扩展有关。市场作为经济机制将千千万万个生产者联系起来，将越来越多的活动裹挟到市场之中；政府（以及其他非营利机构）作为社会机制的主导者将单个家庭依次转化为社区、区域乃至国家来管理，由此出现大量以提供公共服务为特征的社会服务活动。这两股力量合起来，结果就是可供观测的经济生产活动范围的显著扩大。

一个最典型的领域是家庭内部活动的外部化。那些原本存在于“家里”的种种活动，相当大部分变成了市场化的经济生产，比如食品烹饪之于外出就餐或外卖，自家缝纫之于购置成衣，请家庭护工照料幼童老人，回家路上“最后一公里”的共享单车等；还有相当部分逐步由社会承担，演化为公共服务生产活动，比如从家庭教育到学校教育，从个人风险防范到社会保障，居家周围环境的维护，社区交通、秩序、安全的维护等。

另一个发生领域是资源环境。那些原本属于“自然”范畴的事务，如今借助于市场或政府参与越来越转化为经济事务的组成部分。比如传统经济活动主要从自然资源开发（林木采伐、矿产采掘、鱼虾捕捞、土地开垦）始，但后续则出现了人工林种植、动物养殖、土地修复养护以及天然野生动植物保护等资源生产和维护活动。废弃物排放也是如此，原本属于经济活动的“副产品”，但在环境影响压力之下，围绕如何减少排放、降低排放导致的影响和危害，产生了大量经济活动。总结这些活动，有些体现为生产终端的延长，比如家庭内部活动的社会化，有些则是生产初始端的延伸，比如从对自然资源的攫取到自然资源的培育，它们都会作为经济活动成为经济增长的组成部分。

二、GDP 核算：如何将经济增长收于囊中

以上只是泛泛列举，能否准确地量化为经济增长率，需要从统计上完成以下两步技术处理：第一是要通过 GDP 核算，完整反映当期的经济产出规模；第二是通过与历史时期比较，正确显示经济产出的增长率。本小节主要讨论第一步的处理方法，第二步所面临的问题放在下一小节交代。

GDP 是一个覆盖所有经济活动的总量指标。为了显示它的“神通”——如何能够将各种经济活动产出不重不漏地加以测算，这里列举以下推导过程：

国内总产出 + 进口 = 中间产品消耗 + 政府和个人最终消费 + 资本形成 + 出口　（1）

国内总产出 = 中间产品消耗 + 政府和个人最终消费 + 资本形成 + 出口 − 进口　（2）

国内总产出 − 中间产品消耗 = 政府和个人最终消费 + 资本形成 + 出口 − 进口　（3）

其中，式（1）是一国经济体围绕产品总供给和总需求建立的平衡关系：要么来自国内生产，要么来自国外进口；要么被用于生产过程中的进一步消耗，要么满足消费需求，还有一部分会作为资本形成积累起来，或者出口到国外。但这个平衡式还不是 GDP 核算的依据，因为进口的货物服务不是本国经济体生产产出成果，需要从当期各种产品使用中扣除（见式（2）），生产者之间相互关联所形成的大量中间产品使用也需要扣除，以避免重复计算（见式（3））。所以，GDP 是立足最终产品定义的，式（3）才是 GDP 核算的基本架构：一方面从生产过程来刻画，是生产总产出扣除中间产品消耗的结

果；另一方面从使用过程来刻画，最终产品表现为（**在扣除了进口之后**）被政府和个人最终消费的产品、被积累起来增加资产的产品、被出口到国外的产品。前者就是通常所说的生产法核算思路，后者则是支出法核算思路。

上述每一个构成项都是按照货币价值数额表达的，就是说，每一项的价值数额中都内在地包含着量（Q）、价（P）两个要素，通过多种产品（n）加总（∑）得到。基于此，我们不难理解，产量增长是通过 Q 进入 GDP、使 GDP 增大的，新产品出现则增加了被加总的产品品种数 n，由此增大了 GDP。产品品质变化进入 GDP 的路径不像前两个那样直观，理论上说，高品质意味着高价值，因此可以认为品质提高是通过 P 进入核算来增大 GDP；但比较麻烦的是，现实中产品品质的提高未必都能由价格变化体现，这是一个需要在下一小节进一步讨论的问题。

然而，产量、品质、新产品并不是这样简单地一股脑进入 GDP 直接体现为经济增长的。以上所说主要限于对国内总产出的影响，却还没有落实到最终产品这一概念上。事实上，由于产业分工以及分工越来越细化，相当大部分的产量、品质、品种变化是针对中间产品发生的，为了保证最后的核算结果不重不漏，必须将这一部分针对中间产品所发生的变化摒除在外。也就是说，在式（3）的左边，GDP 是两组产品总值相减的结果：一组是产品产出价值，一组是被生产中消耗的中间产品价值；其右边则从使用角度给出来的三组产品价值，被消费者买走的产品价值、被投资者买走的产品价值，以及被国外买走的产品价值，这些加总起来（**扣除其中包含的进口产品价值**）才是整个经济体当期生产最终提供的产出，只有这些最终产出价值的增长才体现经济增长。

以上所述，都是基于市场化生产的，既有明确的产量也有对应的价格。事实上，以政府为主导提供的大量公共服务可能两者皆不具备，而此类服务较大比例会作为公共消费对象包含在最终产品之中。无奈之下，这些部分的产出采用了以投入代产出的方法：为提供这些服务花了多少钱，以此作为这些产出的价值。依照这种逻辑，无论政府效率如何，只要其在公共服务方面增加了投入，就会通过增加 GDP 而显示为经济增长的一部分（最近两年政府财政八项公共事业经费增长出现萎缩，故而在一些省份开始有“政府财政支出增长下滑成为保持经济增长的负面因素”的说法，就是这种逻辑的反面例子）。

三、经济增长率测算：从现价 GDP 到物量 GDP 的跨越

直观而言，经济增长率就是产出物量的增长。在上述三种物量增长路径中，产量提高之于经济增长的关系最容易理解，但余下来的两者则难以直接内化到经济增长率之中：新产品有产量但找不到对比基数（基期尚不存在这种产品），产品质量提升则难以用数字直接显示出来。所以，一个经济体的总体经济增长率数据难以像单一产品那样直接建立在物量观察之上，必须借助于 GDP 这样的综合产出指标才能实现。

但是，以 GDP 为基础指标作为经济增长率测算的依据，并不意味着把两个时期 GDP 直接比较就可以得到经济增长率，因为这样比较的结果中，既包含了物量变化又包含了价格变化，细究起来这个价格变化本身也可能是一个复合的结果。所以，如何借助于 GDP 获得一个公允的经济增长率结果，还真不是一件容易的事情。

当前最流行的方法是以价格指数对现价 GDP 做进一步处理，使两个时期的 GDP 内在地保持在同一价格水平上，然后进行比较，以便得到一个体现物量变化的 GDP 变化率（这就是一个综合物量指数），去掉基数 1，结果就是经济增长率了。但这种做法能否真的能够用得恰到好处，其中也存在很多假设前提。以下我试着列举几项。

第一，是否有足够全面、足够详细、能够与 GDP 构成项相匹配的价格指数。从生产法核算思路，GDP 构成项包含分别不同产业的总产出和中间消耗；从支出法核算思路，GDP 构成项包含居民消费、政府消费、固定资本形成、存货变化、货物服务出口和进口等若干构成项。每一个项下还可以细分。如果不太全面、不够详细、不甚匹配，就可能会影响最后缩减结果的准确性。

第二，应该以基期价格还是当期价格作为可比价基础，换成统计术语就是，你希望

这个经济增长率服从拉氏指数还是帕氏指数。在 GDP 核算过程中，价格不仅具有同度量因子的作用，还具有权重的作用，也就是说，一种产品的价格较高，意味着其物量变化在比较过程中的重要性较大。就两个时期观察，不同产品之间，不仅各自的产量变化速率不同，对应的价格变化速率也有差别，于是就会造成拉氏指数（以基期价格为不变价）与帕氏指数（以报告期价格为不变价）二者结果的差异。

第三，如何在价格缩减过程中考虑产品质量变化，进行质量变化调整。前面说过，一般我们倾向于认为产品品质变化可以用价格变化来体现，但实际情况要复杂得多，常常存在双向不对称。一方面，产品质量提升可能没有充分体现在价格变化上，比如很多电子产品，性能在提高但价格并未同步提高，甚至有时候还会下降；另一方面，价格变化未必可以归咎于产品品质变化，而是供求关系所致甚至与货币供应量大小有关。如果所编制的价格指数没有考虑产品质量变化的影响，只是简单地显示价格增高或降低的幅度，以此进行价格指数缩减，就会给经济增长率数据结果带来不良影响，因为，可能将其中的质量变化作为价格变化一股脑给“缩减”掉了。

增加值有什么用——不止是加总计算 GDP

本文刊发于《中国统计》2019 年第 2 期。相关内容曾经在中国电子科技集团 2018 年统计年会上报告。

如果你对宏观经济有一些兴趣，应该就能接触到“增加值”这个概念 / 指标，因为每季度国家统计局都会公布工业增加值数据，以及各行业增加值加总起来的 GDP 数据，作为经济增长动态指标。但是，即使如此，不等于一般公众真正了解增加值的含义，更不等于充分发掘了增加值作为一个经济指标的用途。十年前，我曾经以“闲话增加值”为题作文对增加值做解读（载于《中国统计》2009 年第 2 期，此后结集于 2011 年出版的《宏观算大账》一书），现在看来，还需要更全面地理解增加值，充分发掘其应用价值，故而今天重拾旧题再做阐发。

一、追溯增加值的含义

在很多场合，一些对宏观经济缺少应有关注的人（甚至是相关领域的专家）常常会将增加值等同于本期相比上期增加了多少，这显然是一种误解。增加值确实是一个“增加”的价值，但却不是一个相比上期的动态概念，而是指产品在不同环节加工转换过程中附加的价值，是在原有价值之上“增加”的价值。对此当年文中曾经有如下释义：

> 增加值（value added）是一个从宏观角度定义的微观概念。说它是一个微观概念，是因为只有在企业层面才能定义：增加值是一个企业运用所掌握的生产要素进行生产由此所创造的价值；说它具有宏观视角，是因为“增加”的价值只能在宏观意义上才能凸显出来：在一个连续的生产加工过程中，后一个环节在前一个环节基础上继续加工由此新创造出来的价值，所谓“增加”是相对于此前生产过程已经形成的产品价值而言的，是在以前形成的产品价值之上进一步附加、追加的价值。比如，一个纺纱企业购进棉花进行纺纱作业进而形成棉纱，使价值100元的棉花变成了价值120元的棉纱，假定纺纱过程不消耗任何其他产品，那么就可以认为纺纱企业的增加值为20元。

这些解释仍然有效，但却失之过于简化，其中只强调了产品价值创造的垂直分工：后一个加工环节创造的价值会附加到此前生产已形成的产品价值之上。实际发生的过程要更加复杂，除了上述垂直分工之外，还有各种横向水平分工，其间关系也要体现在增加值的含义之中。比如，纺纱不仅要消耗上游生产的棉花，还会消耗电力、燃油、水以及其他辅助材料，还要使用其他单位提供的广告服务、运输服务、通信服务、技术服务、专业咨询服务等等。因此，要想得到一个纺织企业的增加值，显示纺纱生产环节新创造的价值，不仅要从棉纱价值中扣除其中包含的外购棉花价值（**这个是上游棉花生产环节的价值，体现垂直分工关系**），还要扣除所有由其他生产单位提供的货物和服务价值（**这些是相关生产活动创造的价值，体现横向分工关系**）。

将上述原理再做推广：一个企业会同时为不同的最终产品提供相似的中间产品，比如钢铁企业生产的钢材会用于很多产品的生产，一个广告商会为不同产品做广告。这样，各种产品与各类生产者交织起来，结果就是一幅复杂的经济生产生态网络。在此前提下，显然已经无法像前面那样简单地就一个产品、一个环节讨论其增加的价值，但其背后的原理仍然在发挥作用：正是不同生产者在生产中创造的增加值，合起来才组成了整个经济体中所有最终产品的价值。可以说，在此复杂背景下更需要增加值这个概念，有了增加值，才能体现分工的结果，从供给侧显示一个经济体的结构，才能衡量不同生产者通过不同产品为整个国民经济做出了怎样的贡献。

将上述关系推广到国际，结果就是全球价值链的概念：最终产品的价值是由不同国家的企业共同创造的，他们不仅分布在不同国家，同时还处于产业链的不同环节上。为此需要测算“贸易增加值”，即各国生产为全球价值链的贡献。在国家分工和产业分工双重约束下，国际贸易与各国内部生产深度融合，要准确显示一个国家从国际贸易中受益多少、对全球价值链贡献多大，不能仅计算其出口总值占比，还要进一步测算其“出口增加值”，要从其出口总值中扣除其中包含的进口品价值，余下来的才是由本国生产创造的价值。

二、增加值：行业层面的应用

综上所述，可以说，增加值这个概念的产生本身就是分工的结果，所有行业增加值加总，结果就是整个经济的最终产出价值（即国内生产总值 GDP）；特别要提及的是，伴随行业分工的细化，GDP 会通过增加值在行业间被“稀释”，却不会影响 GDP 本身（除非经济生产本身发生了量和质的变化）。正因如此，增加值被广泛应用于衡量各个企业 / 行业对整个国民经济的贡献程度，进而用来衡量一个经济体的产业结构。当年文中曾经有一大段话举例说明之：

延续上面的例子，棉纱（120元）进一步顺次变成棉布（160元）和服装（200元），这样在纺、织、服装加工各个环节的增加值就分别是20元、40元、40元。假定整个经济就是以服装作为最终产品的——整个经济的GDP是200元，那就可以认为，纺纱、织染、服装加工各自对国民经济的贡献依次为10%、20%、20%，另外50%的贡献则来自棉花生产（**假定棉花生产不消耗任何其他产品，其增加值是100元**）；换句话说，这个经济的基本构成就是农业50%、纺织印染业30%、服装加工业20%。我们从各种宏观分析、行业分析中常常见到这样的应用，正体现了设计开发增加值这个概念的初衷。

这当然也是一个经过简化的例子。正如上一节所说，实际上除了这几个行业之外，还会牵涉到许多为这一上下游垂直产业链提供服务的水平分工行业。但是，其中包含的原理仍然适用，都可以用本行业增加值占GDP的比例显示本行业对国民经济的贡献程度，所有行业增加值占比合起来就是整个宏观经济的产业结构。

以上是从算法角度所做讨论，推广到实际应用层面，我们还可以（还必须）再推进一步：如何看待这样算出来的结果。其中一个需要讨论的基本问题是，在什么意义上说，增加值代表了一个行业对国民经济的贡献，或者说，是什么决定了该行业对于国民经济的贡献。这就要牵涉到相关行业之间的相对价格问题。当年文中也曾经举例对此加以说明。

如果棉花价格提高了10%，服装价格受制于供求关系保持不变，夹在其中的棉布价格只提高了5%，那么，农业、纺织业和服装加工业的增加值会分别变为110（100×110%）元、58（160×105%−110）元、32（200−168）元，各自对GDP（200元）的贡献率会随之变化为55%、29%、16%，但实际上各个环节的生产活动规模并没有发生变化。

显然，价格在上下游产品之间发挥着价值分配作用。这就是说，我们观察到的行业贡献和行业结构具有相对性，会在一定程度上受制于相对价格体系。你的贡献大小，固然与自身生产活动的质与量有关，同时还与你在市场上的议价能力有关，代表你贡献的，与其说是生产创造的价值，不如说是通过市场所实现的价值。宏观来看，如果产业链条上的价格结构不合理，就有可能高估或低估某一个行业的实际贡献；如果其相对价格发生变化，就会导致原本形成的行业结构发生变化。

这个例子仍然只是垂直分工体系下的观察结果，如果我们将水平分工引入，还会带来新的问题和进一步的认识。比如，最近两年金融业增加值占比得到管理层上下高度关注，不仅因为该占比提高很快，从 2005 年的 4% 到 2017 年达到 7.9%，增长速度显著超过整个服务业的平均水平，还因为该占比水平从国际比较看也已经较高，甚至超过美英日等金融发展比较充分的发达国家。于是有以下之问：应该如何看待该占比所达到的水平？随即有人开始将其作为中国金融存在泡沫的主要依据。依我管见，仅凭这一个指标，说其代表中国金融发展达到较高水平这固然是荒唐，但以此证明中国金融存在泡沫似乎也有点武断。之所以有较高占比，最根本的原因可能在于，受金融发展市场化程度影响，金融业服务仍然保持了一个较高的价格（比如对应银行服务的存贷利差），使金融业能够借助于对实体经济的广泛覆盖（服务量）而形成了较高的服务产出，进而因为自身较低水平的中间消耗（行业性质所致），最后实现了一个较大数额的增加值。

金融业是资金融通的中介，类似的情况也可能发生在承担商品流通中介的批零贸易业、物流中介的交通运输业。由此就会提出一个问题：怎么看待这些带有中介性的服务行业的增加值占比？固然可以用该占比衡量其自身发展业绩，希望它越大越好，但换一个角度，从整个国民经济来看，其占比较大可能就意味着交易成本水平较高，意味着对实体经济价值创造的利益侵蚀，未必是一件好事。当下与互联网嫁接形成的平台经济之所以被寄予厚望，很大原因就是因为它有可能通过减少流通环节、引入竞争而从总体上降低这个交易费用——果真如此的话，对应的这些中介行业的增加值占比就会发生相应变化。

三、增加值：企业层面的应用

增加值在行业层面的应用已经是普遍的共识，但如何在企业管理层面引入增加值，却还非常不为人所知。几个月前我曾经受邀在某集团公司（央企）针对增加值核算讲课，给我的任务是帮助下属企业正确理解增加值含义、正确计算这个增加值，但给我的材料都是统计局系统基于 GDP 核算的指标解释，至于如何从企业管理角度看待增加值，从集团领导到下属企业都基本上是一个空白。

也难怪企业不知道增加值的用处，因为，一说到企业业绩，各方第一反应肯定是利润。没错，利润确实是衡量企业业绩的第一指标。我在这里要说的是：如果扩展一下视野，你会发现，利润作为业绩指标也是有局限性的，如果引入增加值，则可以有助于你提高对企业业绩的认识，帮助你更好地处理企业内外的利益关系。

第一，利润核算是有立场的，是站在企业所有者（业主或股东）角度，看企业经营为其赚取了多少收益。为了核算这个收益，除了股权资本之外，其他所有生产要素（包括劳动以及债权资本）都是外在的，由此产生的费用（人工费用和财务费用）都是计算利润的扣除项。然而从宏观经济来看，所有生产要素都是同等的，企业经营就是要将各种生产要素联合起来共同创造价值，也就是增加值。在此意义上，增加值可以作为企业为社会创造价值的业绩指标。当下特别强调企业的社会责任，增加值就是一个衡量企业社会责任的好指标。

第二，利润代表业主/股东所得，所以它集中体现了劳资关系的对立：劳动所得在利润计算过程中是需要扣除的人工费用，二者是你大我就小的“零和”关系。相比之下，增加值的优势在于，它先帮助你认识大家共同创造了多少价值：企业产出中包含多少增加值；然后再考虑劳资之间的利益分配关系：以增加值为基数，劳动所得与营业盈余（以及政府介入企业分配征收的生产税）各自占比。这就在一定程度上消解了劳资对立的程度。上世纪 70、80 年代，欧美许多大公司曾经引入增值会计，其用心就是要借助于企业增加值作为调节劳资关系的工具。结合当下来说，如果企业经营不景气，首先体现为利润为负，但此时增加值未必是负的；在那些令人称羡的高薪行业，其利润水平可能更高，背后必然是种种原因造就的一个很大的增加值、很高的增加值率。

实际上，增加值在企业已经是一个很重要的存在，只是没有作为一个衡量业绩的显性指标使用而已。比如这两年政府着力推进的增值税，其税基实际上就是我们这里所说的增加值。为什么要选择增加值作为税基？因为增加值体现了企业当期创造的价值，体现了在产业分工链条上通过市场所实现的价值，较之营业额作为税基，其税负更加公平。

除此之外，如果将利润做更细致的观察，还会有更多发现。比如营业利润是依据销售计算的，是企业当期通过销售实现的收益，由此可能会忽略“价值终究是在生产过程中创造的”这一事实。比如利润总额是企业资金总体运作的结果，由此可能会掩盖企业生产经营的主要职能。如果引入增加值核算，就有可能对企业内部管理提供助益，帮助企业相关各方更好地认识企业整个生产经营过程，对企业经营业绩形成更公允的判断。限于篇幅，这里就不一一展开了。

共同富裕是分配的结果

本文刊发于《中国统计》2023年第7期。写此文的起因是手下一位在读博士选择共同富裕作为论文选题，我想给他做个示范：国民经济核算对于研究这个问题也是非常有意义的工具。

在发展这个大前提下通过共享发展成果达到共同富裕，代表了中国国家治理的最高目标：带领全体人民摆脱贫困、实现小康，最后就是共同富裕。发展是前提，生产力不断提高，提供更多产品，一方面满足人们当期消费需求，同时通过积累形成财富——可以说，没有发展，所谓共同富裕就是一句空话。进一步看，“共同”两个字作为定语被置于“富裕”之前，这就意味着对产品和财富的普遍占有，人人有份并要将差别控制在一定程度。如何达到这一目标？这就牵涉到分配，可以说，在发展前提下，所谓共同富裕实际上就是一个分配命题。为此，我要在“共同富裕”这个关键词之下谈谈国民经济核算中的分配核算问题。

一、宏观分配核算如何刻画共同富裕

共同富裕意味着每个人都有机会获取那些决定富裕程度的“东西”，从技术层面解读应该包含以下要点。第一，共同富裕的主体是人，强调每个人都有权享受发展成果。现实中进行财务决策的基本单位是家庭住户，所谓个人的获取，主要是在家庭住户这个层面上实现的，是家庭住户基础上的“人均”概念。第二，共同富裕的客体是承载了富裕的“实体”，一个是收入，一个是消费，还有一个是财富。三者合起来看，收入是消费的前提，没有用于消费的收入积累起来就转化为财富，所以，收入常常被视为共同富裕测度中最重要的“标的”。第三，共同富裕是分配的结果，以个人是否获得以及不同人群各自获得了多少作为评判标准，从统计上看这实际上就是一个分布问题，当前经常用于刻画分配均等程度的基尼系数，实际上就是这个分布的数值化结果。

以上仅限于共同富裕自身的内涵拆解。实际上，共同富裕是整个经济体一定时期经济过程的结果，不能仅仅就个人、个人收入与消费、个人收入与消费分布简单而论，必须将其置于整个宏观经济观察之上，方能给予更好的解释和量化。为达此目标，特别需要引入国民经济核算提供的一套工具。

第一，主体不限于基于“个人”的家庭住户，而是要扩展到政府、企业、住户三方关系，个人之间的收入分配状况实际上是在上述三方（有些时候还会涉及“国外”）关系的博弈中实现的。于是，需要通过国民经济核算定义的非金融企业、金融机构、广义政府（以及为住户服务的非营利机构）、住户等机构部门（以及国外），显示整个分配过程。

第二，收入作为经济概念常常出现于不同场合、取决于不同身份而具有不同定义。收入分配不是一蹴而就的一次性行为，而是在不同名义下、在不同场合、以不同方式进行的带有层叠、交叉特征的复杂过程，经济学家周其仁说“收入是一连串的事件”，所表达的就是这个意思。如何立足不同主体、分层次全面展示这一过程，国民经济核算可谓是“不二”工具：它可以立足不同部门、区分不同阶段和不同手段一层一层提供核算结果，形成一系列具有不同功能和内涵的收入指标。

第三，分配结果固然重要，共同富裕达到何等程度就是要用最后的分布及其量化指标来显示，但是分配过程同样重要。因为，没有过程的展示，就无法探究分配何以出现最后的结果，进而就无法进一步通过过程改进，发掘提高共同富裕水平的路径和关键节点。如上所述，要想展示这个过程，就需要有国民经济核算，它不仅可以提供揭示整个收入分配过程的核算数据，还可以向上延伸到生产、向下延伸到消费，在扩展意义上更完整地揭示分配过程，为人群之间的收入、消费以及财富占有分布状况提供解读依据。

接下来我就借国民经济核算这个工具，分阶段简单讨论有关“分配”的核算，以及它对测度共同富裕的意义。

二、行业增加值的分配

分配从生产阶段就开始了。

经济生产被区分为不同行业，每一个行业都是某一类产品生产的集合，不同行业具有不同特征。在分工前提下，不同行业之间具有密切关联，所谓“供应链”“产业链”等说法直接体现了一个行业与其他行业之间的联系。这些联系要通过市场、以买和卖的交易变现为经济利益关系，价格是决定上述交易以及经济利益关系的关键，所谓行业增加值分配就是因交易，以及交易中的价格而发生的。

国民经济核算用增加值测算各个行业生产中创造的价值。从生产法来看，行业增加值是总产出扣除中间消耗的余值，其中，总产出是其产品产量与产品出售价格的乘积，中间消耗则是原材料等中间产品消耗量与对应的购买价格的乘积。放在产业关联中观察不难发现，各个行业的产品常常被用作其他行业的中间消耗，对应的，各个行业消耗的原材料等中间产品正是来自其他行业提供的产出。基于此，可以说行业增加值代表了在整个产业链条上各个行业通过分配所得到的价值，其增加值占比显示了不同行业之间的利益分配格局。

是什么决定了这个利益分配格局？是价格，是相互之间的交易价格。对特定行业而言，如果原材料等购进价格上浮，其增加值会受到侵蚀，转移到上游货物服务提供商手中；如果其产品出售价格上浮，就会形成对下游行业经济利益的侵占，转化为本行业的增加值。举一个十几年前曾经特别引人关注的例子：煤炭企业大幅提高了向发电企业供煤的价格，由此导致发电企业生产成本大幅提高，但电力终端价格受国家价格管制无法随之提高，结果造成增加值由电力行业向采矿行业的转移——为平衡其间的利益关系，每年都要在国家发展改革委主持下进行谈判，决定煤炭交货价格。正是在此意义上，尽管理论上说，增加值是各个行业生产中“创造”的价值，但实际上它只是各个行业在现实交易中“实现”的价值。一旦在某个环节上的交易价格发生变化，就会使产业链条上的利益关系发生变化，由此导致增加值行业分配格局发生变化。

这个分配格局会影响我们这里要讨论的共同富裕吗？回答是肯定的。从收入法看，行业增加值会分解为劳动者报酬（直接转化为个人收入）、生产税净额（被广义政府获得）、固定资本消耗（留在企业）和营业盈余（主要组成部分是利润）。不同行业之间的增加值占有格局会对上述要素分配结果产生影响，并会直接影响到其劳动者的报酬，造成个人之间劳动薪酬水平的差异。比如，在一些新兴行业（比如计算机与信息服务业）或具有垄断性质的行业（比如金融业），其就业者之所以有较高的薪酬水平，归根结底是因为这些行业的产品价格在产业竞争链条上处于优势地位。十多年前我曾经写过一篇小文章：“探寻这些行业高工资的根源”（刊于《中国统计》2007 年第 2 期，后收录于《宏观算大账》一书中），讲的就是这个道理。

三、收入的初次分配与再分配

收入分配的过程，实际上就是要将生产过程中创造的价值转化为使用者之购买能力的过程，这个购买能力就是收入。可以说，能否共享发展成果实现共同富裕，很大程度上取决于收入分配结果。

前面说过，收入分配是一个复杂的过程，通常要按照不同分配手段发生的层次具体区分为初次分配和再分配两个阶段。十几年前我曾经写过一篇小文“从收入初次分配、再分配到第三次分配”（刊于《中国统计》2006年第3期，后收录于《宏观算大账》一书中），我这里直接引其中的两段话，分别两个阶段说明收入分配的流向以及立足个人视角进行观察的要点。

“收入初次分配的目的，是要根据市场规则把生产中创造的价值分配给生产参与者。以增加值为起点，根据生产要素的贡献，发生了劳动报酬、财产收入（**包括利息红利、租金等**）收支活动以及生产税征缴活动，其主要流向是从企业部门流入政府部门（**生产税以及一部分财产收入**）、从企业部门和政府部门流入住户部门（**劳动报酬和财产收入**），结果形成各部门的初次分配总收入。从普通百姓角度考虑就是，家庭中的就业者可以从就业单位或个体经营中获得工资等劳动收入，也可以从存款、股票等资产上获得财产收入，相信对大多数家庭来说，这些收入的高低在很大程度上决定了最终的收入水平。”

“收入再分配是出于公平和均衡发展原则进行的分配，主要以政府为中介，通过所得税、社会保障、社会救济等无偿转移手段，纠正单纯依赖市场进行分配所产生的偏差，收入的主要流向表现为企业部门、住户部门向政府的转移和政府部门对住户部门的转移，分配结果形成各个部门的可支配收入，它代表了可以用于消费的最大数额。站在一个家庭角度看，你可能因为前面所获得的收入而向政府纳税，比如工资所得税、利息税，可能要向政府社会保障计划缴款，比如失业保险费、医疗保险费、养老保险费等，但反过来，如果发生了经济保障范围内的事情，你也可能会从政府社会保障计划中获得失业保险金、医疗保险金、养老保险金，或者获得政府提供的社会救济金，比如最低生活保障金。此外，还可能发生各种其他无偿转移收支，比如加入商业保险或获得赔付，买彩票或者中奖，被罚款或者获得奖励，慈善捐款或者获得捐助，等等。等这一切发生之后，数一数你口袋里有多少钱，那就是你可以放心大胆去消费的数目了。”

解读上述过程，其中包含两个层面的收入分配及其结果。第一是收入在企业（包括非金融企业和金融机构）、政府、住户等机构部门之间的分配（有时还会涉及国外）。第二是收入在住户部门内部不同人群之间的分配。需要注意的是，这两个层次的分配是在同一过程中完成的。也就是说，发生在不同部门之间、涉及住户部门的各种收入分配流量，对应着住户部门内部的不同人群，在形成部门间收入占有格局的同时，也形成了住户内部的个人（确切地说是家庭住户）收入占有分布。比如，大部分人会从企业或者政府部门获取劳动报酬，但受财产占有分布影响可能只有一部分人能够从企业那里获得财产收入；同样是获得劳动报酬，但受各种因素影响，个人之间报酬水平可能会有很大区别，比如在高工资行业、较高发展水平地区的就业者可能会有较高的报酬水平；向政府缴纳所得税、社会保障缴款的是一群人，从社保计划拿退休金、获得各种保障福利或社会补助的则是另一群人；有些人参与了政府主持的社会保障计划，而另一些人则还没有被社保计划有效地覆盖到。认识到这两个层面上的收入分配及其关联之后，我们就可以讨论国民经济核算之收入分配核算对于共同富裕研究的意义所在了。

国民经济核算反映收入分配核算的主要工具是编制资金流量表之非金融交易表。它可以全面地、全过程地展示从行业增加值到各部门可支配收入的转化过程。按照表 1 列示的中国 2020 年部门间收入分配核算数据，从中可以看到：主要由企业部门生产出来的增加值（占比达 70%），如何通过各种分配手段逐步达到住户部门手中，形成后者的可支配收入（占比超过 60%）。但是，当前编制的资金流量表确实无法针对住户部门做进一步细分，提供不同人群之间的收入分布数据。

毫无疑问，对应共同富裕这个命题的基本度量指标是住户部门内部的收入分布状况。但是，资金流量表从宏观上展示的部门间收入分配核算，对于共同富裕这一研究目标仍然具有重要意义。第一，部门间分配结果决定了纳入不同人群间共同富裕考察范畴的那个基数——住户部门收入总额及占比，基数大小在一定程度上会对其内部分配状况产生影响。第二，部门间收入分配过程，透过不同分配手段，为观察住户部门内部人群间收入分布的形成过程提供了框架。结合表中数据我们可以看到：劳动报酬与财产收入在总额上完全不在一个量级上，故而对居民收入的形成具有不同的影响；通过所得税、社会保障这些再分配流量总额的大小，可以判断政府主导下的这些分配手段发挥作用的力度到底有多大。通过这些数据信息，可以为不同人群之间收入分布均等状况提供有力的解释，也可以为后续调节收入分配过程、干预收入占有均等状况，使其朝向共同富裕目标不断改进提供决策思路与实现路径。

表 1 2020 年中国资金流量表中有关收入和消费的数据

单位：万亿元

	非金融企业	金融机构	广义政府	住户	经济体总计
增加值及占比	62.7(61.9%)	8.4 (8.3%)	10.5(10.4%)	19.7(19.4%)	101.3
劳动者报酬净获得	-27.8	-2.1	-9.3	39.3	
生产税净额净获得	-7.9	-0.8	8.8	-0.1	
财产收入净获得	-4.5	-0.9	1.1	3.5	
初次分配收入及占比	22.6(22.5%)	4.4 (4.4%)	11.1(11.0%)	62.4(62.1%)	100.5
所得税净获得	-2.7	-0.9	4.8	-1.2	
社会保障缴款获得	-	-	5.5	-5.5	
社会保障福利获得	-	-	-5.7	5.7	
社会补助及其他	-0.3	0	-0.7	1.1	
可支配收入及其占比	19.5(19.4%)	3.5 (3.5%)	15.0(14.9%)	62.6(62.2%)	100.6
实物社会转移获得	-	-	-6.8	6.8	
调整后可支配收入及占比	19.5(19.4%)	3.5 (3.5%)	8.1 (8.2%)	69.4(69.4%)	
最终消费支出	-	-	17.4	38.7	56.1
实际最终消费	-	-	10.6	45.5	56.1
总储蓄	19.5	3.5	-2.4	23.9	44.5

数据来源：《中国统计年鉴 2022》。

四、消费阶段蕴含的分配

共同富裕肯定不能止步于收入分配，因为收入只代表购买“能力”，而“富裕”则要体现实际的福利水平。于是需要延伸到居民消费，需要对人群之间的消费水平差异做相应测量。进一步看，即使到了消费这个层面，宏观意义上的“分配”仍然会继续发生，并会影响人群之间的占有分布。为说明这个问题，需要再次回到国民经济核算现场。

国民经济核算中定义的消费首先是指最终消费支出，即以自己承担费用为前提的消费，包括居民最终消费支出和政府等公共最终消费支出。基于居民消费支出，可以按照人均水平高低给出分布，或者计算体现消费支出差异的基尼系数，以此刻画在消费层面实现的共同富裕“程度”。

但是，依据支出定义的消费还有进一步改进空间，因为存在大量政府承担费用、实际被居民所享用的消费内容。也就是说，在政府消费支出中包括两个部分，一部分是代表社会公共需要而支出，另一部分则是为了满足特定居民相应需求而进行的消费支出。前一部分的受益对象是不可分、不可识别的，比如立法与司法、行政与国防等方面的公共服务，后一部分则是有明确受益对象的，比如义务教育服务、公共卫生保健服务。在我们身边发生的很多“优惠”甚至“免费”实际上都可以归入这个范畴，比如救灾物资发放和相应服务、公共交通和公共设施使用的优惠部分、文化或景观等公共场所的免费参观或打折，都是由政府承担费用向相应人群提供的、由后者免费获取的消费内容，这些归结起来就是所谓“社会福利”。结合现实来看，不同地区处于不同发展水平可能会提供不同的社会福利；伴随经济发展，一个地区在不同时期可能有不同的社会福利水平。所以，特别有必要将这一部分社会福利纳入共同富裕的考察范围。

国民经济核算为了显示这部分内容，特别设计了“实物社会转移”这样一个核算项目，围绕这个项目做了两个处理。第一，在最终消费支出基础上定义了实际最终消费，从政府最终消费支出中扣减，然后与居民消费支出相加，形成政府实际最终消费和居民实际最终消费两个指标。第二，与收入相匹配，将实物社会转移作为从政府到住户部门的收入分配处理，在可支配收入概念基础上形成调整后可支配收入。由表 1 中数据可见，2020 年中国的实物社会转移为 6.8 万亿元，由政府部门支付、住户部门获取，它一方面造成两个部门可支配收入与调整后可支配收入的差别，另一方面造成两个部门最终消费支出与实际最终消费的差别。

落实到共同富裕这个命题，实物社会转移核算具有两方面的意义。第一是改变了居民和政府之间的占比，增大了可供考察的居民收入和消费的基数。第二则是改变了居民内部不同人群之间的收入分布和消费分布。因为，这些实物社会转移对应着不同人群，而且常常是那些体现公共福利目标，或者需要公共服务救助的人群。实际上，即使是均等地分配于所有居民，也会因为原来收入或消费基数的差异而改变原来的分布，总而言之，会降低人群之间在收入和消费上的差异，提高共同富裕实现程度。

原本还应该接着讨论财富的“分配”问题，但这一篇已经很长了，还是暂且打住吧！

金融服务实体经济的统计表达离不开资金流量表

本文刊发于《中国统计》2021年第8期。文中一些观点曾经以《在国民经济核算平台上观察金融对实体经济的支持》为题在人民银行“资金流量金融交易核算培训班”上交流。

选这个题目写文，有两个触点。一是人民银行前行长周小川先生不久前在陆家嘴论坛发表的演讲，以“金融服务实体经济理念相关政策和长期效果”为题，思路延伸很远，包含了在此方面的信息和思考。二是人民银行调查统计司刚刚出版了《中国资金流量金融交易核算》，承蒙赠书，我很快翻阅了一遍。此书以2008年金融危机以来的经济动态为背景，简要概括资金流量核算的历史和近期发展，介绍资金流量金融交易的核算框架、美日欧英各国编制概况，然后落到中国金融交易核算实践，并着眼于中国运用资金流量金融交易核算数据进行了一些基本统计分析，最后一部分是最新修订的中国1992—2019年各年资金流量金融交易核算表。两者交叉起来促使我写了这篇短文，目的是回答以下问题：为什么说到金融服务于实体经济，就要提到资金流量表这个统计工具，如何才能发挥好这个工具的作用。行文中会引用上述两个来源的材料，同时也包括我自己的一些思考。

一、资金流量表及其基本框架

先对资金流量表做一点说明。

第一，资金流量核算起始于美国经济学家科普兰在1950年前后开展的工作，从SNA-1968起被纳入国民经济核算体系。伴随经济演进，资金流量核算的内容得以不断优化，一直是SNA-1993、SNA-2008中心框架的重要组成部分。

第二，在SNA中，“资金流量核算”这个术语已经不复存在，相关内容已经被融入一套综合经济账户之中。但在各国核算实践中，出于核算实务分工需要，资金流量核算还是会作为国民经济核算中的一个相对独立的组成部分（子体系）出现。

第三，资金流量核算的范围有不同界定。最核心的内容是金融交易核算；进而可以扩展到非金融投资交易；进一步地还可以扩展到包括收入分配和使用在内的所有非金融交易。中国国民经济核算体系中对资金流量核算采用最宽的定义，进而将其内容区分为非金融交易和金融交易两个部分，非金融交易表以收入分配和使用、非金融投资交易为核算对象，由国家统计局负责编制，金融交易表则以各种金融交易为核算对象，由人民银行负责编制。《中国资金流量金融交易核算》这个书名就反映了这一分工。

接下来主要从金融交易核算这个角度讨论资金流量核算的内容框架。简要地说，资金流量表由三个维度交叉组成。

第一个维度是部门。按照国民经济核算定义的机构部门，非金融企业、金融机构、广义政府、住户，一字排开。照理还应该有为住户服务的非营利机构，但一般来说这个部门规模较小，当前中国编制的资金流量表中还无法列示这个部门的数据，故而在讨论一般关系时常常被忽略掉。与上述国内机构部门并列的还有“国外”，用以归集国内与国外之间发生的金融交易。部门体现交易者，是从事金融交易的主体，资金流量表中包含国民经济各个部门，由此显示出，它的目标是要全面反映所有部门（不仅是金融部门）的金融交易状况。

第二个维度是交易项目。每一个交易项目代表了一类金融工具，进而形成一类金融资产。按照SNA-2008，金融交易项目主要包括：货币黄金和特别提款权，通货与存款，贷款，债务证券，股权和投资基金份额，保险、养老金和标准化担保计划，金融衍生工具和雇员股票期权，其他各种应收、应付款项，在每一个项目下面还会有具体子项目。中国当前编制的资金流量金融交易表中所列金融交易项目，在遵循上述交易项目分类前提下，结合中国实际有一些变通性处理和表述。交易项目是交易内容的具体体现，资金流量表包含了所有各类金融工具下的交易项目，其目标是要全面记录一国范围内各个部门通过各种金融工具所实现的资金流动过程。

金融交易的直接后果就是资金流动，从一些部门流入另一些部门；各个部门参与金融交易的直接后果，要么是通过一些交易融入资金，要么是通过另一些交易向其他部门提供了资金。不同部门可能具有不同身份，可能出于不同目的参与金融交易，但总结一时期的交易结果，都可以归纳为以下两个流量：流入本部门的资金和流出本部门的资金。于是有资金流量表的第三个维度：在每个机构部门下面，按照资金流动方向，专门设置“来源”和“运用”两列，前者记录流入本部门的资金，后者记录流出的资金。

关于这个第三维度，话说到这里似乎还不够。进一步看，金融交易总是在金融资产、负债存量基础上发生的，不同交易项目实际上就是不同金融资产、负债项目，每一笔金融交易都会引起金融资产、负债的变化。从资金流向看，对一个部门而言，资金流入可以是处置金融资产造成的，也可以是负债发生的结果；资金流出则正好相反，结果可能是形成了金融资产，或者清偿了原有负债。但需要知道的是，当前资金流量表不是简单地记录资金流出流入本部门，而是基于金融资产和负债存量净变化来定义的，所谓“资金来源”，记录的是负债净变化（当期发生与清偿之差），“资金运用”则记录金融资产的净获得（当期形成与处置之差）。

二、资金流量表在反映金融服务于实体经济中的重要性

金融是现代经济体系中的复杂现象，本质上应该以实体经济作为起点和终点，但同时又具有自己独立的运行轨迹。如何看待金融与实体经济的联系，周小川在演讲中说，并非所有国家都有足够的认识，有些国家“基本不提这个事儿，他们认为金融是金融，可以独立运行”。“如果一些过度投机造成泡沫或者泡沫破裂的话，大家对金融和实体经济的关系讨论就会比较多，也比较注重加强这方面的联系，但是可能一段时间以后，这个事儿就变得比较淡漠”。相比之下，中国在此方面有足够的警惕，尤其是 2008 年全球金融危机发生以后，“非常明确地提出金融要为实体经济服务”。

金融如何服务于实体经济？周小川在演讲中特别强调了三个方面：“第一是支付体系，没有支付体系，实体经济转不起来”；“第二是为企业提供流动资金的支持，特别是流动资金贷款，支持企业的连续运转”；第三则是为实体经济各种新的投资（研发投资、设备投资等）提供融资服务，包括银行信贷，其他非银行金融机构的活动，以及资本市场上的融资。除此之外，各种为防范风险而发生的金融交易，在二级市场上出现的更复杂的衍生产品，有可能在不同程度上脱离实体经济，甚至完全离开了实体经济。

把这一命题落实到统计：是否开发了相应的统计工具，以便能够有效反映金融服务于实体经济的实际状况？回答这个问题，就必须提到资金流量核算了！我身边有同事曾经说，看国际文献的一个感觉，经济高速发展过程中似乎看不到资金流量核算的影子，一旦危机发生，人们才想起来这个宏观核算工具。《中国资金流量金融交易核算》一书中对此有更加明确的论述：“2008 年国际金融危机后，资金流量核算以其独特的研究视角受到国际组织和各国的高度重视，在宏观经济分析和政策决策中发挥着越来越重要的作用”。书中还提到，2008 年国际金融危机之后，国际货币基金组织（IMF）和金融稳定委员会（FSB）共同提出数据缺口倡议，在第一阶段实施的 20 条建议中，直接包括与

资金流量核算有关的内容。比如，“呼吁编制和发布更为全面的资产负债表、资金流量表和部门账户数据”；“建议设置部门账户核心模板，编制发布具有国际可比性的部门账户”，这个部门账户实际上就是完整的资金流量表；“提出将影子银行部门进行进一步细分，将影子银行纳入国民账户体系的长远目标”。

为什么一旦涉及金融服务于实体经济，就离不开资金流量表？资金流量金融交易核算的作用体现在哪里？《中国资金流量金融交易核算》一书中借 IS-LM 分析框架这样概括资金流量核算的理论基础：“国民经济各机构部门依据商品价格和货币的比较在消费和储蓄之间做出选择，而对储蓄的运用则根据利率和资本预期收益率的比较进行实物投资和金融投资的选择，还要根据流动性偏好选择是购买证券还是持有现金。资金流量核算正是对消费、储蓄、投资等各种选择和决策结果事后的宏观表现”。我自己对资金流量核算的功用也有一点体会，主要是从统计核算、数据应用角度做归纳，可能更加直观易于理解，写在这里供大家参考。

统计如何从宏观上描述一时期的金融状况，我觉得有这样三个层次。

第一层是货币金融统计。通过编制各种范围的货币概览和金融概览——相当于经过层层汇总的金融机构资产负债表，分别用不同金融工具展示一时期的金融状况，由此可以生成诸如货币供应量（M_2）、贷款总额等主要金融统计指标。但无论如何，这一层是立足金融部门自身看金融。周小川先生所说的金融与实体经济的联系，主要发生在这个层次。

第二层是资金流量之金融交易核算。前面已经交代，金融交易表中，一个维度是各种金融工具，另一个维度是各类机构部门，除了金融机构之外，还有非金融企业、广义政府、住户等部门以及国外，两者交叉起来，可以全面记录一时期各个机构部门分别不同金融工具下的资金来源和资金运用，显示全社会范围内的资金流动状况。显然，这已经跳出了金融机构的单一视角，是将金融机构视为资金运作的中介，立足实体经济各个部门的资金供给和需求看金融。最近这些年，人民银行所开发的社会融资规模指标，显示实体经济各部门通过金融机构所获取的融资，就是依托这个核算架构生成的。

再向外延伸，第三层是同时包含金融交易和非金融交易的资金流量核算。记录的内容从金融交易上溯到非金融交易，从生产、收入分配、消费、非金融投资等实体经济活动出发，接驳金融交易，通过正负金融投资，显示各部门内部在实体经济活动过程中的资金余缺状况，以及部门之间形成的资金融通关系。这是立足非金融交易看金融，一方面可以观察实体经济需求对金融的基础决定作用，反过来则要揭示金融服务于实体经济的状况。当前广泛应用的杠杆率等指标，大体属于这个层次上的指标开发。

放在上述架构中去看，《中国资金流量金融交易核算》的内容属于第二层次。这就意味着，它在功能上与货币金融统计有很强的互补性，是对货币金融统计的超越；进一步看，要想把金融交易核算的作用发挥到最大，还需要与非金融交易核算部分对接起来。

三、中国资金流量表的编制状况及其未来展望

中国从 20 世纪 80 年代开始进行资金流量表的研制，1992 年正式编表。此后经历了很多次的改进和优化，数据基础也持续得以改善，发布频率也有一定提高。

一直以来，非金融交易核算表按照 t-2 年节奏发布。比如，2020 年 11 月出版的《中国统计年鉴 2020》，可以发布 2018 年资金流量非金融交易表。最近传来好消息：国家统计局进一步提前了数据发布时间，通过 2021 年 6 月出版的《中国统计摘要 2021》即可发布 2019 年数据，大体形成了 t-1.5 年发布节奏。

《中国资金流量金融交易核算》提供了 1992—2019 年中国各年资金流量金融交易核算表。编表周期、数据时效性方面均在不断改进。书中说，人民银行不仅可以按照 t-1 编制年度表，而且，2021 年 3 月首次发布了 2020 年半年度的资金流量表，这些都可以在人民银行官方网站上获取。

我们对金融交易表还有更多期待。第一，编表内容的详细程度还可以进一步提高，

比如金融机构部门可以进一步细分；第二，金融交易流量数据还可以进一步扩展到存量数据，书中已经采用金融资产、负债存量数据做分析；第三，还可以进一步编制“从谁到谁”的金融交易表，以便为观察和分析提供更有穿透力的数据。《中国资金流量金融交易核算》在“未来展望”部分从以下三个方面做出表述：进一步完善资金流量表的编制，促进资金流量宏观统计与微观统计的有机结合，推进国际资金流量核算以应对经济和金融全球化挑战，预知其中详情，请各位购书观看。

资产负债表视角下的宏观经济观察

本文刊发于《中国统计》2023年第8期。相关内容曾经在国家统计局高层次统计人才培养工程（第二期）讲授。

在野村证券就职的辜朝明被视为“资产负债表衰退”的发现者。最近此公在东吴证券（香港）策略年会上演讲，展示了他对日本经济停滞30年的解读，并延伸到对当前中国经济的看法（见《日本的教训：中国经济遇到的真问题》），由此引发后续的很多“商榷”。他的观点是否妥当我没有能力做出评价，但如何在资产负债表视角下对宏观经济进行观察，与国民经济核算有关，可以算得是我的“本行”。所以，我想沿着辜文思路，从国民经济核算角度对此做一些讨论。

一、国民资产负债表的架构

立足资产负债表看宏观经济，首先需要了解国民资产负债表。尽管很多人学过财务会计，对企业资产负债表耳熟能详，但国民资产负债表与企业资产负债表还不完全相同。

国民资产负债表的内容可以用以下恒等式概括：资产＝负债＋净值。所谓资产是指“经济资产”，即“所有权确定、能够给所有者带来收益的各种实体”。其中有些资产类别是我们比较熟悉的，比如在企业资产负债表中经常见到的固定资产、存货、存款等，但同时还会有一些比较独特的类别，比如自然资源、货币黄金和特别提款权等，是一般企业资产负债表上不太会出现的。从表观归纳国民资产负债表与企业资产负债表的区别，第一是资产分类的差别：首先要区分非金融资产和金融资产两大类，然后再做细分（限于篇幅这里不予详细展示），这与企业资产负债表按照流动性划分有很大不同。第二是负债追随金融资产取更宽泛的定义，原来在企业资产负债表中被着意区分的“所有者权益”，在国民资产负债表中作为权益融资（股票与其他产权），与债务融资（债务类证券）并列，都被视为负债。与此对应，资产减去负债之后的余值被定义为资产净值（不再是所有者权益）。

国民资产负债表上的主体划分完全超出了企业资产负债表。它在功能上要实现两个目的。第一，要从一国宏观经济体出发，核算其持有的资产以及与国外之间的资产负债关系。第二，国内资产负债持有者已经不限于企业，而是要按照国民经济核算原理，体现完整的机构部门分类：非金融企业、金融机构、广义政府、为住户服务的非营利机构、住户，据此可知国民资产负债的主体结构以及相互关联。企业是其中的重要主体，但不是立足单个企业看其资产负债，而是把一国范围内的所有企业视为一个整体，其中之所以要区分非金融企业与金融机构，是为了显示金融机构在资产负债关系形成过程中的中介作用。

上述两方面交叉起来，构成国民资产负债表的全部（限于篇幅，完整的表式省略，简表可见表1所示）。解读此表信息，可遵循“两个平衡”原则。第一是部门内部的平衡。资产＝负债＋净值，这个延续了企业资产负债表的思路，可以显示各个部门内部的资产和负债组成结构。原则上也可以计算资产负债率，但其内涵与企业资产负债率有所不同

（因为负债的定义变了）。第二是部门之间的平衡。可以分类显示资产、负债、净值的部门分布。对金融资产和负债而言，通过部门（含国外）之间关系会显示出其对称性：一个部门的资产（负债）会对应其他部门的负债（资产），各部门资产合计与各部门负债合计相等，相当于在有对手方的情况下提供各种金融工具下的存量信息，从哪里来构成负债，去往哪里形成金融资产。上述两个平衡之下提供的信息综合起来，就可以立足资产负债存量视角展现宏观经济的整体面貌。

二、资产负债视角下的宏观经济面貌

资产负债表视角下的宏观经济面貌应该是什么样子？这是一个不太容易回答的问题。《国民经济核算原理与中国实践》（第五版）曾经引用英国2020年国民资产负债表，这里择要列示（见表1），权当一个靶子看看。以下从本文主题出发，提炼几个观察要点（更

表1 英国2020年年末资产负债表

单位：亿英镑

	非金融企业部门	金融部门	政府部门	住户部门	经济总体
非金融资产	40882	1299	8600	60904	111685
生产资产	23500	1103	6783	17446	48832
固定资产	2082	110	678	1719	4590
住宅	3885	-	-	14270	18155
非生产资产	17382	196	1817	43457	62853
金融资产	28389	246053	8555	74243	357241
金融负债	57000	252984	32093	20273	362350
净资产	12272	-5632	-14938	114873	106576

数据来源：英国国家统计局数据库。

详细的数据表和特征分析可参见原书）。

第一，所有资产中，金融资产占 76%，非金融资产占 24%；在另一侧，负债与净值之间的比例为 77% 与 23%，由此体现了金融在现代经济中的显著性。

第二，非金融资产中，生产资产占比不到一半（44%），生产资产中主要是固定资产（94%），住宅在固定资产中占有显著比重（40%），尤其体现在住户部门（83%）。

第三，在金融关系中，金融机构作为中介部门，其金融资产和负债的规模都很大（分别占比 69% 和 70%）。住户是主要融出资金的部门，净金融资产达 53970 亿英镑；非金融企业和政府是融入资金部门，净金融资产为负，分别为 -28611 和 -23538 亿英镑。扣除金融负债之后，英国总体净金融资产为负值（-5109 亿英镑），意味着使用了国外提供的融资，属于净债务国。

第四，净资产主要集中在住户部门，其持有数额甚至超过了经济总体的国民财产合计。

在中国，国民资产负债表编制是相关部门最近十年的工作重点。其中，金融资产和负债存量部分由人民银行负责，当前已经公布了 2017—2021 年数据；非金融资产存量部分由国家统计局负责，已经编制完成但还没有公布数据。以下仅简要列示金融资产和负债存量数据（见表 2），对其特征做一点提炼，然后做一些延伸判断。

第一，从净金融资产一行可以看到，住户是提供融资的部门，其金融资产超过了负债；对应地，非金融企业和政府是融入资金的部门，净金融资产为负值；金融机构作为金融中介部门，其金融资产和负债的规模都很大。这些特征与英国的情况大体相同，不同的是与国外的关系，国外对中国的负债超过了金融资产，故而中国是净债权国，对国外提供了融资。

第二，中国金融资产与负债仍然以间接金融为主，存款占比在 30% 上下，贷款超过了 20%。直接金融中主要是债券（接近 15%），股票占比还比较有限（只有 10% 左右）。落实到部门，非金融企业主要靠贷款融资（47%），住户部门融出资金的渠道以存款为主（56%），政府部门融资方式主要是发行债券（74%）。

第三，有关非金融资产以及汇总起来计算的净资产，尽管没有公布数据，但可以推测其与英国之间会有一定区别。比如，受所有制性质影响，政府部门可能会持有较多的

表 2 中国 2021 年金融资产与负债存量表

单位：亿元人民币

	非金融企业	金融机构	广义政府	住户	国内合计	国外
非金融资产	-	-	-	-	-	-
净金融资产	-1021434	126556	-324050	1345378	126450	-126450
金融资产	1674020	4861188	415946	2148186	9099340	468040
通货与存款	798428	380040	362515	1199821	2740804	36315
贷款	-	2286941	-	-	2286941	11001
债券	4524	1280806	9988	13924	1309242	31656
股票	412525	174319	24351	283434	894629	85179
负债	2695454	4734632	739997	802808	8972891	594490
通货与存款	-	2757921	-	-	2757921	19198
贷款	1265358	127873	82167	786873	2262271	35671
债券	295183	1319777	544713	-	1319777	21121
股票	789209	149258	-	-	938467	41341

数据来源：中国人民银行。

非生产资产（比如自然资源），拥有国有企业的较多股权，由此导致其净资产可能是正的（表 1 中英国政府净资产是负的）。比如，住户部门贷款负债达到了一个比较高的规模（占贷款合计 35%），肯定与最近二十年居民家庭大规模购买住房使用按揭贷款有关，是对应住房（作为非金融资产）承担的负债。

三、资金流量表有助于资产负债表视角下的动态观察

资产负债表衰退论实际上是透过资产负债表的动态变化来发现问题的。资产负债表

的衰退实际上就是“缩表”，而“缩表”实际上就是资产负债规模在变小，意味着部门内部非金融资产与金融资产负债之间的相互抵消、金融资产与负债之间的相互抵消，进而透过部门之间关系使其效应得以扩散和放大。但怎么显示“缩表”结果呢？这就要涉及资金流量表。

资金流量表的主要功能是汇总记录一时期通过正常经济交易所引起的资产负债变化。所以，动态观察一国资产负债状况，资金流量表是不可或缺的。如果资产负债发生“缩表”，肯定就会反映在资金流量表记录的非金融投资和金融投资上，交易额未必是负的，但其规模肯定会相应缩小，小于原本应该发生的规模。但是反过来看，在反映资产负债重大状况方面，光有资金流量表还不够。因为，在遭遇重大变化的情景中，必然会涉及原有资产负债存量，一方面是价格的剧烈变化，同时还可能会在正常交易之外发生诸如大笔坏账等其他物量变化，这是我们利用资金流量表进行资产负债动态分析中特别要关注的。

接下来我用中国资金流量表数据做一点观察。与资产负债表对应的资金流量表，包括两个部分，一是非金融交易表（由国家统计局编制），其中与储蓄、投资有关的部分可以显示非金融资产的变化。二是金融交易表（由人民银行编制），可以提供当期交易带来的金融资产净获得（获得减处置）和负债净发生（发生减清偿）。表 3 所列是 2020 年数据，因为非金融交易部分这是当前可得的最近数据。

上半部分的核心是非金融投资。其中，“资本形成总额”直接对应各类生产资产的变化，“其他非金融资产净购买”则对应非生产资产变化。可以看到，第一，资本形成主要是在非金融企业实现的（58%），住户部门因为住宅购置以及个体经营中的固定资产购买，也占有比较显著的份额（29%）。第二，其他非金融资产净购买主要发生在非金融企业与政府、住户之间，主要是一些代表使用权、开采权的无形资产交易，当前重点是土地转让金所代表的土地使用权交易。因为缺乏非金融资产存量数据，故而这里无法就年初存量与当期交易进行比较；如果引入其他年份交易数额形成时间序列，可能会在一定程度上揭示本年度交易规模和结构的一些特征，有兴趣的读者可以一试。

表 3 中国 2020 年资金流量表部分数据

单位：亿元

	非金融企业	金融机构	广义政府	住户	国内合计	国外
总储蓄	195203	35453	-24058	238613	445211	-13963
资本转移净获得	14565		-14570		-5	5
资本形成总额	255349	2123	55964	126115	439550	
其他非金融资产净购买	68876		-33951	-34925		
净金融投资	-114456	33330	-60641	147423	5656	-16958
净金融投资	-25113	32096	-83238	96423	20168	-20168
金融资产净获得	122599	364362	5223	183192	675375	23716
存款	75054	-650	1864	119936	196204	6175
贷款		184166			184166	-1669
债券	-282	166862	1355	-629	167305	5893
股票	10662	4662	348	3319	18991	4424
负债净发生	147712	332266	88461	86769	655207	43885
存款		194163			194163	8216
贷款	95830	-6141	2865	86053	178606	3891
债券	38919	50347	83639		172905	293
股票	12333	2047			14379	9036

数据来源：《中国统计年鉴 2022》。

下半部分全面显示了金融资产和负债的当期变化，二者抵消之后就是净金融投资。第一，整体看，当期中国对外净金融投资为正（20168 亿元），说明对国外提供了融资，这一点与前面的存量特征一致。第二，除了金融机构这个中介部门以外，住户是最大的融出资金部门，在金融资产净获得中占比达到27%，同时在净金融投资中的存在更是引人注目（96423亿元），这一点与前面的存量特征也是一致的。第三，非金融企业是最大的融入资金部门，在负债净发生中占比23%，但因为其同时在金融资产净获得中的占比也比较显著（18%），故而两者抵消之后，尽管仍然保持了净借入（-25113亿元）的状态，却不再是最大的净借入部门，以此与前面的存量特征出现了不一致。第四，政府部门在金融交易中的状态非常值得关注。尽管它在负债净发生中占比最小（14%），但因为其几乎没有融出资金，故而在金融净投资中成为最大的净借入部门，达到83238亿元，这一点与其在金融资产负债存量方面的格局具有了区别。进一步看，这个融资数额超过了其资本形成（55964亿元），这就意味着这些来自金融市场的融资，其中一部分要用于满足政府在收入分配和公共消费支出方面的需求。第五，结合金融工具看，住户部门以存款作为首选融出资金工具（64%），非金融企业以贷款作为首选融入资金工具（65%），政府主要依赖债券融入资金（95%），金融交易主要以存贷款这些间接金融工具为主（存款占比约30%，贷款占比约27%），这些均与前面的金融资产负债存量特征具有一致性。

最后我要简要讨论一下核算数据存在的问题。表3有两行“金融净投资”数据，二者之间存在很显著的不一致。尤其在非金融企业部门之下，融入资金的数额，一个是六位数，另一个则是五位数；按照前者它仍然是最大的融资部门，与存量特征一致，但按照后者则要让位于政府部门，出现了与前面所述存量不一样的特征。

之所以出现两行数据之间的不一致，原因在于，净金融投资是整个国民经济核算中最重要的平衡项，可以按照不同方向推算其结果。其中，前面一行数据来自所有非金融交易数据的层层推算，认为到此为止各该部门资金净借入（-）/净贷出（+）应该是多少。后面一行数据来自金融交易数据，归集各个部门参与金融交易发生的数额，然后经过层层汇总、轧差、取净额之后，得到各该部门实际净借入（-）/净贷出（+）是多少。理论上说两个方向的推算结果应该一致，但在实际核算编表过程中要面对数据来源方面的种种问题，统计误差与遗漏在所难免，故而就会出现不一致。

这种情况不仅出现在中国，而是各国普遍需要面对的棘手问题。有的时候不仅是数额的差异，甚至还会有相反符号出现。即使如此，面对当前如此大的、影响到基本特征判断的数额差异，我觉得两个编表部门还是有必要坐在一起，对相关问题做一些专门研究，尽可能提高数据之间的匹配度，为进行宏观观察提供更具一致性的依据。

在货物贸易顺差与外汇储备变化之间

本文刊发于《中国统计》2023年第6期。

从年初开始网上就有人嘀咕：数年间我国货物贸易有2万亿美元的顺差，但同期外汇储备为什么并没有相应增加呢？4月份李宗光发文，标题就是《两万亿外储“消失”之谜》，对这个问题做了详细回答。看完这篇文章，我转发朋友圈，导语是：我把此文作为活学活用国际收支平衡表的最佳案例向大家推荐。

我一直以为，国民经济核算不仅是一种通过算账提供数据的工具，同时也是一种宏观思维方式。掌握了这套思维方式，进行宏观观察时就不至于“掉进坑里”。下面我就以这篇文章作为引子，简要介绍国际收支平衡表的编制原理，以及考察国际收支平衡差额的不同选择。

一、编表原理：国际收支平衡表上的平衡与循环

国际收支是一国在核算期间内发生的所有对外经济活动的代名词，据此编制的国际收支平衡表是观察一国某时期对外经济状况的基本依据。在全球化背景下，一国对外经济活动规模大、形式多样而且相互纠缠。不同部门出于各自管理职责所在，会在自己的“一亩三分地”上生产和披露相关数据，比如海关总署提供进出关境的货物进出口统计数据，文化和旅游部提供国际旅游统计数据，交通运输部提供各类国际运输和物流统计数据，商务部提供外国直接投资（来华投资和对外投资）统计数据，人民银行提供银行间国际交易数据。但是，要想对一国对外经济活动状况做全面、综合的表达，就必须编制国际收支平衡表。

所谓全面，是就其包括的内容而言。其一是说，各方面的对外经济活动都包括在内，不光货物进出口，还有服务进出口、各种投资和金融往来、收入流动。其二是说，不同形式下发生的对外经济活动都包括在内，不光商业性的、以交换为前提的“生意”，还包括各种捐赠、缴费、罚没等无偿转移，那些基于其他目标发生的对外往来，比如留学、就医、官方援助或亲友馈赠，也会因为其中包含着经济成分而被一股脑作为“对外经济交易”收于国际收支的框架之中。

所谓综合，是就表达方式而言。第一是实现了分类核算。全部对外经济活动被区分为经常账户、资本账户、金融账户；经常账户进一步区分为货物进出口、服务进出口、初次收入分配、二次收入分配，金融账户进一步区分为直接投资、证券投资、衍生工具、其他投资、储备资产。这样，所有对外经济交易都会按照其性质分门别类地包括在对应的某个账户之中；在每一个账户之下，都会按照“来”和“去”两个方向，分别归集与自身相关的那一类对外经济交易，体现经济往来的规模。第二是通过借贷记账法达成平衡记录。每一笔对外经济交易都会内在地被包含于两个账户的记录之中，一次体现在借方，一次体现在贷方，由此决定了国际收支平衡表整体看是一张“平衡表”：借方记录的“去”（支出）与贷方记录的“来”（收入）总体看来是恒等的；但是，对应单个账

户而言，其借方发生额（经常账户下的支出或金融账户下的资产净增加）与贷方发生额（经常账户下的收入或金融账户下的负债净增加）并不相等，两者相减，会形成一个或正或负、或大或小的差额，贷大于借（即收入大于支出）为顺差，反之为逆差。

可以说，正是因为全面和综合这两大特征，使得国际收支平衡表超越了各种具体业务统计而成为国民经济核算的组成部分。第一，它有一套统一核算规则，可以在整体意义上全面展示一国在特定时期的对外经济活动全貌。第二，它在不同类别交易记录之间建立了对应联系，由此可以显示出一国对外经济从实际资源到金融资源的循环特征，为后续观察国际收支平衡奠定了基础。表 1 是一张简要的国际收支平衡表，表中列示了 2022 年中国以亿美元为单位编制的数据。

二、平衡差额解读：在货物贸易差额与外汇储备增减之间还有什么

国际收支平衡是宏观管理四大目标之一（虽然总是位列其末），其平衡状况（顺差还是逆差以及有多大）对于宏观经济观察和评价、分析而言非常重要。但是，我们上面所讨论的国际收支平衡表却是一张“平衡”表，其借方发生额合计与贷方发生额合计总是相等的（实际编表很可能不等，为此要特设“统计误差与遗漏”项使其保持相等）。显然，这种表观意义上的平衡并不代表当前管理意义上的国际收支是否真的达到平衡状态，我们需要在这张平衡表基础上进一步处理，计算不同口径的国际收支差额，才能作为判断国际收支平衡状况的依据。处理方法就是“划线法”，在表的特定位置上划一条线，将表分成上下两个部分；针对“线上账户”计算的差额，就是用于衡量国际收支平衡状况的指标。

为什么用线上账户差额作为国际收支平衡差额？在国际收支循环过程中，每一笔交易都会带动两个流，一个是主动的、自主发生的，代表交易的目的；另一个则是与主动交易相伴发生的，从反面说明那些主动交易带来什么后果。比如，出口货物是主动交易，与其相伴随的是价款结算，前者被记录为货物出口收入，后者则根据金融状况的改变记

录为金融资产增加或者负债减少。所谓国际收支平衡是指自主性交易的收支平衡。按照国际收支平衡表的设计，排位靠前的账户具有比较强的自主性，后面的账户则被视为更具调节性。因此，通过划线分为两个部分之后，一般用线上账户差额衡量国际收支平衡状况，线下账户差额与线上账户差额互为相反数，用以对线上账户差额做进一步解释：顺差多出来的收入去了哪里，逆差多出来的支出如何得到了弥补。

表1 中国2022年国际收支平衡表

单位：亿美元

	差额（贷－借）	借方	贷方
经常账户	4019	35489	39508
货物进出口	6686	26782	33469
服务进出口	-923	4613	3690
初次收入	-1936	3839	1902
二次收入	191	256	447
资本和金融账户			
资本账户	-3	5	2
金融账户	-3110	2815	-294
直接投资	305	1497	1802
证券投资	-2811	1732	-1079
金融衍生工具	-58	-27	-85
其他投资	454	-1386	-932
储备资产	-1000	1000	
外汇储备	-982	982	
统计误差与遗漏	-906	906	

数据来源：国家外汇管理局。

注：本表对原表格式做了加工处理。

接下来的问题是：在哪里划线？说起来可以在任何一个地方划线，但比较认可的有以下几种选择。首选是在储备资产上面划线，因为储备资产项目本身就是为应对国际收支风险而设的“池子”，是毫无争议的调节性账户，其变化相当于国际收支平衡状况的一面镜子：它的逆差（代表储备资产增加）对应国际收支的顺差（收大于支），反过来，如果国际收支是逆差，意味着储备资产的减少（账面显示为顺差），此时计算的线上账户差额被视为国际收支总差额。中国2022年储备资产项下有1000亿美元的逆差（资产增加），同时考虑统计误差与遗漏（-906亿美元），对应的国际收支就应该是1906亿美元的顺差。第二选择是在直接投资项目下面划线，此时，线上账户包括经常账户、资本账户和直接投资，覆盖各种具有稳定性的对外交易，其顺逆差在很大程度上会显示国际收支的长期趋势（2022年为4321亿美元的顺差），线下则是具备较高流动性的账户，说明上述顺差如何转换为证券投资、其他投资以及外汇储备（资产增加或者负债减少）以及统计误差与遗漏。此外，也可以用经常账户作为自主性交易，其平衡差额（2022年为4019亿美元的顺差）是决定一国国际收支平衡状况的基础，此时整个资本和金融账户都被视为调节性的。当然，你也可以在货物进出口项目下面划线，以此突出货物进出口（2022年为6686亿美元的顺差）对于整个国际收支平衡的重要性。

有了以上解释，我们就可以评论本文开头处提到的坊间说法错在了哪里。货物贸易差额大体相当于表中第一项货物进出口差额（严格说来二者还有差别，这里不做详细讨论）；外汇储备是储备资产的组成部分（最重要的组成部分），其变化代表了该项目的差额。直接将两者对应起来考虑，相当于将货物贸易差额（6686亿美元的顺差）视为自主性交易，将外汇储备变化（982亿美元的逆差）视为调节性交易。乍一听，似乎有道理，但结合表中账户内容，不难发现其中存在“以偏概全”的谬误：货物进出口顺差被简单武断地与国家外汇储备增加挂起钩来，完全忽略了中间还有一大堆各类国际收支项目。正是被忽略掉的这些项目的差额，从正反两方面解释了为什么外汇储备变化没有作为“镜子”足额映射出货物贸易顺差。

李宗方的文章具体解释了从货物贸易顺差到外汇储备增加之间还发生了什么。此文从中国对外经济状况以及宏观管理政策变化出发，分层解释其间出现的各种情况以及由此带来的影响，其解读思路完全体现了国际收支平衡表给出的层次，故而我将其视为“活学活用”国际收支平衡表的典范。以下我按照他的叙述层次分列，然后指出对应的国际收支具体账户和项目。

第一是结售汇政策变化导致企业留存外汇增加了，结果是“其他投资”账户替代了官方外汇储备。

第二是服务贸易、投资收益（属于初次收入项目）一直是逆差，在一定程度上对冲了货物贸易顺差额，由此降低了“经常账户”的顺差。

第三是跨境投融资，既涉及股权投资也涉及更加灵活多样的国际债务融资，在结售汇管理放松前提下十分活跃，通过“直接投资”“证券投资”“其他投资”以及“误差与遗漏”各项形成了资金净流出，替代了储备资产。

第四是外汇储备中各类资产结构性计价变化也会带来影响，但这个不会影响外汇储备的账面价值。

我再补充一点：外汇储备是储备资产的子项，如果储备资产中的其他项目当期出现增减变化，也会影响到外贸顺差与外汇储备变化之间的对应关系。比如 2022 年，“货币黄金”“特别提款权”“在基金组织的储备头寸”都有变化，所以表中外汇储备只增加了 982 亿美元，而不是“储备资产”记录的 1000 亿美元。

三、延伸讨论：对当前中国国际收支平衡表表达方式的一点看法

中国国际收支平衡表由国家外汇管理局编制，可以获得年度和季度国际收支平衡表。应该说，在国民经济核算五个子体系中，国际收支核算的成熟度、国际对接程度都是比较高的，数据发布也比较及时。但是，围绕国际收支平衡表，很多人会说“看不懂”，

就是因为它的结构比较复杂。差不多十年前，根据国际货币基金组织（IMF）发布的《国际收支与国际投资头寸手册（第6版）》（简称BPM6），国家外汇管理局对中国国际收支平衡表进行了修改。修改后的表格，就连我这个“老核算”在使用这张表的时候，也常常要沉吟一二。比如我上面所用的这张表还真不是直接转引外汇管理局发布的表，而是自己做了一些改编。为什么呢？

第一是账户分类带来的麻烦。回溯到二三十年前，国际收支平衡表包括三个账户：经常账户、资本账户、储备资产，这些概念术语及其关系在管理层面形成了深刻的影响。随后因为国际规范（BPM）向国民经济核算体系（SNA）靠拢，这些账户几番重新拆分组合，形成了新的概念术语体系。其中，经常账户大体不变，与之并列的是资本账户和金融账户，资本账户记录对外非金融投资和资本转移（这些是从原来的经常账户中分化出来的，交易数额很小，可以忽略不计），而金融账户则承接了原来资本账户的内容，同时还将储备资产一并收了进来，也就是说，原来独立存在的储备资产项目，现在变成了金融账户中的一个子项。所以，数据用户要同时接受两个变化：一个是资本账户改称为金融账户（还要注意不能与当前的资本账户混同），另一个是储备资产与金融账户之间的关系。为了显示储备资产项目所具有的调节性功能，中国国际收支平衡表在金融账户下再做一层分类，将前面的直接投资、证券投资、金融衍生工具、其他投资统称为“非储备资产账户”。大家知道，分层太多必然给使用带来诸多麻烦，然后就容易产生混乱。

第二是数值前面加“-”引起的混乱。我上面给出来的数据表包括三列：借方、贷方、差额，并特别注明这个差额是“贷方减借方”的结果。但你查看外汇管理局提供的表不是这样，而是只有一列数据：每一个账户、账户下的项目以及子项目都包含三行，所以这一列非常长。在经常账户各项下，这三行分别是差额、贷方、借方，为了让人可以看出差额是贷方减借方的结果，特意在借方前面加了“-”；在资本账户和金融账户各项下，这三行是差额、资产净变化、负债净变化，同样，为了体现差额是资产净变化与负债净变化之差，在资产净变化前面加了“-”。但是对于资产净变化而言，原本就有可能取负值，代表当期在该项目下的资产获得少于资产处置，但这个“-”在记录过程中会与统一标识的“-”产生冲突，两相抵消之后反倒要以正值出现在表中。比如上面表中“其他投资”项下记录的 -1386 亿美元，在外汇管理局提供的核算表中就是以正值出现的。显然，这样的展示结果很容易带来信息混乱：以正值出现的资产净变化，实际上对应的是资产净减少而不是净增加，与我们的直觉完全相反。

当前外汇管理局网站上提供的数据是一个时间序列表，从 1950 年开始，每年一列。到 2022 年超过了 70 列。这样列示有好处，可以对不同年份的变化形成自然比较。但这样列示也有很大问题：原本三列数变成一列，导致给出来的表很长，我数了，131 行，结果是无法一目了然，难以对特定年份的数据形成整体概念。我的建议是：在提供时间序列表的同时，按照三列方式提供年度表；如果这样列示，顺便就可以考虑取消为计算差额而加在借方、资产净变化前面的“-”号。

派生产业的识别与核算问题

本文刊发于《中国统计》2022 年第 8 期，合作者孙庆慧。主要内容来自《国民经济核算原理与中国实践》（第五版）第 9.3 节。

派生产业是国家统计局最近几年推出的一个关键词——10 余年前我用的词儿是“主题产业”，因为每一项派生产业都有一个“主题”。之所以称为“派生”产业，主要是相对于《国民经济行业分类》而言，是从这些标准行业基础上进一步“派生”出来的产业概念。

在这杆“大旗”之下，国家统计局陆续发布了不少体现各种主题的派生产业统计分类，用以对接政府主管部门的管理需求和宏观热点分析。仔细考察这些派生产业的主题，大体分为两种情况：一是在宏观经济中作用显著的产业，或者是切中当前宏观管理热点的产业。二是具有新兴经济特点的产业，也就是代表未来发展趋势、得到政府大力扶持的产业。

这就提出来一系列问题：如何按照特定主题定义一个派生产业，如何进一步识别该主题所覆盖的活动内容、对接国民经济行业分类从而确定其统计范围和内部组成，最后是如何针对该派生产业搭建核算框架，通过核算提供相关信息。以下结合国民经济核算原理以及当前实际应用做点儿归纳。

一、派生产业的定义

国际规范（SNA-2008）中没有派生产业这个提法，但有一个与之大体类似的“关键部门”概念。关键部门可能不止于主题性产业，但主题性产业肯定是最重要、最常用的关键部门。所以，SNA 有关关键部门的论述，可以为我们在中国语境下讨论派生产业及其核算方法提供借鉴。

SNA 并未对关键部门或活动的定义提供具体指导。显然，基于什么主题确定关键部门进行专门核算，取决于各国在特定时期的宏观经济状况以及经济社会政策管理需求，无法一概而论。如前面所说，有些与该主题的显著性有关，比如埃及具有丰富的旅游资源，旅游业就是其不可忽略的关键部门；有些则代表未来发展方向，即使当前处于起步阶段，也会被某些国家视为关键部门，比如当前的数字经济。

检索国家统计局网站“统计标准”栏目下的内容，最早的可归入派生产业的项目是 2004 年发布的“统计上划分信息相关产业的暂行规定”；正式利用派生产业来对应政府主管部门的多部门需求，以 2012 年发布的“文化及相关产业分类”为开端。此后各年陆续发布不同派生产业分类标准，并对前期形成的分类标准加以更新，到 2021 年一共包括 17 种。按照最新发布时间排序，具体内容见表 1 所示。

通过这些派生产业分类，为相关管理部门以及业界进行主题性统计观察和分析提供了统一的遵循。提炼一下这些分类的关键词儿，不难发现他们大都属于当时中国宏观经济管理的热点和未来关注领域，据此即可大体了解这些年国家发展的重点关切。

有些派生产业是从供给角度按照经济活动本身的发生特点定义的。一种思路是聚焦于经济活动的性质或方式。例如，高技术产业强调“R&D 的投入强度高”和“高技术手段”，

表 1 不同主题下的派生产业分类表

	2018 年	2019 年	2020 年	2021 年
派生产业分类	《文化及相关产业统计分类》	《生活性服务业统计分类》	《农业及相关产业统计分类》	《数字经济及其核心产业统计分类》
	《高技术产业（服务业）分类》	《生产性服务业统计分类》	《养老产业统计分类》	《节能环保清洁产业统计分类》
	《国家旅游及相关产业统计分类》	《健康产业统计分类》	《教育培训及相关产业统计分类》	
	《战略性新兴产业分类》	《体育产业统计分类》		
	《新产业新业态新商业模式统计分类》	《知识产权（专利）密集型产业统计分类》		
	《国家科技服务业统计分类》			
	《高技术（制造业）产业分类》			

知识产权（专利）密集型产业强调“发明专利密集度、规模达到规定的标准，依靠知识产权参与市场竞争”，战略性新兴产业突出“知识技术密集、物质资源消耗少、成长潜力大、综合效益好”，这些基本特征都是综合考察了生产投入、生产方式和生产结果等整个生产过程而提炼出来的。另一种思路则是以某既有产业为核心进行拓展，包括依托于产业链条的纵向延伸以及附着于关键生产环节的横向拓展，由此形成一个包容性更强的关键部门。例如农业及相关产业，与农业相关的产业被延伸到“农林牧渔业生产、加工、制造、流通、服务等环节形成的全部经济活动”。

另一些派生产业是从需求侧提出来的。其基本思路是：立足于特定类别的最终需求，以此为出发点沿着相关产品的生产链条延伸到供给侧，从而确立与此类需求对应的产业，组成一类派生产业。旅游产业、健康产业是其中比较典型的例子，除此之外，体育产业、养老产业、文化及相关产业、生活服务业等也都属于此类立足最终需求开发的派生产业。

二、派生产业统计范围的确定

确定统计核算范围的基础是《国民经济行业分类》。但是，开发派生产业的初衷就是超越一般行业分类按照层级详细划分出来的单一产业，体现特定主题下的综合性，故而识别过程中必然要涉及多个既定的行业，而且常常需要打破既有行业分类，按照主题定义，将处于不同层次上的某些细分行业合并在一起。概括来说大体应该遵循以下原则和步骤：（1）论证所关注主题领域的定义，确定其基本组成范围；（2）与行业分类对接，从行业分类中逐级（从门类到大类、中类、小类）选择属于该主题产业范围内的行业；（3）如果对应的小类仍然不能完全满足其需要，只有一部分属于该产业范围，便专门以“*”标识出来，需要结合产品性质做进一步区分。以下以数字经济核心产业为例，大体演示其具体操作过程。

数字经济是从信息经济、互联网经济逐步演变而形成的概念，其核心为信息通讯技术（ICT）产业，在此基础上延伸出去，有狭义和广义两种定义。狭义数字经济是指生产数字化货物和服务的产业，仅限于与数字产业化对应的部分；广义数字经济则指代以数字信息技术为基础的所有经济活动，既包括体现数字产业化的经济活动，也包括与产业数字化对应的经济活动。国家统计局一直关注数字经济发展给政府统计带来的挑战，在借鉴国际经验基础上，结合中国数字经济发展状况及未来趋势，于2021年发布了《数字经济及其核心产业统计分类》（简称《分类》）。

依据《分类》，数字经济“是指以数据资源作为关键生产要素、以现代信息网络作为重要载体、以信息通信技术的有效使用作为效率提升和经济结构优化的重要推动力的一系列经济活动。”其中所包含三个关键词：数据资源、现代信息网络、信息通信技术，奠定了数字经济的基调。由上述定义可知，数字经济首先从广义视角定义，是与上述三个关键词相关的各种经济活动的总称；在此基础上突出“核心产业”，体现狭义定义，主要聚焦于数字产业化部分。

将上述数字经济的定义落实到具体类别识别和划分上，《分类》提供了一个包括5

个大类、32 个中类、156 个小类三层架构组成的分类体系（见表 2）。其中，数字产品制造业（01）、数字产品服务业（02）、数字技术应用业（03）、数字要素驱动业（04）共同组成数字经济核心产业，即“为产业数字化发展提供数字技术、产品、服务、基础

表 2 数字经济及其核心产业分类表

大类	中类	小类描述	与《国民经济行业分类》的对应关系
01 数字产品制造业	0101 计算机制造 0102 通讯及雷达设备制造 0103 数字媒体设备制造 0104 智能设备制造 0105 电子元器件及设备制造 0106 其他数字产品制造业	包括计算机整机制造等 51 个小类	对应制造业 48 个小类，其中 2 个为部分纳入（*）
02 数字产品服务业	0202 数字产品批发 0203 数字产品零售 0204 数字产品租赁 0205 数字产品维修 0206 其他数字产品服务业	包括计算机、软件及辅助设备批发等 11 个小类	对应批发、零售、租赁、维修等 10 个行业小类
03 数字技术应用业	0301 软件开发 0302 电信、广播电视和卫星传输服务 0303 互联网相关服务 0304 信息技术服务 0305 其他数字技术应用业	包括基础软件开发等 25 个小类	对应软件开发、电信服务等 34 个行业小类，其中 3 个为部分纳入（*）
04 数字要素驱动业	0401 互联网平台 0402 互联网批发零售 0403 互联网金融 0404 数字内容与媒体 0405 信息基础设施建设 0406 数据资源与产权交易 0407 其他数字要素驱动业	包括互联网生产服务平台等 27 个小类	对应互联网平台、互联网批发等 33 个行业小类，其中 10 个为部分纳入（*）
05 数字化效率提升业	0501 智慧农业 0502 智慧制造 0503 智慧交通 0504 智慧物流 0505 数字金融 0506 数字商贸 0507 数字社会 0508 数字政府 0509 其他数字化效率提升业	包括数字化设施种植等 42 个小类	对应几乎所有门类行业及其下属大类、小类行业，所有行业均为部分纳入（*）

资料来源：国家统计局，《数字经济及其核心产业分类》。

设施和解决方案，以及完全依赖于数字技术、数据要素的各类经济活动”；数字化效率提升业（05）则属于更广意义上的产业数字化范畴，覆盖了几乎所有的行业，显示“应用数字技术和数据资源为传统产业带来的产出增加和效率提升，是数字技术与实体经济的融合”。可以看到，这一套分类体系通过“小类”对“小类”实现了与《国民经济行业分类》的基本对接；同时也要看到，即使在小类层面，行业分类仍然不能满足数字经济识别的要求，有些只有一部分属于数字经济范畴，为此需要进一步下沉到产品层面做更具体的识别。仅就数字经济核心产业而言，各大类之下加“*”号的行业小类个数多少不一，数字产品服务业可以直接对应，数字产品制造业和数字技术应用业的对应程度也比较高，而数字要素驱动业的对应程度则比较低。

三、派生产业的核算框架与增加值核算方法

识别的目的是针对该派生产业进行统计与核算。先看核算什么。

最简单、基本的核算目标是立足派生产业的生产特性直接进行增加值核算。通过分行业具体核算与汇总，可以显示该产业的产出规模、内部结构以及增长动态，进而将其放入 GDP 及其经济增长框架中，衡量其对于经济总体的贡献率，以此显示其重要性。立足供给侧定义的关键部门，尤其是那些在经济社会发展过程中所涌现出来的新兴经济，例如战略性新兴产业、高技术产业等，其自身规模的扩张往往与科技进步、分工深化密切相关，在国家经济发展过程中具有战略性意义，由此决定了对此类产业的关注点常常集中于自身的发展水平、对未来发展前景的预测，以及对 GDP 以及经济增长的影响。所以，此类派生产业比较适合以这种方式进行核算。

进一步看，每一个派生产业都有比较复杂的内部组成成分，会跨越不同行业类别，并以不同方式、渠道与其他行业形成关联。在此情景下，仅核算增加值、增加值在 GDP 中的占比这样的综合指标，可能无法充分表达该部门对于宏观经济的重要性。因此，如果有条件的话，应在增加值核算基础上进行扩展，编制以该派生产业

为核心的供给使用表，据此提供有关该部门内部组成、内部关联以及外部关联的详细信息。

对那些立足需求侧形成的关键部门而言，如果也按照上述思路直接对应相关产业增加值进行核算，就无法追溯从最终需求到产品供给继而到产业生产这一传递过程，所提供的信息可能会偏离设计此类关键部门的政策目标。比如，之所以关注旅游、健康、教育，不仅是因为他们能够拉动经济增长，而且还因为他们能够提高国民福利水平。进一步看，他们拉动经济增长是通过促进最终消费这一中间变量而实现的，不能截断与消费的联系而单纯看此类产业的增加值。所以，针对此类关键部门，完整的核算思路应为：（1）先从产品使用端入手，核算满足这一类需求的消费或投资支出；（2）然后通过这些产品需求过渡到供给，核算对应产品的产出以及进口；（3）针对所关注的主题可能需要进行一些特别处理，比如针对产品的区分，对生产者和消费者的区分，如何突出政府的作用，等等，核心是要落实到相应产业；（4）针对这些产业及其重点活动提供核算结果，包括总产出、增加值，以及其他相关指标；（5）最后从供给和需求两端利用核算结果衔接 GDP，与经济增长关联起来。为达此目标，需要设计一个比较复杂的核算框架，其中肯定会包括增加值核算，但还应体现更多的核算内容，提供更多信息，适合用多张核算表展示，其结果就是一套卫星账户。最为大家熟知的旅游卫星账户就属于此类情况下的一例。

总结上述派生产业核算的基本思路，行业增加值在其中特别引人注目，以至于很多时候会给人一种印象：似乎派生产业核算就是对应行业增加值的核算，各方常常会将主要关注点放在行业增加值及其对 GDP 的占比上，有一种“言必称增加值”的倾向。但即使如此，针对派生产业进行行业增加值核算也殊非易事。当前国家统计局已经发布了 17 项派生产业分类标准，但并非所有派生产业都能够配套提供增加值官方发布数据。可以说，相关统计分类标准只解决了派生产业应该在什么范围内核算其增加值，但具体到怎么进行核算，还需要面对很多问题。以下我们结合数字经济简要讨论一下核算其增加值的具体步骤以及需要解决的问题。

行业增加值核算的基本方法有两种。第一是生产法，可以通过当期生产活动总产出扣减其中包含的中间消耗计算。第二是收入法，可以利用劳动者报酬、生产税净额、固定资本消耗、营业盈余等增加值分配资料加总计算。但对于派生产业如数字经济而言，其增加值核算一般无需从头做起，而是要在常规 GDP 核算基础上通过以下步骤完成。

第一，数字经济增加值是所覆盖各大类生产活动增加值的加总。鉴于体现产业数字化的数字化效率提升业（05）几乎会涉及国民经济的所有行业，难以明确其核算对象和方法，故而当前核算重点应集中在狭义数字经济，即由前四个大类组成的数字经济核心产业。

第二，各大类增加值是下属各中类、小类增加值加总的结果。鉴于数字经济是在数字化这一背景下重新组合起来的部门，其各个组成部分可能会跨越不同的国民经济行业，故而常常需要在小类层面分别核算，然后逐级加总。

第三，数字经济的小类（6 位码）对应的是国民经济行业分类的小类（4 位码）。鉴于日常 GDP 核算中难以在如此细分行业层面进行增加值核算，所以，数字经济小类增加值核算需要借助于更多的相关资料，比如经济普查年份的明细资料，投入产出编表年份的相关比例资料，在此基础上做相应处理、推算。

第四，一些数字经济小类尚不能与国民经济行业小类衔接，后者只有一部分与数字经济相关（即加“*”号的行业小类）。此时需要通过专门的产品调查，获取对应行业小类中属于数字经济部分的产品产出所占比例，据此推算数字经济小类增加值。

由上述核算过程可知，受基础数据限制，派生产业增加值常常无法通过简单的加减实现。到现在为止，国家统计局尚没有公布官方核算的数字经济增加值结果，很大原因与上述基础数据以及相关技术工作的难度有关；一些研究机构针对数字经济进行的增加值核算，估算结果常常会引起很大争议，其原因除了核算范围、内容存在差异之外，也特别受制于分解过程和基础数据状况。

以上是以我国《数字经济及其核心产业分类》为范围、按照常规关键部门增加值核算模式展示数字经济核算的相关内容。实际上，数字经济作为新兴经济，其核算还需要面对更复杂的问题。如何解决这些问题，在某种程度上说，是整个国民经济核算未来需要持续研究的课题。比如，如何将互联网场景下的各种免费产品纳入数字经济核算范围，如何基于经过扩展的数字生产范围构建数字经济供给使用表，如何进一步考虑产业数字化经济活动，探索编制各种视角下的数字经济卫星账户。这些都需要专文讨论，这里不再啰嗦。

从 Uber 司机的身份认定说起

本文刊发于《中国统计》2021 年第 4 期。

最近零工话题很火，起因是英国最高法院针对五年前由 25 名 Uber 司机提出的诉讼做出裁决，裁定其为 Uber 的员工而不是独立承包商。我仔细阅读了几篇相关报道和专业分析，大体弄明白了是怎么回事，出于职业偏好，感觉有必要对这个属于共享经济的话题从国民经济核算角度做一些讨论。以下我参照此话题相关材料，结合此前研究成果，简要介绍不同裁决结果会对国民经济核算产生什么影响，供大家批评指正。

一、Uber 司机的身份：雇员还是独立承包商

Uber 是一个典型的零工经济平台，其最为人们熟知的业务，就是集聚很多带有一定自由职业性质的司机，通过平台匹配提供交通运输服务。25 名 Uber 司机于 2016 年提出

诉讼，要求获得带薪假期和休息时间等劳工权利。经过漫长的初审判决、上诉，英国最高法院最近做出裁判：判定零工模式的代表性企业——Uber，其平台上的司机有权享有最低工资、带薪休假等“劳工权利”。这就意味着，Uber公司与这些司机之间属于劳动关系而不是经济合作关系，这些司机不是运输服务的独立承包商。

作为公司一方，Uber肯定不愿意看到这个结果。因为，如果不属于劳动关系，就无需签订劳动合同，无需缴纳养老、医疗等社会保险，不存在加班、工时、产假、病假、年休假等各种基于劳动雇佣法规的保障事务，也就不存在解雇问题更不用提后续的赔偿了。无论是管理成本还是人力成本，这肯定都不是一笔小数目。

英国的判决并不具有一般意义，在大西洋彼岸的美国则是另一番景象。在宾夕法尼亚州，法院裁判认定Uber司机是独立承包商，无权享有劳动法下的最低工资和加班工资。但在加利福尼亚州，法院曾经做出完全相反的裁决，认为应视其为“正式员工”，零工平台必须为他们提供不低于最低工资标准的薪水、法律规定的加班工资和社保；随后Uber和Lyft两大共享出行巨头以“无限期停业”抗议这一裁决，最终通过公投形成一个折中的结果：允许零工模式存在，但零工平台也需要提供类似正式工的一部分待遇，如法定最低工资。

之所以需要法院裁决，以及会出现不同的裁决结果，是因为零工经济自身具有比较模糊的属性。面对零工经济带来的种种问题，英国已经对劳动关系采用三分法，即在传统的employee（雇员，中国劳动法中的劳动者）、self-employed（自雇者）两类之间，专门增加了worker（直译为“工人”，意译似应为“外包工”）这样一个类别。worker表面上也是一种自雇者，但其间区别在于，worker所提供的服务属于他人所经营业务的一部分；但反过来看，worker仅拥有劳动法的部分权益，比如最低工资和带薪休假，不享有解雇保护。据此看上面的裁决：英国此次裁决，是认可Uber司机属于worker而不是自雇者；美国宾州的裁决则相反，加州最后达成的协议实质上与当前英国裁决大体相同。

表面看来，这些裁决的核心是平台公司与司机之间的劳动关系，但透过这些现象，背后隐含的却是对零工经济之业务流程的认定。Uber 认为，公司只是一个技术与信息提供商，它主要提供乘客与司机之间的信息对接、预订代理服务；乘客通过 Uber 预订乘车，司机接单，应视为司机和乘客之间直接签订了合同，Uber 本身并不提供运输服务。基于此，平台上接单的司机就应该是独立的承包商，他们是根据与乘客签订的合同工作，而不是为 Uber 工作。但根据英国高法裁定结果，所展示的业务流程则正好相反：是 Uber 公司与乘客签订服务合同，司机则是受公司聘用被派来执行这项合同。

二、不同身份认定对国民经济核算的影响

城市出租车经营有不同模式。个体出租和公车公营代表两种极端模式。对应前者，司机毫无疑问属于独立经营者；对应后者，司机肯定属于公司雇员。但说起来，城市出租是一个带有鲜明特点的行当：一对一服务，特别适合一人一车上路提供乘运服务的个体经营，但同时要求必须解决安全、服务质量、价格等相关管理问题，以保障乘客的权益。基于此，城市出租被视为特许经营行业，最常见的运营方式是政府对出租车公司颁发特许权经营许可，通过出租公司对个体运作的司机进行统一管理，对应地司机要向公司上缴一部分收入作为管理费（俗称“份儿钱”）。网约平台的出现改变了原有的模式，平台公司在提供平台预约服务的同时，完全有能力接管原来由出租车公司所承担的职能，于是出现了类似 Uber 以及“滴滴”这样的网络平台公司，并在与传统出租车公司之间的竞争中明显占据优势，大有取代后者之势。在此背景下，原来出租车公司与其司机之间的关系随即转化为网络平台公司与出租司机的关系。

数年前我曾经和李静萍老师一起讨论网约车背景下的产出核算问题（《网约打车交易宏观核算机理研究》，载《统计研究》2018 年第 4 期），目的是结合打车这个具体案例讨论数字经济对国民经济核算到底会产生什么影响，其中针对不同场景所做分析恰好可以对应今天这个话题。以下我引用该文的讨论结果，对 Uber 司机这个事件的核算方法做些说明，如果你对具体核算机理的分析过程感兴趣，可以自行找该文去看。

第一个问题是机构单位的认定和归属。按照 worker 裁决，Uber 司机是（部分）受雇于公司的员工，不是独立的机构单位；对应地，Uber 公司是乘运服务的提供者，按照机构部门应划分为非金融公司部门，按照行业划分归属于交通运输业。如果认可其为独立承包商，Uber 司机就是独立的经营单位，按照机构部门分类归属于住户部门，同时是承运服务的提供者，划归交通运输业；对应地，Uber 公司仍属于机构部门中的非金融企业，但行业归属会发生改变：如果没有其他业务，仅通过网络信息平台在司机和乘客之间提供撮合、匹配、预约等服务，则应归属于信息服务业——这一点与出租车公司不太一样，后者要归入租赁服务业。从广泛意义的政府统计而言，前一种裁决会增加雇员（中国称为劳动者）统计人数，后一种裁决则会导致自营职业者（中国称为个体经营户）增加。

第二个问题是产出的核算以及对 GDP 核算的影响，其中涉及两个具体问题，一是是否核算其产出，二是应属于谁的产出。当年我们写的文章里曾经画出很多流程图以讨论与此有关的两方、三方甚至四方关系，这里仅就 Uber 案例的裁决给出两张图做简单比较（见图 1 和图 2）。

可以看到，乘客付费（作为最终消费）完成了对乘运服务的支付；但在不同裁决下，这项付费的对应方以及总产出的核算就出现了区别。

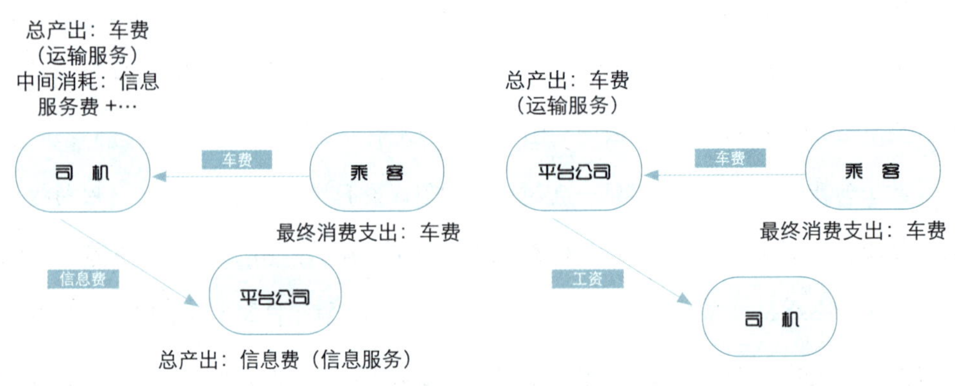

图 1 独立承包商裁决下的核算关系　　图 2 worker 裁决下的核算关系

◎ worker 裁决下，核算关系非常简单：车费代表运输服务，是 Uber 公司的总产出；司机所得在一定程度上具有雇员报酬的性质；平台撮合匹配预约服务属于 Uber 公司的内部辅助活动，不单独核算产出。

◎独立承包商裁决前提下，核算关系稍显复杂：车费作为运输服务，是司机的总产出；他向平台公司支付的信息费作为提供运输服务过程中的中间消耗处理；平台公司收到这笔信息费，作为自己的信息服务总产出核算。

这里需要做一些补充解释。第一，图中是按照实际经济关系画出来的，不考虑实际支付是怎么发生的（**司机收款或者平台收款**），以及平台公司拿到的比例有多大。从核算实务来说，主要关注的是从哪里获取相关数据，然后就可以按照上述关系进行相应的处理。第二，从图 1 可以看到，信息费在这种关系模式的总产出核算过程中被算了两遍，一次在运营司机那里，作为运输服务的一部分，另一次是在平台公司那里，作为信息服务出现。但我们无需担心，因为最终落实到 GDP 核算的是各个环节的增加值，在增加值层面的核算，上述重复会通过中间消耗被剔除。

由此我们可以得到一个认识：无论 Uber 司机身份裁决的结果如何，仅就此而言，并不会对 GDP 在总量层面的核算结果产生影响。这个结果是不是意味着，国民经济核算对类似事情可以不予关注？还真不能这样说。我们可以看到，不同裁决下，总产出以及增加值的行业归属会发生变化，信息服务业、运输服务业之间的比例会有所不同；同样道理，其机构部门归属也会发生变化，worker 裁决下这些产出都属于非金融公司部门，否则就应大部分归入住户部门；还有要素收入流量的结果也会有所改变，涉及到底是作为雇员报酬还是作为混合收入的不同核算处理。如果延伸去想，不同裁决可能会进一步引发一些后续交易，随即带来一些核算上的变化。比如，如果认可司机的 worker 身份，Uber 公司需要承担社会保障、基础工资等一系列费用，它与司机之间的车费分成比例可能会随即发生变化，或者会提高承运服务的价格，结果，国民经济核算所要面对的各个流量可能就会受到影响。我觉得，这些问题，从事国民经济核算工作的专业人员需要关注，利用国民经济核算做分析的研究者更需要关注。

三、延伸到各种零工经济以及中国的情形

共享经济核算是大题目，出租车服务作为零工经济只是其中的一种业态，除此之外的其他领域同样存在网约工，最典型的就是外卖骑手。英国此次裁决之所以引起广泛关注，原因就在于可能会成为相关领域类似争议的参照。其实，无论是英国模式还是美国模式，都是零工平台和政府博弈后，双方妥协的结果，目的是试图在新经济、新就业模式与劳工权益保护之间找到一个平衡点。已经有业内人士担心，当前裁决可能会对零工经济发展带来一定的负面影响。

相关文章都会在最后延伸提到中国当前的情况，认为中国的零工模式问题更加复杂。一个是市场规模很大，满世界飞的外卖小哥，时不时会因为各种缘由成为网议热点，对此不难形成一些直观认识。另一个是具体业务模式，大多数打车和外卖等零工平台都选择与第三方外包服务平台建立合同关系，而不与零工从业者直接发生法律关系。从业人员的身份也更加复杂，除了自然人外，还存在个体工商户甚至一些小微企业，形成了各种眼花缭乱的不同叫法，灵活用工、外包、内包、众包、兼职、钟点工、自雇、新业态用工、平台用工、共享用工等等。在法律上也有各种区分：关于雇佣关系，被区分为劳动关系、非全日制劳动关系与劳务关系；在雇佣关系之外还有合作关系、外包关系、转包关系、派遣关系。为应对外部变化，企业用工模式以及薪酬架构也都在发生变化。

我唠叨这些是想说明，在此背景下，要对中国共享经济的核算方法做出理论性规范，并对当前中国共享经济规模、结构、影响做出实际核算，还真不是一件容易的事情。

以可持续发展的名义：对 GDP 做调整

本文刊于《中国统计》2019 年第 3 期。

GDP（国内生产总值）是一个让人爱恨交加的经济指标，一方面离不开，一方面不满意。于是出现两种情形：消极者不断抱怨，积极者就想加以改造。改造分为两种。一种是在外面做文章，保留 GDP 同时尝试用其他指标补充之，以此组成指标体系，进而合成为一个指数；另一种则是在内部做调整，贴着 GDP 的定义和算法把其他因素“塞”进去，形成一个经过调整的“新 GDP”。有关这两种做法，我曾经在《经济社会统计》（第三版，中国人民大学出版社，2013）第九章里做过一些总结。约瑟夫·斯蒂格利茨、阿马蒂亚·森等经济学大腕当年受法国时任总统萨科齐委托发表《对我们生活的误测——为什么 GDP 增长不等于社会进步》（新华出版社，2014），其中所讨论的也就是这些东西。以下我沿着第二种思路，简要介绍从内部对 GDP 加以调整的基本逻辑，同时也会对当下一些做法做点评述。

一、换个场景看 GDP

历史地看，国内生产总值（GDP）作为一个宏观经济指标功不可没。20 世纪 30 年代大萧条时期，可用于监测宏观经济动态的指标捉襟见肘无法满足需要，于是有了后续国民核算体系（SNA）的研发，产生了 GDP 这样一个覆盖全部宏观经济活动的综合指标。上世纪末美国商务部曾经召集各方大咖座谈，检点百年经济学发展成就，一致认为以 GDP 为核心的国民核算体系是 20 世纪最重要的“社会发明”。《GDP 简史》（东方出版社，2018）第二章以通俗的语言介绍了这一指标的开发过程。时至今日，世界各国衡量经济增长、观察经济周期变化，进而展示产业结构、追踪生产率，GDP 仍然是不二之选。

然而，现实地看，GDP 又是有应用场景的，仅限于对宏观经济的特征刻画，脱开这个场景盲目应用，就会出现问题。总结一下，几十年下来，可能的应用误区有两个：一个是对福利的测量，简单来说，GDP 显示的是当期可供消费使用的经济总量，不能代表整个社会所享受到的经济福利；另一个是如何看待经济与资源环境之间的关系，GDP 只能显示利用资源环境最终提供了多少经济产品，却没有充分考虑对环境的负面影响。为适应这两方面的应用，相关研究开始尝试对 GDP 加以改造。说到此必须要提及 2018 年诺贝尔经济学奖得主之一、耶鲁大学教授威廉·诺德豪斯（William Nordhaus），其最突出的贡献就是从外部性出发揭示 GDP 的局限性，一方面是没有包含什么（正外部性），另一方面是没有扣除什么（负外部性），进而与托宾一起，在 GDP 基础上通过做“加法”和做“减法”开发了“净经济福利”这样一个指标，由此为后续相关研究开辟了方向。其中，作为正外部性加上去的主要是被 GDP 忽略的家务劳动和社会义务劳动带来的产出，作为负外部性扣除的主要是经济活动对环境污染带来的影响。

伴随资源环境问题日益严重，可持续发展成为全球各国共同追求的目标，GDP 在反映经济与资源环境之间关系方面的弊端得到极大关注。适应这一需求，有关 GDP 总量调整的研究工作没有完全沿着净经济福利的路子进行，而是有扬有弃，集中于如何将资源环境要素纳入 GDP 之中，形成所谓“经资源环境调整后的 GDP”，被人形象地称之为“绿色 GDP”。

二、在可持续发展名义下逐步推进 GDP 总量调整

人与自然的关系是人类发展进程的基本命题。早期以利用自然为主题，但伴随人类经济活动的快速扩展，原本取之不尽用之不竭的自然体系逐渐开始不堪重负，出现了数量耗竭、功能退化迹象而且日益加剧。这种状况的出现和持续将极大地损害未来发展的基础，为此有可持续发展战略的提出，并为全球各国所接受——以 1992 年里约热内卢全球峰会及其通过的《21 世纪议程》为标志。

要将可持续发展战略落到实处，GDP 改造势在必行。一方面，衡量发展必须有一个适当的指标，作为“指示器”甚至“指挥棒”在现实中发挥作用；另一方面，GDP 及其经济增长率却因为没有充分考虑经济活动对资源环境的利用而有夸大的嫌疑。所以当年《21 世纪议程》中明确提出，要“对现存的国民收入核算体系加以改造”。但问题是：如何对原有的国民核算体系做改造，如何对 GDP 做调整？结合现实看是否已经具备实施调整的条件？通过联合国等机构集中全球相关领域专家鼎力开发的一系列《环境经济核算体系》各个版本，我们大体可以窥其路径。

《环境经济核算体系》简称 SEEA，20 余年间共有 3 个版本。先有 1994 年临时版本，主要是提出了一个框架；后有 2003 年版本，覆盖了当时有关资源环境核算的各方研究成果，将其纳入环境经济核算框架之中加以讨论；此后又有作为标准发布的 2012 新版本，进一步规范了 2003 版本的内容，最突出的变化是将相关内容分成两个部分：一是 SEEA 中心框架，同时提出《实验性生态系统核算》（简称 SEEA-EEA）作为中心框架的卫星账户，供进一步讨论。如何看待这些版本的演进？其中为 GDP 总量调整提供了怎样的思路？以下我试着结合这些版本内容做点解读。

环境经济核算（SEEA）是在国民经济核算体系（SNA）基础上开发的一套规范，主要目标是依托现存SNA将环境要素纳入其中，通过一套数表多角度显示经济与环境之间的复杂联系。GDP是SNA的核心指标，显然，SEEA的基本框架设计与基于GDP做总量调整，二者在基本方向上是一致的，前者为后者提供了基本前提。

SEEA中的环境是一个泛指，对其加以拆分，大体包含资源、环境、生态三个层次的概念，其与经济体系之间的关系也各有侧重。资源是经济体系的“投入”，SEEA关注的是如何将资源消耗与经济活动联系起来，进而关注该经济体拥有多少资源、为进行资源管理做出了怎样的努力。环境以残余物排放为代表，是经济体系的“产出”，SEEA关注的是这些排放与经济活动之间的对应关系，进而关注为削减排放、消除排放带来的影响所做出的努力。生态与经济之间的关系则比较复杂，它也体现为经济体系的“投入”，但这种投入－产出关系与资源大有不同——资源可以用实物量表现，从投入到产出之间的链条非常清楚，而生态所提供的主要是无形的服务，其服务的受益对象更加宽泛，难以量化且难以建立起明确的投入－产出关系。所以，SEEA对这些不同层次要素的处理是有区别的：资源核算非常明确，残余物排放核算次之，生态系统核算被认为是最不成熟的，故而打入另册在《实验性生态系统核算》中专门讨论。

落实到GDP总量调整上来，SEEA对待上述不同要素也有不同态度，而且不同版本的处理方式在发生变化。在SEEA-2003中，对总量调整有非常多元化的讨论。第一，对应资源消耗和环境退化，分别设定资源耗减价值和环境退化价值，用作扣减调整GDP的依据。第二，资源消耗是比较明确的，而环境退化则更加宽泛，其中包含两种假设前提下的环境退化价值估算，一是以“为避免环境退化应花费多少成本”为前提，以虚拟治理成本作为环境退化价值；二是以“环境退化会引起多大损害”为前提，以环境损害价值作为环境退化价值。到SEEA-2012，围绕GDP总量调整的态度发生了很大变化，主要体现在：第一，在中心框架中保留了资源耗减价值的扣减调整，但取消了有关环境退化价值调整的内容。第二，通过《实验性生态系统核算》开始探索生态系统服务价值估算，并尝试将其作为GDP的加项处理，环境退化通过生态系统服务能力下降在一定程度上被包括在其中。

总结上述可以看到，尽管资源、环境、生态及其与经济体系的关系十分引人注目，吸引来自各方的研究者借助于 GDP 进行总量调整，但是，能不能按照 SNA 以及 GDP 内涵的逻辑实施调整，到目前为止，仍然处于研究探索之中。

三、GDP 总量调整的基本原则是内在逻辑要自洽

书接上回，有两个问题需要回答：面对 GDP 总量调整，SEEA 为什么态度暧昧、处理方式有变化？生态系统服务价值能不能作为加项用于 GDP 总量调整？我认为，考察这两个问题的基本原则在于：一定要保证内在逻辑自洽，也就是说，调整内容以及处理方式要符合 GDP 核算原理，以此保证调整后的总量内涵可解、估值可靠、现实可用。

先看资源耗减价值的调整。沿着产业链追踪，经济活动的起点肯定是资源消耗，如果消耗量过大，就会导致资源可持续能力下降。但是，当下 GDP 核算并没有考虑这些，也就是说，没有从其经济产出中扣除资源耗减价值。具体而言，从生产法角度看，各产业核算增加值时，基于总产出，仅扣除其中包含的其他产品消耗价值，没有扣除资源耗减价值；从支出法角度看，所记录的资本形成仅限于经济产品的积累，没有考虑自然资源耗减而引起的资产减少（根据 SNA，资源消耗作为资产其他物量变化记录，与当期经济活动无关）。基于此，可以认为现行 GDP 夸大了经济活动的最终产出，为此有必要通过扣除资源耗减价值来调整 GDP。调整的结果，从生产法角度，可以更好地体现经济活动的成果，从支出法角度看，可以更好地体现资产的积累结果。可以看到，至少在理论上这一切都具有内洽的逻辑，所以，围绕资源耗减价值的调整一直没有争议（但在估算资源耗减价值的具体方法上仍然有不同意见）。

有关环境退化价值的调整则不具备同样的逻辑内洽，因为，环境退化与经济活动之间的联系远不如资源消耗那样确定。能够直接表述的只是污染物排放，排放在实物意义上属于人类活动的“产出”，它利用的是环境空间所具有的受纳功能，但从排放到环

境退化之间还有很多其他因素在发挥作用。故而，究竟哪些环境变化来自经济活动，以及这些变化到底有多大、价值多少，既是难以识别的，更是难以量化的。无法识别、量化就无法与 GDP 对接。退一步讲，即使能够在一定前提下估算出一个退化价值数据，如何将其与 GDP 核算架构对接、从生产法和支出法两方给出合理解释也是一个问题。比如前面提到的在两种假设下给出来的环境退化价值——基于治理的退化价值和基于损害的退化价值，对于 GDP 而言，所具有的意义是完全不一样的。所以，尽管 SEEA 在 2003 版本中总结了环境经济学领域倾全力给出的评估方法，但在作为标准发布的 2012 中心框架版本中，仍然没有将基于环境退化价值的 GDP 总量调整包含在内。

生态系统服务价值估算及其与 GDP 之间的关系更是另一种样子。生态系统服务是站在生态系统（不是经济体系）视角定义的概念，目的是测算生态系统对经济生产和人类福利所提供的服务价值。根据 SEEA-EEA，生态系统服务包括三个部分：供给服务、调节服务、文化服务，其中的供给服务与前面的资源耗减有重叠但仅限于生物性资源，调节服务与环境受纳功能有一定关联但表述方式具有差别。将其与经济体系联系起来看，其间的界限并不清楚，因为大量培育性生物资源既是经济生产的结果又属于生态系统的组成部分；而且，生态系统服务的对象，不仅是经济生产，还有人类自身的福利需求，比如洁净的水和空气、景观等等。所以，尽管有文献认为生态系统服务价值应该作为 GDP 的加项看待，但放在 GDP 核算框架上仔细考察，还不能这样一“加”了之。

话说到此，我想回顾一下我在生态系统服务核算研究方面所做的一些工作。

大约十年前，我参与国家林业局和国家统计局联合启动的中国森林核算研究项目。当时面临的最大问题是：受益于林业“六大工程”建设，中国森林资源蓄积没有显著减少，故而核算森林资源耗减价值没有意义；但另一方面，森林所具有的生态服务功能却无法体现出来。为此我提出来一个“森林总产出”概念并为项目组所采纳（自以为这是我参与该项目的最大贡献），其中包含两个部分：一是林业产品产出，包括木材、果实、种子、药材、花卉等等。二是森林生态服务产出，包括净化空气、水源涵养、水土保持、防风固沙、景观等等功能性服务。对比 SEEA-EEA 可以看到，这个森林总产出实际上就是有关森林主题下的生态系统服务价值，其中的林业产品产出对应后者的供给服务，生态服务产出则对应其调节服务和文化服务。

最近几年，国内有关生态系统生产总值（GEP）核算的探索日渐显著，并有各种测算结果发布。但是，如何应用 GEP 测算结果，如何看待 GEP 与 GDP 之间的关系，仍然需要探索。2018 年我对此有系统研究，基本观点是：GEP 作为生态系统服务产出，不适合用于对 GDP 做总量调整，正确的应用方式是补充 GDP，二者合起来用于区域发展业绩评价。这样，可以避免因为单一经济增长评价带来的负面后果，引导那些生态脆弱区域能够有动力针对“绿水青山”实施有效保护，为生态文明建设提供助力。具体论证可见“在 SNA-SEEA-SEEA/EEA 链条上认识生态系统核算”（《统计研究》2018 年第 7 期）和“生态系统生产总值（GEP）的内涵、核算框架和实施条件”（《生态学报》2020 年第 2 期）。

耕地占补平衡跨省统筹的宏观透视

——宏观算大账应用一例

本文刊于《中国统计》2023年第12期。

从我这里毕业的学生这两年挂职云南，前些天发朋友圈，提供了一个有关耕地占补平衡跨省统筹的实际应用案例：有背景介绍，有案例数据，还有问题分析。我觉得非常有意思，整理一下发在豆瓣网站上，题目是：宏观算大账之一例——请你答题。有人关注但没人答题，为此我想自己回答一下。于是有这篇小文。

一、原始材料

以下是他发在朋友圈里的原始材料，我把一些调侃文字去掉了，保留了基本信息。

"这周带队县发改、财政、国土、农业、环保、林草、水务等20来号人下乡做项目验收，挺有意思的，写点笔记。"

“背景很大。在牢牢守住耕地红线的前提下，为缓解北京、上海等核心城市用地指标紧张，国办发〔2018〕16 号文开了政策口子。简单来说就是耕地指标可以在国家统筹管理下跨省‘买卖’，深度贫困地区多余的用地指标可以在国家统筹管理下‘卖给’帮扶他们的发达地区。”

“项目很小。通过国土综合整治，平整土地、改善地力、兴修水利，把石头地、坡地、荒地等后备耕地变成耕地，把普通的旱地变成水田，这样我们县的耕地指标就富余了，可以卖给北京、上海。本次验收的 4 个小项目分散在不同乡镇，新增水田共 3775 亩，预算投资共 9836 万元。假设卖给上海的水田指标是 20 万 / 亩，扣掉整治费用，地方财政还能创收 3775 亩 ×20 万 −9836 万 =65664 万元（说明：这笔钱要经过层层分配，实际到县里没这么多）。”

“效果很好。一是旱地变水地，原来只能种苞谷现在可以种水稻，农户种植收入接近翻倍。二是项目建设所在地，农户增加了劳务收入和土地流转收入。三是随田块一并修好的机耕路、桥、灌沟及铺设的水管，极大地便利了附近农户的生产和生活。”

“问题不少。资金使用、工程质量（比如因土地平整差，水泡不到的地块稻穗发育不良，呈现病穗）、新增耕地核定等等方面都存在问题。”

聊天中的信息肯定是经过简化的。要想算好这笔账，我们还得从头做功课，完整还原事件发生的真实场景。

二、我做了一些功课

为了搞明白此项“事由”的来龙去脉，我先寻迹找到相关材料（主要是政府部门的红头文件）仔细阅读，同时还与这位信息发布者先后做了两轮讨论。以下对其中所涉基本问题做简单交代。

第一，何为“在国家统筹管理下跨省买卖耕地指标”。大背景是为了坚守耕地面积红线，国家实施最严格耕地保护制度，防止城市和工矿建设开发占地对耕地保有产生不利影响。具体要求是：占用单位要负责开垦与所占用耕地的数量和质量相当的耕地；没有条件开垦的，应依法缴纳耕地开垦费，专款用于开垦新的耕地，以此实现“耕地占补平衡”。结合实际来看，大部分占地单位本身并不具备直接开垦新耕地的条件，为此必须由政府充当中介，一方面从占地单位那里收取开垦费用，一方面投资组织建设单位开垦耕地。也就是说，所谓耕地占补平衡是在特定区域内实现的，由地方政府统一协调管理，并由上一级政府对其结果实施监督，抓手就是耕地面积指标。

伴随此项政策的实施，不同省区出现了不同状况。根据原来的设计，“耕地占补平衡以县域自行平衡为主、省域内调剂为辅”。对于城市性区域（如北京、上海、天津）而言，土地空间有限，没有足够的土地资源可供开垦成为建设开发占地的最大约束条件，东南沿海经济开发程度较高的省份也不同程度地存在上述问题。为此需要以“国家适度统筹”作为补充。国务院办公厅发〔2018〕16 号文《跨省域补充耕地国家统筹管理办法》允许“在国家统筹管理下跨省买卖耕地指标”，要解决的就是这个问题。但这个“政策口子”开得很小，而且其中还包含另一层设计：出售方主要限于深度贫困地区，通过多余用地指标的出售，相当于为发达地区帮扶贫困地区提供了一条额外的资金渠道（见《城乡建设用地增减挂钩节余指标跨省域调剂管理办法》）。

第二，就占补平衡而言，后备耕地变耕地、旱地变水田这两种情况是不是一回事。后备耕地就是可以转化为耕地的荒地（以及盐碱地、内陆滩涂和裸地），通过开垦变为耕地，可以增加耕地面积，直接补充因为建设开发所占用的耕地面积。旱地变水田则不然，耕地面积并没有增加，而是提升了耕地的质量——水田较旱地有更高的产能。显然，如果单纯从面积上考虑，这些“提质”的耕地面积不能纳入占补平衡管理范围。早期政策确实如此，其基本原则是“建设占用耕地占一补一、占优补优、占水田补水田，确保耕地占补平衡数量质量双到位”。但是，随着建设开发进程延续，上述原则越来越受到新增耕地供应的约束，为缓解供求矛盾，前国土资源部 2016 年出台《关于补足耕地数量与提升耕地质量相结合落实占补平衡的指导意见》，明确“开展提升现有耕地质量、将旱地改造为水田（简称‘提质改造’），以补充耕地和提质改造耕地相结合方式（简称‘补改结合’）落实占补平衡工作”。也就是说，借助于“产能”这个新的标准，辅助原来的“面积”标准，旱地变水田的“提质”被纳入耕地占补平衡范畴。通过这一举措，解决了后备耕地不足带来的用地指标难题，客观上也确实促进了耕地“提质”工作开展，有利于后续农业经营收入的提高。

第三，“用地指标”是什么，真的是买与卖吗，如何看待此类交易的结果。跨省统筹的不是耕地本身，而是用于弥补建设用地的“指标”。这个指标的供给方是整治土地面积多于实际建设用地的地区，是“富余出来的用地指标”；购买方则是建设用地指标需求过大、本地无法通过土地整治实现弥补的地区，在用地指标上存在“缺口”。所以，围绕“用地指标”所发生的，不是针对耕地的交易，而是土地开发权的交易。相当于围绕土地开发权创建了一类无形资产——它产生于耕地，但相对独立于作为自然资源实体的耕地。放在跨省统筹场景下观察，耕地实体一直在原所在区域被耕种，而对应的土地开发权则已经被交易到“千里之外”的另一个区域了。

跨省统筹由中央政府主导。参与者涵盖国家发展和改革委、自然资源部、环境保护部、水利部、财政部等多个部门，相关事项罗列如下：

1. 需求省市提出补充耕地指标申请由中央相关部门审批，然后落实到承担补充耕地指标的供给方区域。

2. 统筹用地指标的资金数额按照行政定价核准：以占用的耕地类型确定基准价（每亩10万元，其中水田每亩20万元），以损失的耕地粮食产能确定产能价（每亩每百公斤2万元），以基准价和产能价之和乘以省份调节系数（北京、上海调节系数为2，其他省市逐级下调）确定跨省域补充耕地资金收取标准。

3. 统筹发生的资金往来纳入一般财政收支、通过中央财政的转移支付运作——需求方依照上述标准足额上缴中央财政，然后由中央财政分成两部分使用，其中折半直接下拨供给方地方财政（即：补充耕地每亩5万元，其中水田每亩10万元，补充耕地标准粮食产能每亩每百公斤1万元），另一部分统筹使用。

4. 供给方提供的补充指标要通过监管平台，以上“图”入“库”为准，由相应部门审核验收。

5. 根据当时出台的《城乡建设用地增减挂钩节余指标跨省域调剂管理办法》，供给方获取的资金“全部用于巩固脱贫攻坚成果和支持实施乡村振兴战略，优先和重点保障深度贫困地区的安置补偿、拆旧复垦、基础设施和公共服务设施建设、生态修复、耕地保护、高标准农田建设、农业农村发展建设以及购买易地扶贫搬迁服务等”。

总括起来看，尽管通俗而言称其为“用地指标买卖”，或者正式一点将其视为“交易”，但各部门出台的文件一直用“统筹”描述，整个过程完全是行政主导，资金往来主要发生在财政预算范围之内，通过中央财政周转，汇入地方财政收支。

三、从不同角度算账

相关资金往来主要是通过中央财政主导下的地方财政操作的，所以首先可以通过财政收支算这笔账。以中央财政作为转移支付的“枢纽”，用地指标交易形成了一笔补充耕地统筹资金——按照上面的例子，不考虑产能价和省份调节系数，简化以 3775 亩 ×20 万 / 亩算，共 75500 万元。需求方比较简单：地方财政按照标准向用地单位足额征收补充耕地资金作为用地指标购买价款，上缴中央财政；所缴付价款转而成为用地单位建设开发土地过程中的成本。供给方则会较为复杂：从中央财政获取补充耕地统筹资金（在用地指标审核通过前后分两次拨付，3775 亩 ×10 万 / 亩，一共 37750 万元）；然后按照既定用途在省市县财政之间分配使用，形成地方财政支出。其中一部分要拨付给进行土地整治的建设单位（这个例子中共花费 9836 万元，占 26%），所余部分（37750 万 −9836 万 =27914 万元，占 74%）则要区分不同既定用途用于脱贫攻坚和乡村建设。还有另外一半要上缴中央财政，这部分虽然具体使用去向不明，但总归是要通过转移支付下拨地方财政。

宏观算大账的工具主要是国民经济核算。因为相关收支信息不够详细，以下我尝试着去寻找那些可以算经济账的“节点”，以此显示“跨省统筹”带来的结果。

起点是用地指标。假定供给方与需求方直接进行“用地指标”买卖，我们可以这样设定其在国民经济核算中的处理。首先要在供给方“创建”出这笔无形资产（本例中简化计算为 3775 亩 ×20 万 / 亩 =75500 万元），将其纳入经济核算范畴，然后“出售”给需求方，资金收支发生的同时，无形资产从供给方转手到需求方，供应方获得一笔资金，需求方获得一笔无形资产。在国民经济核算中，无形资产创建属于“交易之外的其他活动”；为简化起见，这里假定当期创建当期出售，得到 75500 万元资金，不考虑供给方的无形资产存量变化，但需求方则获取了一笔同等价值的“非金融非生产资产”。

接下来，需求方的核算相对比较简单：这一笔非金融非生产资产会伴随建设开发，与所形成的住房或其他非金融生产资产合并起来，作为非金融资产最终交付到业主手中。但对于供给方而言，在这笔资金前后会牵涉到更加复杂的经济活动，形成多笔经济账。第一，建设单位进行土地整治（及其他乡村基础设施建设）属于生产活动，形成了产出；这些产出作为“土地改良”由政府出资购买，归属于固定资本形成，形成固定资产积累。按照前面例子里的数据，这部分产出价值为 9836 万元，继而转化为当期的固定资本形成总额，增加了附着在土地资源上的固定资产存量价值——无论是荒地变耕地还是旱地变水田，其结果都增加了土地的价值。第二，在整治过程中，建设单位通过提供产出创造了增加值——被汇总到当地的地区生产总值之中。这些增加值会有一部分被当地村民所得，比如因自家土地参与整治而获取一部分“转让收入”（实际操作中，建设单位每年都要支付租金给原承包户，三年后将提质后的耕地交还给农户），或者受雇于土地整治建设单位的施工作业而获得“劳务收入”，余下的就是建设单位的营业盈余（主要是利润）。第三，后续资金使用因为具体用途和方式不明，这里难以给出明确的核算结果。但是，按照财政资金通常使用方式并结合该项目脱贫攻坚、乡村建设的既定用途，不外乎形成政府部门的几种支出方向：要么作为政府主导下的收入再分配转让给住户，要么作为政府公共消费支出惠及全体居民，也有可能集中在基础设施建设而形成政府部门的固定资产投资。

但现实操作还不是如此简单，因为中央财政在此过程中将需求方支付的统筹资金截留了一半，为此就会使整个核算过程变得更加复杂。其中最棘手的问题是：基于“用地指标”创建的非生产非金融资产到底是需求方支付的75500万元，还是供给方得到的37550万元。无论如何确认，都会给后续的核算处理带来一系列麻烦。如果较真儿，有关这个案例的核算处理，还是一个可以继续讨论的问题。

耕地占补平衡省域统筹是政府在特定时期出台的一个政策项目，出台的目的固然有助于缓解发达地区开发建设的占地之困，但更重要的效果则是为了解决贫困地区进行基础建设、改善民生面临的资金之困。伴随脱贫攻坚目标的实现，以及实施过程显现出来的其他问题，该政策项目实际上已经接近尾声（以上提到的一些文件实施截止日期已过）。而且，这样一个建立在财政资金往来基础上的项目，放在宏观经济中去观察，其规模和经济影响实际上都比较有限。所以，这里不打算对此做更详细的讨论，以上算账过程相当于借助这个实例，把如何利用核算工具进行宏观经济观察的“套路”演示了一遍。

最后要补充说明，针对这个案例而言，除了上述经济账之外，还可以就资源环境算账。在耕地占补平衡这一基本原则之下，跨省统筹的结果是：全国范围内耕地（产能）保持不变，但在两类地区的分布发生了变化。对需求方地区而言，耕地面积因为建设开发大于开垦补充而减少；对供给方地区则相反，会因为整治土地增加了耕地面积，而这部分新增面积并没有被本地建设开发用地而抵消。在旱地变水田情况下，全国耕地面积减少了，但借助于“提质”带来的效果，耕地产能并没有损失，主要体现在供给方地区提高了高质量农田所占比例，为后续农户提高农业经营收入打下基础。

CSNA-1992：中国国民经济核算开发建设回顾

本文刊发于《中国统计》2023年第2期。

1992年8月国务院发出《关于实施新国民经济核算体系方案的通知》，《中国国民经济核算体系（试行方案）》（以下简称CSNA-1992）正式发布。从1992年到现在，不知不觉整整30年过去了。

回望过去，追溯中国国民经济核算的开发建设过程，可以深切感受到CSNA-1992的历史性意义。一方面是告别过去，它的发布意味着中国放弃了适应计划经济体制管理需要、自20世纪50年代逐步建立起来的一套产值统计及其所依托的MPS，开始整体转型；另一方面是开启未来，它代表了中国遵循SNA进行国民经济核算体系全面开发建设的起点，开启了此后30年中体现各个时期建设成就和发展目标的CSNA-2002、CSNA-2016不同版本的演进。可以毫不夸张地说，在中国国民经济核算开发建设史上，CSNA-1992是一份重要的历史文献，其发布是一个具有承前启后双重意义的标志性事件。

然而，这样一份文献到底包含了什么内容？对于国民经济核算的关键问题是如何定位的？体现核算目标与内容的一套核算表是如何架构起来的？作为一部阐述核算体系基本要义的文本它体现了怎样的结构？文本出台前后曾经经历过怎样一些波折、受制于哪样一些因素？ 30 年后应该如何以今人视角评价 CSNA-1992 的得与失？系统回答这些问题，是学术史研究的任务，需要一篇大文章。我这里仅从 CSNA-1992 文本出发，结合最近翻检到的老文献以及我自己的经历和思考，做一些简单解读和评论，为后来者了解这一过程留下一些记忆。

一、CSNA-1992 的背景

为什么会有这样一部 CSNA-1992，我认为要放在以下三方面背景下加以审视。

第一是当时对国民经济核算的需求。为什么要启动中国国民经济核算体系的改革？其基本背景在于中国经济体制的改革，要从高度集中的计划经济模式一步一步向后来称为社会主义市场经济体制（第一阶段称为“有计划的商品经济”）转变，国民经济核算体系必须做出相应改革，方能跟上经济体制改革的步伐，满足宏观管理对于统计数据的需求。可以说，中国国民经济核算体系改革与中国经济体制改革以及经济发展模式演进是大体同步的。很多在经济体制层面讨论的问题会直接影响到国民经济核算体系的讨论，两个领域高度相通。为此，1984 年专门成立了国务院统一国民经济核算领导小组，统领各个部门一起研究推进中国国民经济核算体系的改革，其下设办公室则成为一个聚集各方面研究力量的平台，吸引很多经济学和会计学领域的学者、宏观经济管理部门的专家，与国家统计局以及在经济统计领域一直从事产值指标等研究的专家学者一起，共同参与了中国国民经济核算体系的开发建设。

第二是当时的中国国民经济核算基础状况。中国自 20 世纪 50 年代初期开始，学习苏联经验，逐步建立起一套遵循 MPS 的产值统计指标体系，其基本特点大体可以概括如下：（1）秉承物质生产概念，核算范围限于农业、工业、建筑业三大货物生产部门，以及与货物流通服务有关的商业、货物运输业部门，但不包括其他服务业活动。（2）以总产值尤其是工农业总产值指标为主要着力点，建立了一套自下而上的统计报告制度，获取相应数据；此外曾经尝试基于物质生产部门净产值编制国民收入生产、分配、使用平衡表。（3）“文革”期间，包括产值指标在内的整个政府统计工作几近停滞，所以，改革开放之初，首要工作就是恢复此前形成的一套基于 MPS 的产值统计。

在进行这些恢复性工作的同时，国民经济核算改革提上议事日程，基于 SNA 的相关理论以非常快的速度在国内传播。新旧理论、方法相互碰撞，如何突破旧观念的束缚，如何看待新观念的引入并与中国实践相结合，由此引发一轮又一轮围绕相关议题的讨论。在讨论和争论中，国民经济核算的理论认识在不断进步，但在一些重大问题的处理上仍然存在当时的痕迹。在实践方面，1985 年开始进行国民生产总值（GNP）核算，显示了政府统计在从 MPS 向 SNA 转型方面的突破。

第三是国民经济核算研究的国际动态以及在国内的传播。首先是有关 MPS 和 SNA 两大核算体系的动态。尽管 1970 年前后联合国出版了有关这两套体系以及两者之间比较的文本，但到 20 世纪 80 年代，伴随原来实行计划经济体制国家先后向市场经济体制的改革过渡，MPS 作为一套实际应用的核算体系逐步退出了历史舞台。其次是 SNA 文本的更新。伴随研究和实践的进展，SNA-1968 被 SNA-1993 所替代，一方面是核算内容的扩展和优化，包容了到当时为止经济领域出现的新现象和新事物；另一方面是核算方法和表达方式的改进，形成了一套更加完整、严谨的账户体系。

中国学界组织相关研究力量在 1981 年前后翻译出版了包括 SNA-1968、MPS 以及两者比较的三部国际规范，由此对中国开展国民经济核算理论和方法研究带来奠基性影响。同时通过一些专门著作、译作介绍各国官方以及研究者在国民经济核算不同专题下积累的经验。随后通过与联合国等国际组织的官方渠道，在国务院统一国民经济核算领导小组办公室协调下，20 世纪 90 年代初期及时获取并翻译了 SNA-1993 的草稿本。上述种种，为中国在开展国民经济核算研究、讨论中国国民经济核算体系改革的过程中，能够及时把握国际动态、吸收当时最先进的核算理念和方法提供了前提条件。

CSNA-1992 就是在上述种种背景下，经过各方面研究力量的共同努力而形成的。

二、CSNA-1992 的内容架构及背后的考量

CSNA-1992 是一套供各方遵循的实施国民经济核算的规范性文件，它体现了中国国民经济核算体系的基本要义、基本内容和基本规定性。

CSNA-1992 文本由三个部分（外加一个附录）组成。第一部分是社会再生产核算表，第二部分是经济循环账户，第三部分是对整个方案的文字说明，附录部分是主要指标汇编。总体而言，前两个部分涉及核算内容，分别以平衡表、账户两种方式展现了中国国民经济核算体系的内容，第三部分以及附录则是对核算体系相关问题的文字论证。

第一部分社会再生产核算表包括基本表和补充表。基本表中依次按照国内生产总值及其使用表、投入产出表、资金流量表、国际收支平衡表、资产负债表的顺序分列；补充表则包括人口平衡表、劳动力平衡表、自然资源表、主要商品资源与使用平衡表、企业部门产出表（V 表）、企业部门投入表（U 表）、财政信贷资金平衡表、综合价格指数表，用以显示基本表之外与宏观经济有关的核算内容。

第二部分经济循环账户区分为若干层次。一是整体意义上的国民经济账户，具体包括国内生产总值账户、国民可支配收入及支出账户、投资账户、对外交易账户、资产负债账户。二是机构部门账户，具体包括生产账户、收入与支出账户、投资及金融账户、资产负债账户。三是产业部门综合账户。四是经济循环矩阵。

对第一和第二部分做具体考察，可以发现二者在功能上具有相似性，都是以国民经济运行过程作为对象，通过一定的形式展现国民经济核算的内容。但是，为什么两套架构同时出现？两者之间是什么关系？

两套架构有主次之分。国民经济核算的内容主要由社会再生产核算表，尤其是其中

的基本表加以展示，在“方案说明”中分别各个专题进行详细阐述；经济循环账户则具有辅助性质，主要是为了“把核算体系中所有基本指标有机地联系起来，系统地描述整个经济循环过程及其内在联系”。在我看来，通过这种双重架构，是想达到以下双重目的：一方面，社会再生产核算表尤其是其中的基本表体现的板块式结构，便于国民经济核算在实务操作层面的分工，拆分开来，可以适应由不同部门、不同团队分头负责相关核算工作的需求。从后来的实际分工看，除了国家统计局之外，参与国民经济核算表编制的还有中国人民银行（负责资金流量核算和资产负债核算的金融表部分）和国家外汇管理局（负责国际收支核算表以及后来的国际投资头寸表）。即使在国家统计局的国民经济核算司，此后陆续设置不同处室，分头负责编制相关核算表，比如对应 GDP 核算的生产处和使用处，以及专门的投入产出处、资金流量处、资产负债处等。实际上，即使在学术领域，对应上述不同专题也是有分工的，显然这样切分也有助于基于不同专题开展比较深入的研究。另一方面，通过经济循环账户，可以避免核算实务上的各行其是，同时有助于将国民经济核算看作一个整体，保持整个体系的协调统一。

这种架构方式是综合吸收不同国际规范和各国经验的结果。话说当时 SNA 正处于从 1968 到 1993 版本的过渡阶段，欧美各国在国民经济核算的探索过程中也是一部分一部分分别去做的。可以看到，这种基于分工的板块构造方式与 SNA-1968 版有一定关联，但主要是来自各国具体实施过程中积累的经验。对应经济循环账户体系，尽管在 SNA-1968 中也有运用，但更加完整的表达方式则来自 SNA-1993，由此可证明 CSNA-1992 对标的应该是后者。

补充表的情况比较混杂：人口平衡表、劳动力平衡表、自然资源表的设置，一方面与 MPS 的内容结构有关，同时也大体对应着 SNA-1993 版有关补充核算、附属核算的处理方式；企业部门投入表和产出表是对基本表之投入产出表的补充；主要商品资源与使用平衡表、财政信贷资金平衡表身上比较显著地体现了 MPS 思想和相应的核算内容；综合价格指数表作为动态核算内容的部分之一，是所有 SNA 版本和各国实际操作都会涉及的。

三、CSNA-1992 身上的过渡色彩

当时中国经济改革仍然处于探索过程中，相应的经济理论、宏观管理模式都处于变化过程中，这些都会传递到国民经济核算上来，对一些基本问题的处理、基本内容的结构产生影响。

首先是中国国民经济核算的模式选择。面对 MPS 和 SNA 两套体系，理论上说起来有三种选择：继续坚持 MPS，全面转向 SNA，两套体系兼收并蓄。到 20 世纪 90 年代初期，第一种选择逐渐退出，已经没有什么人主张继续坚持沿用 MPS，但在后面两种选择之间还是存在很大争议的。受当时情况影响，总体看，无论从认识层面还是实践层面，全面转型 SNA 的条件尚不成熟，所以最终 CSNA-1992 体现的是第三种选择。进一步看，即使原则上坚持两套体系兼收并蓄，在具体模式上仍然需要进一步选择：以谁为主，如何以及在多大程度上兼及另一个。最终，CSNA-1992 的选择是：整体框架以 SNA 为基本遵循，在具体内容上保留 MPS 的一些内容，在 SNA 框架内进行若干 MPS 相关指标和内容的嵌套与转换。

模式选择主要通过生产概念的定义和核算范围的确定来体现。CSNA-1992 以 SNA 为基本遵循，实现了从物质生产概念到全面生产概念的转换，据此将货物和服务都纳入生产的核算范围。同时，为了实现与原来 MPS 之物质生产概念的衔接，特别区分了物质生产和非物质生产，并特别设置“物质生产部门生产对非物质生产部门产品的消耗”，用作实现转换和衔接的中间项。相关处理首先集中在国内生产总值及其使用表上，目的是在以国内生产总值（GDP）为整体架构基础上，能够换算出符合 MPS 原则的物质产品净值，也就是 MPS 的国民收入；进而体现在投入产出表上，目的是能够同时按照两套体系体现生产过程中的产业关联。

除此之外，生产核算范围的扩展会进一步波及影响到收入分配、使用等核算内容，结果是：整体框架按照资金流量核算设计，全面展示社会资金在不同部门之间的流动过程，同时在具体处理过程中保留了基于 MPS 的一些内容。比如，财政作为一个独立的

机构部门出现在资金流量表中，在补充表中保留了财政信贷资金平衡表，等等。

上述过程现在说起来就是一两句话的事情，但在当时却都是非常不容易的选择。时任国家统计局总统计师的龙华先生后来曾经撰文，专门说明当年围绕 CSNA-1992 模式选择所经历的周折（见《中国国民经济核算体系的建立》，载于《我国 20 个统计指标的历史变迁》，中国统计出版社 2017），感兴趣者可找来阅读。

四、后 CSNA-1992 时代的变迁

CSNA-1992 的发布，开启了中国国民经济核算体系开发建设的新阶段。伴随中国社会主义市场经济体制的确立，中国经济与世界经济的日益融合，以及中国政府统计的改革与发展，此后 30 年间中国国民经济核算取得了长足的进步。落实到核算框架文本上的直接体现，就是 CSNA-2002 和 CSNA-2016 的先后发布。

CSNA-2002 于 2003 年发布，最主要的改进是摒弃了原来强行嵌入的、带有过渡性的与 MPS 有关的内容，并全面对应 SNA-1993，对核算体系的内容做了相应优化。到此可以说，中国国民经济核算体系实现了以 SNA 为基本遵循、在基本框架上与国际规范保持一致这一目标。

CSNA-2016 于 2017 年发布，一是对接国际规范 SNA-2008 做出相应改进，二是将这一时期中国国民经济核算在研究和实践方面取得的成果以及未来规划的内容纳入其中。文本方面，CSNA-2016 取消了经济循环账户，同时加强了前面基本核算表的论证，更新了后面的“扩展核算表”。

总结几十年间中国国民经济核算体系开发建设进程，我感觉，已经逐步从当年亦步亦趋向国际规范学习追赶阶段，向与国际研究实践同步阶段转化。基于此，在某种程度上可以说，当前中国学术界和实务部门有关国民经济核算的研究和实践，既具有本土意义又具有世界意义。

《中国国民经济核算体系（2016）》发布的意义

本文是在《中国国民经济核算体系（2016）》发布之际，应国家统计局国民经济核算司之约撰写，刊发于国家统计局官方网站 2017 年 8 月 25 日。

历经两年的研究开发，《中国国民经济核算体系》（2016）（以下简称 CSNA-2016）近期终于获批发布。我本人一直将国民经济核算作为主要研究方向，并曾经通过不同方式参与这一版修订工作，故而对此次发布有很多感慨，同时也有一些思考，这里提出来供大家参考。

一、CSNA-2016 的背景与目标

CSNA-2016 是在 CSNA-2002 基础上修订而成的。为什么要在十余年之后做修订并发布新的版本？

一个基本背景是国民经济核算国际规范的重大修订。伴随 2012 年联合国等国际组织正式发布《国民账户体系（2008）》（以下简称 SNA-2008），各国均开始修订自己的国民经济核算体系。中国作为经济规模最大、最具活力的发展中国家，核算体系必须要与国际进展保持一致，以便能够提供与国际接轨的国民经济核算数据。

结合中国实际来看，大体可以从"管理需求"和"基础供应"两个方面对 CSNA-2016 发布的必要性做归纳。

一是管理需求视角。进入本世纪的十余年间，中国经济经历了深刻变化。先是高速发展，继而受国内外系列因素影响，经济发展面临着速度换挡、结构优化、动能转换等方面的重大转变，同时宏观经济管理也开始显示出一套全新的思路。国民经济核算是宏观算大账的工具，所提供的一套系统描述经济运行过程及其结果的总量数据，是进行宏观经济形势判断、实施管理和决策的基本依据。面对中国经济发展的重大变化，国民经济核算必须做出相应改变，以满足其需求。

二是基础供应视角。最近十余年，中国政府统计能力建设取得了突破性的进展。一方面是统计调查体系的改进和完善，比如经济普查制度和企业联网直报系统的建立、住户调查制度改革等，促进了数据覆盖范围的扩展和数据质量的提升；另一方面是在信息技术支持下，数据获取、传输和存储方式的改变，可以就调查数据开展更广泛的开发应用。这就从基础数据"供应"角度，为提高中国国民经济核算水平提供了有力的支持。

我以为，在以上背景下发布的 CSNA-2016，其目标大体可以归纳为两个方面：（1）对此前十余年间中国国民经济核算的持续改进做总结，通过新一版 CSNA 将其固化下来，正式成为中国国民经济核算的基本方法规范。（2）提出国民经济核算进一步改进和开发的目标，显示未来数年间中国国民经济核算可能改进、完善的内容。

二、CSNA-2016 的新面貌

有关此次新版本的内容变化，国家统计局已经有详细的说明。我这里将其归纳为三个层次。

第一层是总体框架的内容变化。此类变化可以透过“章”的设置来显示。可以看到，与 CSNA-2002 相比，CSNA-2016 基本核算部分没有根本性的变化。值得关注的变化主要体现在：（1）舍掉了 CSNA-2002 中专门设置的用以重新归纳核算数据的一套国民经济账户体系，但这并不涉及实际核算内容本身的增减。（2）加强了附属核算的内容，更名为“扩展核算”。充实了人力资本核算、自然资源核算的内容，同时增加了新的扩展核算内容，不仅有国际上通行的旅游和卫生专题核算，还新增了与新经济有关的探索性核算内容。（3）将价格指数和不变价核算的应用范围作了推广，从原来的不变价 GDP 核算延伸到实际收入核算，进一步还可以延伸到不变价资产核算。

第二层是基本核算部分的内容变化。此类变化需要深入各“章”内部以及各章关联去发掘。以下列举一些值得关注的内容。（1）新增“为住户服务的非营利机构部门”。通过此项改进，不仅增强了中国国民经济核算与国际规范的一致性，更重要地，是可以更全面地体现中国经济的社会结构，显示政府之外的“社会”功能及其在收入分配、最终消费、资产负债等层面产生的影响。（2）引入经济所有权、知识产权产品、金融衍生产品和雇员股票期权、实际最终消费等新概念，由此导致对应核算内容的扩充。比如，因为经济所有权的明确定义，可以将很多基于“权”的转让交易、收益交易纳入对应的资产核算和收入分配核算之中，显示中国产权改革的过程和结果。又如，知识产权产品概念的引入改变了研究与开发（R&D）等活动的核算处理方法，其结果特别有助于识别科技创新活动带来的经济新动能。再如，实际最终消费概念的引入，从方法上延长了最终消费的核算链条，从功能上则可以更好地体现政府以及其他非营利机构为住户提供实物性转移的作用。（3）资产负债核算的内容有显著改进和加强。不仅有表式的变化，更体现在其中所设资产负债内容、分类的变化，还将核算表从时点存量表延伸到了两个时点之间的动态变化表。

第三是具体核算方法的变化。这些变化渗透在各项具体指标的具体处理程序中。比如生产者价格定义的变化，关于劳动报酬的具体核算方法，中央银行和保险业产出的核算方法，国际收支平衡表中记录方式的变化，价格指数编制和应用过程中的质量调整等。这些修改，一方面体现了根据中国实际确定具体核算方法的基本原则，同时又显示出向国际规范不断靠拢的努力。

三、CSNA-2016 的现实意义

如何看待此次 CSNA-2016 的发布？已经有一些机构在做功课，讨论其发布会产生的影响。我自己觉得，最好不要从短期，尤其是以 GDP 以及经济增长率为中心、以某些指标数据变大变小的思路来看待 CSNA-2016 的意义。因为，具体核算方法与处理都是以渐进的形式发生的，并不会因为有了 CSNA-2016 而在一夜之间发生根本性改变，核算数据也不会马上更新。

总体而言，CSNA-2016 涉及整个中国国民经济核算体系，而不仅是 GDP 和经济增长率的核算数据。要将更多注意力放在整个国民经济状况上，看核算体系的内容变化和引导所在。比如资产负债核算，鉴于其对于经济增长和社会发展的基础作用和风险揭示意义，应该特别受到关注；比如旅游、卫生等卫星账户核算，为显示各种局部主题的宏观影响提供了一个模式；比如新经济的探索核算，代表一个信号。

结合具体核算组成来看，有关 GDP 核算方法的改进，大部分变化“点”在这十余年间已经得以实现，当前有待实际操作的主要就是以市场租金法替代成本法估算城镇居民自有住房服务这一项。与此相比，其他一些核算变化则更应该作为未来目标受到关注。比如，尽管已经将“为住户服务的非营利机构”正式纳入机构部门分类之中，但如何据此搜集资料将核算落到实处，通过数据独立显示该部门与其他部门之间的关联，肯定还需要一个过程。又如资产负债核算，此前国家统计局从来没有公布过国家资产负债表的官方数据，我们应该对此保持较大的关注度，期待资产负债核算有较快进展，以便能够将资产负债存量及变化数据与 GDP 及经济增长数据联合起来，衡量一个经济体的风险和经济可持续增长能力。

为中国国民资产负债核算启动而“鼓”与“呼”

本文是在国家统计局启动国民资产负债表编制工作之际，应国家统计局国民经济核算司之约而撰写，刊发于国家统计局官网 2017 年 11 月 1 日。

最近，《中国国民经济核算体系（2016）》和《全国和地方资产负债表编制工作方案》先后获得国务院批复，向社会发布。这标志着中国国民经济核算达到一个新的水平，国民资产负债核算工作正式启动。为什么一张国民资产负债表的编制要受到国务院的重视？我们可以从这张表中获得什么信息？我想从以下方面做些论证，回答这些问题。

一、国民资产负债表的重要性

评价一个家庭的经济状况，常常用“家底厚不厚”和“收入高不高”为标志。收入体现当期的“挣得”，家底则显示拥有的“资财”。一个企业要披露其财务状况，首先是资产负债表，目的是显示其“家底”，然后是损益表和现金流量表，用以显示企业当期经营状况，包括经营规模、盈利水平以及支付能力，核心就是为投资者创造了多少收益。

同理，衡量一个国家（或地区）的经济状况，也应该包含这样两个层面：一方面看当期经济活动成果，生产了多少产品，创造了多少价值，以及产品和价值的分配、使用状况；另一方面则要看期初期末所拥有的财富，持有多少资产，承担多少负债。为了回答这些问题，国民经济核算必须包括流量核算和存量核算两个部分。流量核算的核心是GDP核算，用以显示当期产品生产和价值创造的结果，进而可以延伸到投入产出核算（显示产品生产和价值创造的内部过程）、资金流量核算（显示价值分配和使用过程、与此相伴随的金融活动过程）；而存量核算就是资产负债核算。

放到宏观经济环境中来看，一说到GDP核算，大家肯定不会陌生。我们特别关注一经济体在特定时期的经济规模有多大、经济增长率有多高，这些都要借助于GDP核算结果做观察、做评价。但是，一涉及同期该经济体的资产有多少、负债有多大，其关注度会大大下降；而且，即使你想知道，其数据的完备性和发布频率可能都无法满足你的需求。为什么会这样？因为，长期以来，受凯恩斯经济思想影响，宏观经济常常专注于经济产出的短期增长，不重视长期的可持续性，故而对GDP核算的需求被排在了第一位，其关注度远远高于国民资产负债核算（对比企业财务会计，即可清晰看到此间差别）。

就中国而言，GDP核算（以及与之配套的投入产出核算、资金流量核算）已经有了一定基础，可以按期发布数据，但资产负债核算则长期滞后，尽管在《中国国民经济核算体系（2002）》中就已然包括国民资产负债核算这样一个组成部分，但其实际开发却长期滞后，这张表一直没有编制出来。实际上，不仅中国是如此，世界各国国民经济核算也呈现大体相似的格局。

这种状况在最近这些年份发生了变化。一方面是可持续发展逐渐进入宏观经济观察之中，人们开始探究到底是什么决定了一个经济体的产出能力，这就要归结到该经济体所拥有并运用的资产规模；另一方面是债务危机引发的金融危机唤起了人们的警觉，经济体的正常运作不仅取决于经济产出的大和小、经济增长率的高和低，还从根本上取决于其资产与负债间的匹配状况。为此，资产负债核算的重要性得以凸显。

在此背景下看《全国和地方资产负债表编制工作方案》的发布，即可理解其重要性何在。总体而言，编制国家（和地方）资产负债表的总体目的，就是要摸清自己的“家底”：有多少资产，结构状况如何，对应的负债状况如何。通过核算数据，可以从两个方面与经济流量核算数据结合起来，对国民经济状况做出更全面的判断和分析，支持更有稳健性的宏观经济决策。第一，经济发展的能力建设和可持续性如何。第二，经济发展的金融风险及抗风险能力怎么样。

二、国民资产负债表的内容框架

由《中国国民经济核算体系（2016）》和《全国和地方资产负债表编制工作方案》，可以看到国家（和地方）资产负债核算的基本内容。在我看来，资产负债表的内容可以归纳为两大要素、两个静态平衡关系、一个动态平衡关系。

要素之一是资产负债的定义和分类。通过定义，确定其核算范围：一国所拥有的财富中，哪些可以作为“资产”纳入核算范围。通过分类，一是将核算范围具体化，二是为显示资产负债的分布结构提供前提。按照当前的核算方案，首先要区分非金融资产和金融资产，负债与金融资产对称存在；进而要对非金融资产、金融资产以及负债做进一步分类，其中体现了资产的不同性质、在金融市场上交易的不同工具。

要素之二是持有主体的定义和分类。引入机构部门分类，包括企业部门（具体包括金融机构和非金融企业部门）、政府部门、住户部门，以及国外部门，可以实现两个层次上的定义：一是国内与国外之间的区分，二是国内不同持有主体之间的区分。

将主体分类与上述资产负债类别交叉起来，结果就是一张以资产负债项目 × 机构部门为特征的资产负债表。通过这张表，可以显示一经济体在特定时点上的资产负债状况，其中包含以下两个基本平衡关系。

首先是内部平衡。对一个部门而言，一方面是持有资产，另一方面是承担负债，以其资产价值减去所承担负债价值，即为该部门当时持有的资产净值。从计算关系而言，每一个部门的，资产合计与负债和净值合计恒等。通过这一恒等关系，可以观察各个部门在资产负债总量、在不同资产负债类型上的分布，并可计算其资产负债率。将国内各机构部门合计起来，即可显示一经济体总体资产、负债状况，其净值就是一国所拥有的国民财产。

进而是外部平衡。由于金融资产与负债之间的对称性，各个部门之间的资产负债关系是相互关联的。对应每个金融项目，有些部门是出借者身份（拥有金融资产）、有些部门则是借入者身份（承担负债），总体看，各个部门持有资产合计与各个部门承担负债合计恒等。通过这一平衡关系，即可显示通过特定金融工具所实现的部门间的资金融通关系，反映资金的来龙去脉；从一国整体来看，关注重点就是对国外之间通过不同金融工具形成的资金融通关系。

以上所述平衡关系都来自特定时点上的资产负债表。在经济运行过程中，资产负债关系是不断变化的。就一个核算期间而言，通常会对应期初和期末两个时点的两张资产负债表，二者比较，就会形成一个动态平衡关系：期初资产（或负债或净值）+ 当期变化 = 期末资产（或负债或净值）。对此做动态观察，即可显示资产负债在总量、结构分布上的当期变化及其原因，进而显示净资产的动态变化及其原因。

三、编制国民资产负债表的难度

国民经济核算中的资产负债核算为什么开发滞后，除了对其重要性的认识不够以外，还有另一个原因，就是其编制的难度。大家可能对 GDP 核算的难度有一定体会，但资产负债核算的难度可能会大大超过 GDP 核算。

难点之一在于对基础数据有很大需求而这些数据的来源可能并不完备。如上所述，资产负债表要覆盖一经济体包括企业、政府、住户各个部门的各类资产负债类别。分部门看，企业部门的核算基础较好，各个企业一般都有财务会计，对资产负债有比较健全的记录，宏观核算面临的主要问题是如何取得这些数据；对比之下，政府部门下辖的各种行政事业单位其会计核算一般以收支为重点，可能并不具备完备的资产负债记录，而对住户部门之下的万千家庭（和集体户）而言，本身根本没有系统的财务记录。所以，要想获得这些部门的资产负债数据，必须要从调查做起。

分资产负债类别看，非金融资产核算的难度在于识别。首先要确定某项实体是否包含在资产范围之内，其次是要有清晰的产权界定，以便不重不漏，纳入对应部门的资产核算之中。鉴于很多资产被长期持有并不出现在交易市场上，有些在宏观上定义的资产可能并没有明确其微观持有者，甚至在微观层面并不认定其为资产，实现上述资产识别并不容易。对金融资产和负债而言，要面对信贷、证券、保险等不同的金融市场以及场外发生的金融往来（比如未上市股份），搜集对应形成的资产负债存量（不是当期交易）数据；而且，按照资产负债表的编制要求，不仅要显示各个部门各自持有的资产和负债，还要在各部门之间体现资产与负债的对称性：借入者的负债要与出借者的资产对应起来。这无疑就加大了编表的难度。

难点之二在于资产的估价。与 GDP 核算主要以当期交易为基础不同，资产负债存量核算的对象相当大部分是跨期持有甚至长期持有。为此，要确定特定时点上的资产价值，除了要弄清楚“有多少”这样的数量识别之外，还必须考虑“值多少”，即要对其进行合理的估价。估价之难，难在两点。第一是有没有可资参考的价格，许多非金融资产，尤其是非生产资产，比如机场、铁路等个体性很强的构筑物，土地、矿产等自然资源，常常因为市场上没有对应的交易，而无法取得相应的价格。第二是如何对长期持有的资产进行重估价，因为伴随时间延伸，市场价格水平会发生变化，不仅是总体价格水平会变化，对应各类资产的相对价格水平也会变化，要想反映资产的真实价值，需要按照变化了的价格对原有资产价值予以重估（试想，10年前购买的住房，如今已经从原来的5千/平米涨到5万/平米，如果仍然以5千/平米计值，所得到的资产价值可能就是一个笑话）。如何找到合适的价格估算资产的价值，如何依据当期价格水平对不同类别资产的价值予以合理的重估，这些都需要多方面搜集相关数据、开发相应的估算方法，方能达成最终核算目标。

四、期待早日编出中国国民资产负债表并公布相应数据

围绕国民资产负债表的编制，国家统计局及其他相关部门（比如人民银行、外汇管理局）已经做了大量探索性、研究性工作，并公布了一些局部的资产负债存量数据。

应该说，经过长期建设，尤其是最近十余年改革所取得的突破性进展，当前中国政府统计已经为国家资产负债表编制奠定了相应数据基础。《全国和地方资产负债表编制工作方案》中列示了编制国家资产负债表的资料来源，其中既包含统计部门的调查数据、一行三会的金融部门汇总数据、外汇管理部门的国际投资头寸数据，也包含财政部门、民政部门、国土资源部门、城乡建设部门等涉及行政记录或部门管理的数据，覆盖了企业、行政事业单位、住户、国外等不同对象。

相关部门已经在资产负债表试编方面取得了一定经验。比如外汇管理局编制中国国际投资头寸表已达十年以上，人民银行一直在探索将资金流量表（金融交易部分）从当期交易表延伸到存量表，并作为研究课题尝试编制广义政府的资产负债表，国家统计局更是投入很大力量尝试编制全面的国家资产负债表，解决其中的数据来源问题以及固定资产重估价问题。

即使如此，在具体实施国民资产负债表编制工作方面，《全国和地方资产负债表

编制工作方案》明确指出要坚持审慎原则。一方面是全面推进国家和地方层面资产负债表的编制，另一方面则在具体安排上强调分步实施：（1）先国家后地方，不同地区可以有不同时间表。（2）对所涉内容做拆分区别对待，基础好、方法成熟的项目先行核算，方法尚不完善、基础资料难以支撑的项目则以研究探索为主，对涉及面广、影响重大的项目要先实验再推广。（3）关于数据应用，要先内部使用，待成熟后再对外发布。

基于以上，可以预判：尽管国民资产负债表的编制已经开始，但我们可能还无法在短期内指望国家统计局一下子公布一张全面的资产负债表。从数据用户角度说，这无疑有些令人沮丧，但考虑到此项工作的复杂性、编制经验的缺乏，以及相关数据的敏感性，我们可能还需要一定的耐心。最后我们期待并呼吁：在国家统计局及相关部门的努力下，中国国家资产负债表能够尽快完成编制并公布数据，以便为各方面分析判断中国经济社会发展状况、进行有效决策提供更好的数据支持。

处于经济统计末端的国民经济核算如何拥抱新时代

本文刊发于《中国统计》2020 年第 10 期。主要内容来自 2020 年“新经济统计论坛”上代表国民经济核算研究会的致辞。

最近参加“新经济统计论坛”开启仪式，我代表中国国民经济核算研究会做了一个十分钟的致辞。后来我将致辞全文通过微信转发给大家看，引起了不大不小的反响，有朋友说是解了心存很多年的一个“惑”，还有同事延伸开来与我仔细讨论其中包含的某些关节。由此我想：或许这些话还可以讲给更大范围内的读者听一听，于是有了本文——我修改了一下，同时强化了后续国民经济核算如何面对“新时代”挑战的内容。

一、处于经济统计数据价值链末端的国民经济核算

2005 年我在国家统计局国民经济核算司挂职，当时的工业司任才方司长问我：高老

师你觉得国民经济核算是统计吗？这还真是一个我原来从未想过的问题，此后很长时间都存在我心里，数年后我还曾经专门写过一篇短文“国民经济核算是不是统计”刊登在《调研世界》（2013 年 6 期）上。这里我结合这篇短文以及近年来的思考，把二者之间的关系分为不同层次与读者分享讨论。

任才方司长之所以提出这个质疑，是因为，国民经济核算的关键词是“核算”而不是“统计”。具体说来：它本身不做调查，也不产生任何行政记录，而是要广泛利用各种专业性调查和记录结果作为基础数据，完成整个国民经济的宏观核算。但是，从目的和功能来看，国民经济核算的产出成果也是一套服务于宏观管理与分析（以及微观决策参考）的统计数据，进行国民经济核算毫无疑问是国家综合统计部门（或类似机构）的职责范畴，所发布的常常是最受关注的经济统计指标，比如 GDP。最近国家统计局正在进行的三项重大制度改革：实施地区生产总值统一核算，编制国家和省两级资产负债表，编制自然资源资产负债表，都属于国民经济核算范畴。它确实不做调查，但却会对各专业调查和其他来源的数据做“深加工”，我们不能因为它处于数据加工链条（或者说数据价值链）的后端就说它不属于经济统计。

不仅如此，如果说某一种专业统计（比如工业统计、金融统计、住户调查、价格指数编制，等等）只涉及经济社会发展的一个方面、一种角度，相比之下，国民经济核算则具有全面性，要从一国国民经济整体看问题，要依据各专业统计在整个国民经济运行过程中所处位置，将其综合为一体，通过整体核算提供统计数据。比如，生产法 GDP 核算会通过行业增加值这样一个统一指标，将来自不同行业部门的经济产出综合在一起；支出法 GDP 核算会以最终产品使用作为基本标准，综合计量企业、住户、政府对应发生的投资和消费支出，然后才能显示整个经济的增长状况和结构特征。如果将整个经济系统比作一座大厦，各专业统计提供的数据只能分别显示一个楼层、若干个房间、电梯或中央空调等局部的状况，唯有国民经济核算才能综合各个房间、楼层、基础设施而对整座大厦的运行状况做出整体评估。这就是说，在功能上，国民经济核算超越了一般专业统计，可以就国民经济全局提供相关统计数据。如果没有国民经济核算所进行的整合，各项专业统计可能就是零散的，不系统的。据此我们可以认为，在经济统计体系里，国民经济核算位列专业经济统计之后所做的工作是不可或缺的，提供的综合统计数据相当于最后将各个零部件组装起来的“成品”。

正因如此，国民经济核算在政府统计工作中具有比较特殊的地位。有人将其视为“龙头”，或者视为金字塔顶端的“明珠”，常常会专门强调：各项专业统计不仅要满足本领域管理对统计数据的需求，还要考虑如何为国民经济核算提供相应的数据资料。比如经济普查，最重要的数据用户就是国民经济核算，其调查内容设计常常会将国民经济核算的需求放在重要位置上。这种情况上升到理论方法制度层面，那就意味着，各专业统计制度要与国民经济核算体系保持一定衔接。我曾经带着一个团队编辑过一部超过 200 篇文献的《政府统计国际规范概览》，里面几乎所有文献都会有一条原则，强调与国民经济核算体系（SNA）的衔接。就是说，国民经济核算体系（SNA）被视为是存在于多种专业统计规范之上的一套综合“统计规范”，在整个政府统计体系中取得了不同寻常的中心地位。我不太喜欢以金字塔做比喻将国民经济核算体系装扮成一个高高在上、俯视众生的样子，而宁愿用前面提到的大厦作为例子：把整个经济统计体系比作一座大厦，SNA 就是大厦的主体结构，而各专业统计规范则是其中的房间。房间可能处于大厦的不同位置，其内部陈设可以千差万别，甚至可以对房间格局进行适度改造。但是，各个房间的具体设计在总体上要服从大厦的整体框架和格局，其改造要以不伤及承重墙从而不影响大厦整体功能架构为基本原则。最终，所有房间围绕主体结构而集合为一体，形成大厦的整体形象和功能，各个房间之间也因为与主体结构的关系而具有了相互关联甚至相似性。

那么，国民经济核算体系 SNA 如何真正发挥自己在政府统计体系中的中心地位，实现与其他专业统计制度之间的衔接，并促进整个统计体系内部的协调一致呢？我是以国民经济核算为主要研究方向的，但多年政府统计领域的实际参与让我认识到：在现实管理实践中，各专业统计有其自身的特点，要满足特定领域的管理需求，因此具有相对独立性；而且，专业统计比较贴近现实，这一优势使其可以比较敏感地捕捉到一些新现象并将其纳入统计范围。所以，我也不太喜欢前面将国民经济核算视为“龙头“的比喻（**我认为应将其视为整个数据价值链的终端**），感觉SNA不能简单地要求专业统计向自己靠拢，而是要将其看作一个互动的过程。一方面，专业统计应在一些关键点上保持与SNA之间的协调一致；另一方面，SNA应以灵活的方式将专业统计中应用的一些概念定义、分类、算法包容进来，扩展自己的应用分析功能，甚至要借此实现自身的进化发展。

二、信息技术发展对国民经济核算的影响

之所以提起当年这个小掌故和我的思考，不单单是为相关读者“解惑”，更重要的是想通过国民经济核算与经济统计的关系，落到新经济统计探索这个主题上来，进一步考虑信息技术发展对国民经济核算的影响。

此次论坛启动会上，围绕信息技术发展给经济统计带来的挑战，各路专家学者有不同的思路和观点碰撞，总结起来大体存在于两个方向上。第一是大数据的产生。万物互联背景下，形成了多种来源、多种形式的“数据”，和既往的调查数据相比，其体量、结构、覆盖面、变量维度都发生了根本性的变化，组合起来对传统经济统计带来了巨大冲击。第二是数字经济的兴起。互联网和大数据引发了新技术、新行业、新模式的产生与发展，从线下到线上，人们的行为模式发生了变化，宏观经济运行、企业生产经营活动通过网络逐渐被数据和人工智能连接在一起。如何对数字经济发展状况及其影响做出正确反映和分析，如何将数据这样一类新要素纳入经济统计与分析框架之中，由此向传统经济统计所运用的一套工具提出挑战。前者被视为“新”的经济统计，后者则归纳为“新经济”的统计。

如果接受这种归纳，国民经济核算所面临的冲击和挑战是怎样的呢？

前面说过，在经济统计数据加工链条上，国民经济核算处于末端，是各专业统计数据的一个特殊用户；国民经济核算数据的质量和丰富程度，在很大程度上要取决于各专业统计所提供数据的质量和丰富性。到目前为止，国民经济核算所需要的基础数据仍然

有缺口、有薄弱环节。大数据的出现，无疑会给经济统计带来巨大冲击，但迎面遭遇挑战的首先是各个专业领域，需要在统计学以及相关经济理论基础上，进一步融合计算机科学、计算数学的功能，实现多源大数据的融合和并行计算，推动在经济各个领域的统计应用；经过变革以后的专业统计，一定会产出更加丰富、完备的统计指标和数据结果。基于此看处于末端的国民经济核算，极有可能会受益于前端专业统计对冲击的“消解”从而承受较小的压力，同时还会享受专业统计变革所带来的成果：各种新的数据来源和数据处理方法将有助于缩小原来的数据缺口、改进原来的薄弱环节。所以，国民经济核算非常欢迎新经济统计的探索，特别期待新经济统计能够提供更好的基础数据和相应方法，为实现国民经济核算的改进提供助力。

话说到此，大家不免会觉得国民经济核算有点“摘桃子”的味道，似乎只要坐在那里静待别人奋力开发然后自己利用其成果就万事大吉。事实当然并非如此简单。即使在“新”经济统计这个方向上确实可能会“借”专业统计之“力”，但在另一个方向也就是“新经济”统计方向上，国民经济核算则要直接面对挑战。基于信息技术发展，经济体系中出现了很多新业态以及新模式，为经济发展提供了新动能，形成了五花八门的数字经济。国民经济核算能够捕捉到这些新现象并对其实施有效的核算吗？能够显示新动能对于国民经济的拉动或推动吗？能够毫不违和地将新经济纳入国民经济整体核算之中吗？会对既有的一套国民经济核算规范带来怎样的影响？这些问题都需要回答，需要国民经济核算领域开展广泛而深入的研究。这几年，无论国际还是国内，围绕新经济核算开展研究的文献，在相关期刊、研讨会和各种网络交流平台上都占有很大的位置，一些估算数据很是吸引眼球并引发争议，就是此类研究重要性和显著性的证明。

三、国民经济核算面对新时代的行动

在信息技术发展时代背景下，面向大数据、面向新经济，进行新经济统计探索，国民经济核算领域必须有实质性的行动。

接续前面的思路，国民经济核算领域应该从不同层面开展研究。

第一是要密切关注大数据透过不同渠道对国民经济核算实务的影响。是否有了更好的数据来源，是否形成了更好的算法，怎么样处理才能将这些新变化纳入国民经济核算实务之中，从而提高国民经济核算的质量。反过来，还可以发挥国民经济核算的“主体结构”功能，适时引导专业统计与国民经济核算体系保持衔接，从而对专业统计起到一定的规范作用。就是说，以不同方式提醒各个专业领域的研究者，在面对“新”经济统计探索过程中应兼及国民经济核算的要求，以此为目标，以此判断“我做的事情”与整个国民经济体系和运行过程具有怎样的关联，在何种意义上与国民经济核算可以发生关联，是否符合国民经济核算当前规范，或者可以促进国民经济核算做出怎样的改进。

第二是要在“新经济”核算研究方面下大功夫。一方面是开展“新经济”核算研究，解决不同主题下——比如分享经济，或者更大范围的数字经济——新经济的识别和测算，回答其规模有多大、内部如何组成、与传统经济如何关联以及影响程度等问题；另一方面则是围绕新经济对既有国民经济核算方法的影响研究，促成国民经济核算体系的优化和发展。比如，分享经济是否改变了经济生产的边界；面对网络平台上不同形式的付费和各种竞价行为，估价方式是否有了新的特征；如何将数据纳入经济资产核算之中，显示其作为生产要素对于经济增长的作用。这些问题都要放在国民经济核算体系中加以考察：将其植入既有的定义、原则与基本规范之中，体现自身的优化以维护其作为宏观统计工具的适用性。

信息技术已经给当前经济生活带来巨大影响并会继续深化这种影响。所以，上述种种都不是“短平快”式的研究课题，而是需要实时关注经济体系的变化、统计和相关数据科学的变化，以及相关经济理论的变化，做长期、深入的研究。就当前情况看，国民经济核算的服务目标和基本功能似乎还没有发生变化。当前面临的种种问题确实给国民经济核算带来了挑战，但这些还都是可以在当前原理框架下通过改进而予以处理的问题。有人提出应该建设一套“新”国民经济核算体系，对此我持保守和“观望”态度：在很大程度上，这将取决于经济理论范式以及相关记录与测算方法是否有颠覆性变革。

各国国民经济核算共同面对的新老课题

——《英国经济统计独立评论报告》读后

本文刊发于《中国统计》2021年第12期。

2015年英国政府针对其经济统计数据开展了一次独立评估，评估内容涉及英国未来经济统计的需求、国家统计局（ONS）当前的能力建设，以及经济统计管理所依赖的治理框架。评估工作由伦敦政治经济学院经济学教授、前英格兰银行货币政策副行长查尔斯·宾爵士（Sir Charles Bean）负责，在一个由英国财政部、国家统计局和英格兰银行官员组成的小组支持下进行。评估过程中，审查小组曾经向经济统计数据使用者发放问卷，与相关组织和利益相关方举行大量座谈，还与其他国家统计局代表沟通以便从国际视角审视英国的统计制度及其实践，最后于2016年形成了一部长篇评估报告 *Independent Review of UK Economic Statistics*（以下简称《报告》）。

《报告》内容丰富，涉及经济统计内容、方法和管理的不同方面，其中有关国民经济核算的内容占据了显著位置。第 2 章包含若干既有国民经济核算仍然存在的问题，第 3 章中则延伸到数字经济测算，关注国民经济核算所面临的种种挑战。限于篇幅，本文主要关注前一部分，按照《报告》的逻辑提炼议题，简要介绍相关内容，最后做一点评论；对后一部分，因为属于探索中的课题，本文只点题不展开。对原报告感兴趣者，可以从网络下载（https://assets.publishing.service.gov.uk/government/uploads/system/uploads/attachment_data/file/507081/2904936_Bean_Review_Web_Accessible.pdf）自行研读。

一、GDP 的数据合成与发布问题

GDP 有三种核算方法，三者在概念上是等价的，但在实践中每一项测量都是从不同的来源和样本中估计出来的，都会受到抽样误差和非抽样误差的影响，故而通常会产生不同的估计结果。为了将其合并为统一的核算结果，需要对三方数据做出评估，一般会更加重视那些更可靠的信息来源，以某一方为主作为官方数据发布。在评估过程中，常常会依赖专家的判断和对数字的感觉，最终的估计实际上仍然是一个估计值，而不是“真相”。

实现 GDP 较为完备的核算需要很多基础信息，这些信息是陆续提供的，无法适应 GDP 作为一个短期（季度）指标的核算要求。为此，GDP 核算需要在及时性和准确性之间做出权衡。解决这一矛盾的方法是按照基础信息提供的时间节奏，向用户提供一系列估计结果：开始是一个初步估计数，然后随着后续基础信息的获取，不断修订原来的估计结果。这种做法的风险在于：频繁修订可能会给数据用户带来困扰，同时也会降低公众对统计数据准确性的信任。

在英国，初步估计值在参考季度后 25 天发布，完全依赖产出一方的基础数据得出，包括了大约 47% 的产出数据。如果从 T+25 推迟到 T+35，可获得的信息量可以增加到 62% 左右；到 89 天后公布第三次估计时，可用基础数据就可以达到 90% 以上。

二、金融业增加值的核算问题

英国的金融服务业尤其庞大，2012 年占总增加值的 7.6%。然而，有关金融服务增加值的核算方法和相关实务处理，还有待于进一步研究改进。

金融服务是指金融机构在资金流通过程中的中介作用，金融服务产出就是针对这个中介服务而获取的收入。然而，银行和其他金融中介机构获取服务收入的方式，除了直接收费之外，常常通过“利差”（使用资金赚取的利率与为获取资金支付的利率二者之差）而间接收费，也就是国民经济核算所谓“间接计算的金融中介服务”（FISIM）。在英国，FISIM 约占金融服务业总增加值的一半。

FISIM 的最大问题是没有考虑利率中会包含对风险的考量。银行通过投资获取的利差，不仅要用于支付贷款管理的成本，还要用于覆盖可能发生的违约风险。因此，如果可感知的违约风险上升，就会有一个较高的贷款利差。但按照现有国民核算的处理，这个较高的利差却直接被当作中介服务一股脑放在金融服务（以及金融业增加值）之中了。有好几项研究表明，是否考虑风险会给金融业增加值核算带来显著的后果，在一些特殊时期可能会造成不可思议的高估。例如，英国金融业 2008 年第四季度获得有史以来最快的增长，实际上就是金融危机（对应“雷曼兄弟”破产之后的那段时间）之下风险溢价爆发时短期市场利率飙升引起的后果，并非真的是金融服务有大幅增长。所以，目前计算出来的 FISIM 指标在金融面临压力的时期是不可靠的。

三、公共服务业增加值的核算问题

大多数公共服务是免费的，或只收取象征性的费用，因此通常没有价格。这无疑就会给以价格为基础进行服务业产出、增加值以及实际增加值核算带来极大的困难。

在很长时期里，英国国家统计局和大多数国家统计局一样，通过“投入 = 产出”方法解决公共服务业的产出核算问题，其前提假设是：公共服务产出价值与用于生产他们的投入价值相同。随后开始出现变化。1995 年，英国国家统计局开始针对部分公共部门（特别健康、教育、社会安全管理等）进行改革，比如用诊疗的病人数量和完成的医疗程序数量等指标衡量卫生产出。在随后的 10 年里，这一方法的应用范围逐步扩大到能够覆盖政府总消费的近三分之二。2003 年对这些方法进行了一次系统审查，继而成立了英国政府活动测量中心，推进了某些公共服务产出核算的重大改进，尝试将质量因素引入卫生和教育产出核算。经过上述努力，英国一度被视为这一领域的世界领导者，遗憾的是，后来因为政府经费缩减，相关工作进展停滞了。也就是说，公共部门产出和投入核算的问题仍然没有得到根本解决。

四、实际 GDP 核算的价格缩减问题

与名义 GDP 对应的是实际 GDP 核算，核心是要通过价格指数缩减来剔除价格影响，以便能够反映实际经济增长。

从生产法角度看，各个产业的实际增加值应该是其实际产出（以产出价格指数缩减名义产出价值）减去实际中间投入（以投入价格指数缩减名义投入价值）的结果，这就是计算实际增加值的“双缩减”法。但是，由于常常缺乏投入价格的可靠数据，在英国，国家统计局目前只在估算农业和电力行业的增加值时使用双重缩减，在其他行业则采用单一缩减，即按产出价格指数同时对投入和产出的名义价值进行缩减。

以单缩减替代双缩减的假设是：中间消耗的价格上涨速度与产出的价格上涨速度相同。如果这一假设不成立，两种处理得到的估计结果就会有所不同。如果差异较大，就会扭曲实际 GDP 以及每个行业对经济总体的相对贡献。比如，伴随“中国造”商品在英国市场上大量出现，压低了货物的价格指数，并显著异于服务价格指数；但在生产过程中，货物生产和服务生产会有大量交叉投入，结果就是投入价格变化不同于产出价格变化。此时使用单缩减方法计算各个行业的实际增加值，就会出现高估或低估的扭曲结果，造成各行业实际增加值及其占 GDP 比例的不真实。而

且，行业分得越细，导致扭曲的可能性以及幅度就会越大，因为，对于特定行业而言，价格指数所代表的通胀率对投入和产出价格的影响差异可能非常大。美国的一项研究表明，当中间投入价格的实质性变化还没有传递到产出价格时，单缩减可能会产生误导性的结果，这种情况在经济增长急剧变化、汇率变动剧烈、大宗商品价格出现大幅波动时很有可能发生。显然，国家统计部门应该高度重视对双缩减方法和估计结果的研究。

五、金融交易核算问题

英国金融发达，伦敦是全球金融中心，这不仅决定了英国金融体系的规模，同时也决定了其复杂程度。2008 年金融危机凸显了金融不稳定的代价：少数机构的金融压力可以通过机构间的联系，像病毒一样迅速传播到经济的其他领域。为防止此类系统性危机的出现，特别需要一个能够显示风险如何通过金融体系蔓延的统计工具。

国民经济核算中的金融核算就是这样一个工具，它可以反映经济各组成部门之间的资产负债存量以及资金流动情况。为了能够通过资金流量具体展现各成对部门（包括国外）之间的双边债务人 / 债权人关系，需要建立所谓“从谁到谁”的核算账户，以此保证统计数据能够按照一定格式组织起来，显示经济部门之间的资金流动以及对应的金融交易类型。

尽管英国拥有世界上规模最大、最复杂的金融体系，但其有关金融部门和金融流动的数据编制情况却不如许多其他发达经济体。具体而言，现有核算表无法提供完整的双边金融关系，双边“从谁到谁”交易的记录还存在很多缺口，提供的数据在部门和交易分组上也不够详细。理想的资金流量统计应该是自下而上的，总量统计的用处很有限，更需要的是一种用显微镜那样精确地观察经济各要素的能力。为此，需要将资金流动数据与其他类似的数据来源（如支出或其他金融信息）联系起来，数据的用途就会显著放大。要达到这一目标，必须在生成新的数据源方面进行大量投入，补充已有数据，开拓国家统计局和英格兰银行之间的数据共享。

六、地区 GVA 核算问题

如何在地区水平上提供更及时和更详细的经济统计数据，是一个长期存在的需求且日益迫切。但英国在此方面进展堪忧：2010 年 6 月政府宣布撤消政府地区办公室和英格兰地区发展机构，社区和地方政府部门随后决定从 2012 年 10 月起停止在区域一级公布统计数据。

首当其冲的是地区总增加值（GVA）。进行 GVA 核算，需要更全面地按所在地点提供详细数据，然后才能灵活地将这些数据汇总到对应的地理区域。但实现这一目标很难，因为在地区一级收集数据的成本很高，现有数据搜集系统无法支持这种需求。当前主要是采用自上而下的方法进行地区数据估计，即借助于一些区域指标按地理位置将全国总增加值分配给各个地区。

英国国家统计局曾尝试基于收入编制地区 GVA，但因为缺乏适当的价格来缩减其组成部分（无法对应各个要素收入构成项提供价格指数），故而该指标只能以当前价格获得。有专家指出，从支出方全面衡量地区 GVA 基本不可行，主要原因是无法获取地区间的贸易数据，但如果能够编制住户最终消费支出或固定资本形成总额等组成部分的地区估计，对理解各地区的经济表现也是有意义的。

七、有关数字经济核算的新挑战

创新和技术变革是经济发展的源泉。数字革命——计算能力快速持续增长，信息数字化，以及由此带来的不断增强的连通性，从根本上改变了人们的工作和生活方式，进而改变了商品和服务的交换方式，出现了各种全新的、具有破坏性的商业模式。这些都给经济核算带来了一系列全新的挑战。《报告》用一章的篇幅专门探讨与数字革命相关的测量问题，具体包括：数字产品增加值核算问题，共享经济的核算问题，无形投资的核算问题，如何更好地体现质量变化，如何精确识别经济活动发生的国际位置。

以数字经济增加值核算问题为例。信息技术带来了革命性变革，出现了大量与既往产品性质迥异的数字产品，给既有经济核算方法造成了很大冲击：源于数字产品的消费往往不涉及与消费者价值相对应的货币交易；按照国际公认的统计标准，此类以零价格交付的数字产品是完全被排除在 GDP 之外的。于是一系列问题相继出现：第一，一部分数字产品很可能没有纳入 GDP 核算范围。第二，很多数字产品的费用实际上是由广告商支付的，按照惯例这些要作为广告行业的中间投入处理。第三，许多互联网和移动服务采用交叉补贴的定价模式，货币交易额在很大程度上已经不能反映数字产品的消费量。

如何解决上述问题，研究者想了很多办法，总结起来大体有以下三种替代思路：第一，估计相关的广告支出。第二，估计消费者在网上花费的时间的价值。第三，基于互联网数据流量的物理测量。这些估计本身都不完美，要依赖不同的假设，对应的数字产品也不完全是一回事，除此之外，最终需要面对一个问题：估计结果如何实现与当前 GDP 的无缝衔接。所以，围绕数字产品的经济核算，还是一个没有解决的重要课题。

八、笔者的感触与延伸举例

阅读此《报告》我产生了很多感触：当前国民经济核算所面对的问题在各国具有共性，尽管具体表现形式会有一定差别。进一步感觉这份《报告》值得仔细研读，可以借助其中对相关问题的论证，为审视中国国民经济核算提供一定参照。限于篇幅，上述种种无法展开，以下笔者仅举一例。

2020 年第一季度 GDP 数据发布，受疫情影响，同比经济增长为 -6.8%。分行业解读可以发现，服务业各行业表现不一。其中，信息服务业有较高增长（13.2%），批零贸易、住宿餐饮、交通运输等行业有很大的降幅（-17.8%，-35.3%，-14.0%），这些都在意料之中；但也有一些意料之外的行业。一个是金融业，有6%的增长率，与信息服务业并列成为上拉经济增长的两股力量；另一个是其他服务业，没有显示出显著的下降（-1.8%）。为什么？对这两个行业做进一步研究，就可以得到与《报告》所论大体类似或异曲同工的结果。

先看金融业。金融业中相当一大部分是银行服务，即前面所提到的FISIM，其大小取决于既往累积形成的存贷款余额和央行定价形成的利差，并不反映当期实际发生的经济活动。在疫情这个最严苛的压力测试之下，银行存贷款余额并不会发生重大改变，存贷利率也没有大幅调整，于是其服务产出仍然可以维持在原有水平上，似乎疫情带来的经济冲击没有发生一般。与此类似的还有虚拟自有住房服务，是按照住房服务成本与存量住房相乘计算的，两者都不会因为疫情而发生变化。

其他服务业中的一个重要组成部分是公共服务业。公共服务业属于非市场部门，如前面所述，因为没有对应的市场价格，故而只能以投入代替产出，按照总投入计算其总产出，进而扣除中间消耗核算其增加值。尽管外面疫情肆虐，人们被困在家里，但对教育、卫生以及各种公共管理部门来说，无论开学不开学，线上办公还是现场办公，固定资产折旧照提，工资照发，其投入并不发生显著变化，故而其增加值基本不受影响，由此支撑了"其他服务业"非常低的降幅。什么情况下其跌幅才会显著？笔者在当时所写的解读文章"-6.8%，一次不可能复制的压力测试"中调侃道：如果因为抗疫，政府要共度时艰过紧日子，各类行政事业单位开始降薪、裁员，以此减少人工支付，这些行业增加值才会有实质性下降。

SEEA-2012：第一部环境经济核算统计标准

——写在《环境经济核算体系 2012 中心框架》中文本出版发行之际

本文刊发于《中国统计》2020 年第 8 期。

环境经济核算这个词儿听起来应该不陌生，如果代之以绿色核算，知道的人可能会更多一些——传播常常需要借助于一个形象化的说法才行。

把环境因素嫁接到传统国民经济核算基础上，展示环境－经济间关系，此类探索从 20 世纪后半期就开始了。以联合国为首的国际组织，一直在组织力量进行这方面的经验总结和研究开发，围绕环境经济核算体系（SEEA）20 多年间先后形成了不同的规范性文本：奠基之作是 SEEA-1993，后来的 SEEA-2003 影响比较大，中间还曾经有一个不太为人所知的 SEEA-2000，最近一版就是本文要介绍的这部 SEEA-2012（中心框架）。与此前版本相比，SEEA-2012 最大的不同在于，它是作为一部"统计标准"颁布的，也就是说，其在成熟度上要超过此前版本。此前我曾经就这个版本的内容和应用做过深入解析（见《SEEA-2012对实施环境经济核算的意义》，刊于《中国人民大学学报》，2015年第6期），此次之所以再以此为主题撰文，原因是最近中国统计出版社发行了中文版《环境经济核算体系2012中心框架》。

这个中文版本是我主持翻译的（中国人民大学国民经济核算研究所和生态环境部环境规划院联合组成翻译团队）。你可能会问：为什么2012年版本到2020年才由出版社出版啊？这个中译本的出炉，其中确实颇多曲折，我曾经专门写文“一个译本的兜兜转转”放在豆瓣读书上（我在豆瓣创建了这本书的书目，https://book.douban.com/review/12681417/），感兴趣你可以一览。接下来我要以比较通俗的语言简要介绍一下这部手册，同时按照我自己的理解做一些延伸讨论，帮助大家理解这一套体系的基本结构和内外关系。

一、主要内容有哪些

SEEA-2012共包括六章内容，前面两章是对既往过程的交代，基本概念、基本原则和基本框架的简介，最后一章是综合，真正的干货主要在第三、四、五章。该书主要中译者之一何静博士曾经撰文比较详细地介绍各章内容(《环境经济核算的最新国际规范》，刊于《中国统计》2014年第06期），我这里择要介绍其核心内容，就是为了给后面的延伸讨论做个铺垫。

第三章“实物流量账户”。核算对象是经济与环境之间以及经济体系内部发生的实物流量，包括自然投入、产品、残余物三类。自然投入包括自然资源投入、可再生能源投入和其他自然投入三类，是从环境流入经济的物质流。各种矿产和能源资源、土壤资源、天然林木资源、天然水生资源、其他天然生物资源以及水资源（即传统理解的自然资源投入）肯定在其列，此外还包括太阳能、水能、风能、潮汐能、地热能和其他热能（属于可再生能源投入），以及土壤养分、土壤碳等来自土壤的投入，氮、氧等来自空气的投入等（作为其他自然投入）。产品是在经济内部流转的实物流，也就是由经济过程生产、然后又被经济体系所使用的货物与服务，它们是国民经济核算的主要对象。残余物是生产、消费或积累过程中丢弃或排放的固态、液态和气态物质，代表从经济到环境的物质流量。把这三类流量连起来，大体可以形成一个从环境到经济再从经济到环境的物质循环圈。

记录实物流量的基本工具是供给使用表。以《国民账户体系（2008）》（简称SNA-2008）中的价值型供给使用表为基础，增加相关的行或列，即可得到实物型供给使用表，以此记录从环境到经济、经济体系内部以及从经济到环境的全部实物流量。

第四章“环境活动账户和相关流量”。环境活动肯定与环境有关，但作为本章核算对象的环境活动还需要符合另一个条件：它们是作为经济交易发生的，是指已经作为经济活动纳入国民经济核算范围的那些环境活动。此类环境活动分为两类：一类是以降低或消除环境压力为主要目的的经济活动，即通常所说的环境保护活动，另一类是立足更有效地利用和维护自然资源的那些经济活动，简称资源管理活动。比如，处理废弃物属于环境保护活动，而植树造林则属于资源管理活动。这些交易已经包含在国民经济核算中，这里要做的，是要按照环境这个主题对其做专门的归类核算。

针对这些环境活动，书中介绍了两套信息编制方法。一套是环境保护支出账户（EPEA），是从需求角度出发，核算各个经济单位为环境保护花了多少钱，以及怎么花的，资金来自哪里，其中环境保护支出表是其核心，然后延伸到环境保护专项服务的生产表、环境保护专项服务的供给使用表、环境保护支出的资金来源表等。另一套是环境货物与服务部门统计（EGSS），是从供给角度出发，展示各类生产者生产了多少环境货物服务，怎么使用的，经济贡献有多大，提供的主要指标包括各类生产者的各类环境货物服务产出、增加值、就业，以及出口、固定资本形成。除此之外，还有其他一些与各种环境管理手段有关的经济交易，比如环境税与补贴、环境许可等无形资产交易等，其核算内容较为零散，需要给予单独显示。

第五章“环境资产账户”。所谓环境资产，用以指代地球为经济体系和人类提供福利的能力，主要包括矿产和能源资源、土地和土壤资源、林木资源、水生资源、其他生物资源以及水资源。这些资产大部分是自然的恩赐，比如矿物资源，还有一部分是人类利用自然机能培育出来的，比如人工林。

首先是截止到某时点的环境资产存量核算，然后可以借助于两个核算时点建立以下平衡关系：期初资产存量＋期内增加－期内减少＝期末资产存量，这样就可以同时回答两个问题：一共有多少，最近一个时期发生了怎样的变化。环境资产账户可以用实物单位编制，也可以按照货币单位编制。前者覆盖范围大，但需要按不同资产类别分别编制；后者可以实现不同类别的加总，但受制于估价问题，一般仅包括具有经济价值的资源。

二、怎样才能组成一个体系

以上简介了 SEEA-2012 的三大组成部分，接下来要考虑的问题是：这三个部分之间是怎么一种关系？它们能够合起来称为一个“体系”吗？

仔细考察环境与经济之间的关系，包含两条方向相反的逻辑。第一条是经济体系对环境的利用。一方面是自然资源进入经济体系，从根本意义上说，整个经济体系就是建立在自然资源基础上的，这就是环境的资源功能；另一方面是经济活动产生的各种残余物从经济体系流出到环境，环境像一个大容器接受了这种排放，这就是环境的受纳功能。第二条逻辑则是经济体系对环境的维护。一方面是资源管理，以资源可持续利用为目标，维护资源的再生，开发新的替代资源，提高资源利用效率；另一方面是环境保护，实施废弃物综合管理和生态建设，目的是降低废弃物排放和生态扰动危害强度，使其环境影响达于最小。这两条逻辑交汇起来，决定了特定时点上的环境状态：环境利用会导致环境状态下降，环境维护则有助于环境状态的恢复，或者遏制环境状态的下降速率。将三者联系起来，结果就是环境管理领域广泛应用的“压力－状态－反应”模型（Pressure-State-Response，简称 P-S-R 模型）的基本架构：以环境“状态”为中心，第一条逻辑代表经济对环境的“压力”，第二条逻辑则体现经济体系对环境出现（或者防止出现）不可持续迹象而做出的“反应”。环境统计就是建立在这个架构基础上的，大量松散、多元的环境统计指标，借助于这个框架形成了关联。

环境经济核算的内容也需要借助于这个 P-S-R 模型框架才能形成“体系”。你看，第三章实物流量账户所记录的内容，本质上体现了环境对经济的支持，反过来看就是经济对环境的“压力”；第四章所核算的那些环境活动，归结起来，其目的就是维护环境以保证其具有可持续性，代表经济体系对环境状态和压力做出的“反应”；第五章环境资产账户的基本目标就是综合显示环境当前的“状态”，其中包含静态存量和动态变化两个层次。三者合起来，回答了有关环境经济关系的三个基本问题：我们拥有什么以及多少（环境资产核算），我们是怎样利用环境的以及利用强度有多高（环境经济实物流量核算），我们为有效利用资源、保护环境做出了怎样的努力（环境活动价值流量核算）。图 1 展示了加载在 P-S-R 模型上的 SEEA-2012 内容关系图。

看这张图，我们很容易获得一个印象：环境经济核算是一个很有逻辑、非常完整的体系。但是，如果再加考察，会发现结果并不像初看起来那样完美。围绕第一条逻辑，实物流量核算直接描述了从环境到经济再从经济到环境的物质循环过程，基于资源消耗和残余物排放的各种记录做分析，可以显示出“压力”的大小以及主要来自哪里，并与环境资产“状态”建立起比较明显的联系，比如，资源的消耗量就是环境资产变化中的

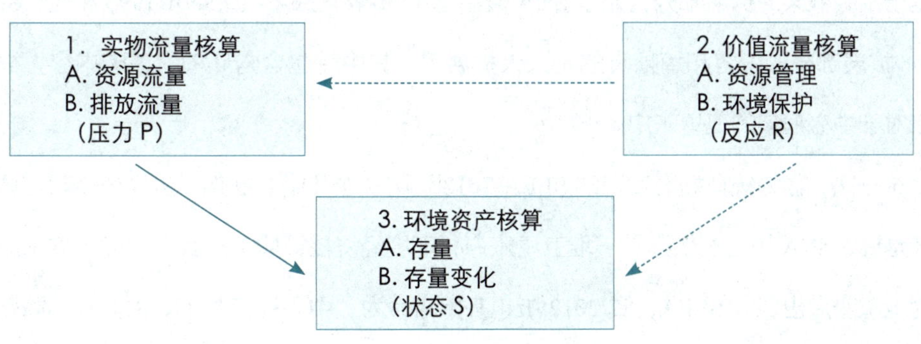

图 1 基于 P-S-R 模型的 SEEA-2012 内容组成及其关系

减少项。但是，围绕第二条逻辑，环境活动及相关交易核算只提供了价值核算信息，并不能直接显示其带来的环境维护效果到底有多大。比如，你说为维护环境花了多少钱，但“花了钱”就肯定有环境改善吗？同样，你说提供了这么多环境货物服务产出、创造了这么多价值，但这些都是按照国民经济核算的套路来提供信息，却无法显示对环境状况到底产生了多大的影响。此外，有关环境资产的核算，其范围实际上仍然比较有限，主要还是立足资源部分，按照经济价值做估算，却无法全面显示环境质量、生态系统功能状况。正因如此，我在图中画出来的连线是有区别的：从实物流量核算到环境资产核算的连线是实线，代表二者之间存在比较确定的因果关系；而从环境活动价值核算引出来的两条线则是虚线，以此表示它对环境压力、环境状态的作用只是间接的，还无法形成一种确定的因果关系。怎么样才能将这两条虚线变为实线，这就需要将对应的环境效果评估引入核算过程。具体如何操作，尽管在环境管理领域不乏各种微观应用案例，但在宏观层面如何对此做系统考虑，这还是一个需要探索的课题。

三、所谓“中心框架”意味着什么

“中心框架”这个词儿最早来自 SNA。SNA-2008 将其内容区分为两个部分：前面是中心框架，基本上延续了 SNA-1993 的基本内容（只是做了相应优化）；后半部分则是基于中心框架的扩展部分，显示 SNA 灵活运用的各种思路。和 SNA-1993 相比，SNA-2008 扩展部分的内容和篇幅真的是大大扩展了，其中就包含与环境有关的内容，被视为相对于中心框架的卫星账户。

这一次，作为统计标准发布的 SEEA-2012 也附加了“中心框架”这样一个限定语。也就是说，SNA 中心框架拖着一堆卫星账户，环境经济核算体系是其一；而今这个原本作为卫星账户出现的 SEEA，其 2012 版也开始自命为“中心框架”了。由此我们需要弄清楚以下若干问题：我们如何看待 SEEA-2012 与 SNA-2008 中心框架之间的关系？作为中心框架的 SEEA-2012 有自己的卫星账户吗？

SEEA 是依据 SNA 开发的。SEEA 的目标并不是要从根本上否定并改变 SNA 这个经济核算的工具，只是要弥补国民经济核算在处理经济与环境之间关系上的缺陷。所谓“弥补”，就是增加有关环境的内容，使这些环境核算内容与原来的经济核算内容并列起来，通过对比生成基于可持续发展的指标信息。所以，SEEA 最大限度地沿用了 SNA 的基本概念和核算范围、核算规则甚至核算表，只是将其适用范围向环境方向做了延伸。整个环境经济核算及其与国民经济核算的关系，可以如图 2 所示，其中比较细的实体箭头线（—►）表示 SNA 与 SEEA 在核算上的关系，前者为后者提供了框架基础；比较粗的空心箭头线（—>）代表功能上的关系，SEEA 辅佐 SNA，弥补了后者的缺陷，二者合起来以支持可持续发展目的下的开发应用。

进一步看，围绕环境和经济之间关系进行量化测算的讨论和实验有很多。上一版 SEEA-2003 曾经对各种研究探索进行总结，文本中林林总总包含了大量基于不同假设、尚不成熟且与环境经济核算的基本逻辑未必相符的核算内容和替代方法。到 SEEA-2012 中心框架，要作为一部统计标准发布，必须对相关核算内容和方法加以甄别：保留那些

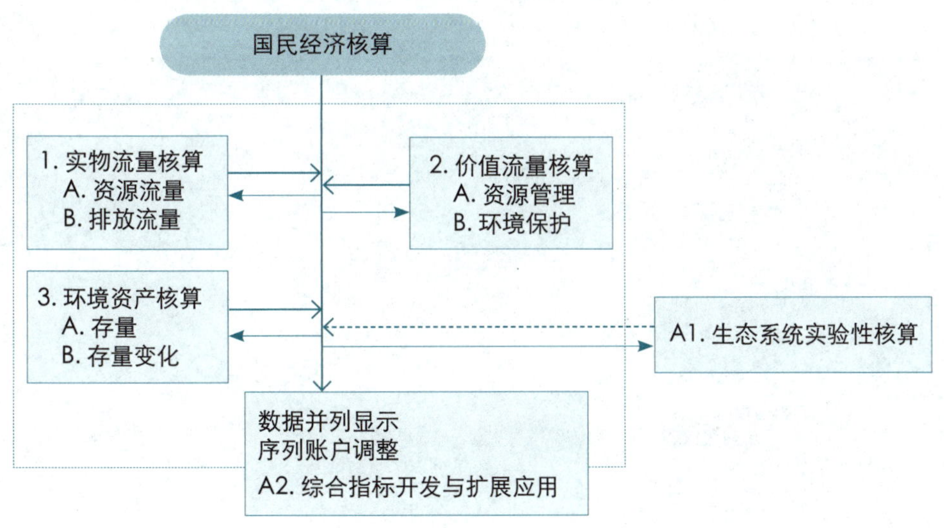

图 2 基于 SNA 的 SEEA 内容组成及其应用

已经取得广泛共识、具备较高可测性、符合环境经济核算框架结构的内容，舍弃那些带有明显的实验性、尚无法实现客观测量的内容——如果与 SEEA-2003 做比照，就可以发现其间的差别。

与此同时，对各种具有探索性的核算内容，SEEA-2012 并没有真的置之不顾，只是没有将其包含在中心框架之中。当前已经面市的文献有两部，一部是《SEEA 试验性生态系统核算》，集中讨论生态系统服务核算等方面的内容，另一部是《SEEA 应用和扩展》，集中讨论如何将 SEEA 核算成果应用于相关分析，尤其是如何与国民经济核算相结合的应用思路与方法。我们可以将这两部文本看作是SEEA 中心框架的卫星账户，在内容上具有补充、延伸的作用，体现了进一步的探索研究，但在性质上却相对独立。在图 2 中，中间（虚线框起来的部分）是 SEEA-2012 中心框架的三个组成部分，框线外则是延伸的内容。由于这些实验性内容与 SNA 的关系要更加松散，故而图中以虚线示之。

国民经济核算需要面对的协调整合问题

——来自美国的经验

本文刊发于《中国统计》2023 年第 3 期。

国民经济核算是一个宏大的体系，常常要拆分为不同部分进行核算，不同部分常常会由不同部门负责编制，由此就要面对不同部分、部门之间数据的协调整合问题。如何处理这些问题以及结果怎么样，是衡量国民经济核算水平的重要标准。以下我要通过一部书，简述来自美国的经验。

《宏观经济测算的前沿问题：国民经济账户的新设计》是 *A New Architecture for the U.S National Accounts* 的中译本，出版于 2013 年，至今已经 10 年。最近因为追踪国民经济核算研究学术史，我再次翻阅这部大部头的著作。阅后我有两句话要说：第一，这真是一部非常重要的有关国民经济核算的著作，尽管是在美国场景下讨论宏观经济测算方面的问题，但对中国国民经济核算相关研究具有重要的参考价值；第二，在我印象中，此书很少被人们提及，似乎并没有达到最初引进出版所设想的目标。为此，我这里先围绕这本书的里里外外做点儿概略性的介绍，后续如果有时间有精力，还可能会另设篇目，针对其中的一些专题结合中国情况做更多的议论。

一、背景简介

原作由D·W·乔根森、J·S·兰德菲尔德、W·D·诺德豪斯等著名美国经济学家主编，2006年芝加哥大学出版社出版。这是一部论文集，主要篇目来自国际收入与财富学会2004年以“美国国民账户新设计”为题的年会，刊出各篇的参考文献基本上截至2005年。2013年中文版出版时，乔根森专门写了“中文版序言”，一方面试图将此书讨论主题与中国国民经济核算关联起来，同时，更重要的，是延伸介绍了书中各篇所涉议题的后续动向，尤其是官方统计实际操作的进展，通过他所提供的文献出处可知，相关材料被延伸到了2013年。

中译本由伍晓鹰、许宪春、高敏雪、施发启主持翻译。我和施发启带领诸位初译者冲锋在前，完成翻译成稿；伍教授和许局长则运筹帷幄、策划落实，负责与原作者以及原出版社联系，通过国家社科基金后期资助项目争取出版经费，并参与最后的统稿。伍教授还以《让官方统计更好地反映经济现实》为题，贡献了一篇高水平的“代译者序”。

参与翻译的人员来自两个机构。一是国家统计局国民经济核算司（前四章），二是中国人民大学国民经济核算研究所（后八章）。此书的专业性以及讨论的深度决定了中译的难度很大。记得当初曾有初译者和我说：按照字面应该这样翻译，但就是不知道他到底在说什么。所以，仅就中国人民大学负责的部分而言，译稿都经过我手，是一字一句改出来的，力争要让有一定基础的读者明白到底在讲什么。现在读起来，我可以负责任地说，在专业把握和文字表述两方面，译文都是可以信赖的。

二、美国国民经济核算中的协调整合问题

此书的研究对象是美国国民核算体系——原书名就是《美国国民账户的新设计》。书中各篇大部分是针对美国宏观测算的不同议题做讨论，此外有两篇来自加拿大、澳大利亚和英国等国相关经验，主要是作为美国的陪衬、比较而出现的。

具体研究内容可以用整合、扩展这两个关键词加以概括。为什么要整合，整合什么；为什么要扩展，从哪些方面扩展。回答这些问题，需要了解以下两点背景：第一，美国官方国民账户编制在不同部门之间是有分工的。第二，美国编制的国民账户与联合国发布的国民账户体系（SNA）存在区别。接下来我按照自己的理解，分层说明此书内容所涉及的各类整合与扩展。

第一层是商务部经济分析局（BEA）内部的整合。按照职能分工，BEA 负责“国民收入与生产账户”（NIPAs）的编制——这是美国国民账户体系的核心部分；同时按年度编制分行业 GDP 账户，并按照 5 年一个周期编制投入产出表。但是，上述各个部分之间并非协调一致，于是需要整合。书中讨论涉及三个方面的整合。一是分行业 GDP 账户与投入产出表的整合，目标是估计出一套年度投入产出表，并与分行业 GDP 账户保持一致（第 6 章）。二是分行业账户与 NIPAs 之间的整合，美国 GDP 核算以支出法为主包含在 NIPAs 之中，通过分行业账户可以提供行业增加值数据，以此可以扩展支出法 GDP 的信息，并与之形成对应关系（第 7 章）。三是针对 NIPAs 内部两个核心指标之间统计误差的整合，一个是基于支出法核算的国内生产总值（GDP），一个是利用各方要素收入估算的国内收入总值（GDI），二者理论上应该相等但因为基础数据来自不同方向而存在统计误差，书中对此做专题研究，试图借助于投入产出框架在二者之间建立数据联系，寻求消除统计误差的途径（第 8 章）。

第二层是 BEA 与劳工统计局（BLS）之间的整合。隶属于美国劳工部的劳工统计局一直负责就业、工薪、生产率等方面的统计，延伸出去围绕全要素生产率测算建

立了一套数据体系，但与BEA既有核算却存在差异。从经济增长和生产率分析角度看，如何在现行价格和可比价格两个层面，着眼于行业投入和产出，将两方面的数据整合起来具有非常重要的意义（第9章）。除此之外还有一项研究提供了加拿大统计局在国民经济账户体系内实现生产账户与生产率账户之间整合的经验（第10章）。

第三层是BEA与美联储（FED）之间的整合。美国联邦储备委员会负责编制基于金融交易的资金流量账户，并延伸到资产负债表部分。这些核算内容在两个方面有待于与BEA衔接，一个是衔接后者编制的收入账户数据，另一个是衔接后者编制的国际金融和投资头寸账户。第11章吸收SNA-1993的架构，整合来自两个部门的数据，按不同机构部门分别尝试编制了全套的经济账户。

第四层是宏观测算与微观测算之间一致性的整合。美国NIPAs核算很大程度上依赖于商品流量法、按照自上而下的套路进行分解，与基于企业调查进行的自下而上进行微观测算的思路迥然有别，由此造成宏观与微观两个层面在数据测算以及数据应用方面的不一致。第12章聚焦于“资本”这个专题，落实到投资支出以及资产存量的测算，对这两个层面的衔接做了探讨和尝试。此外，第5章针对资本这个核心概念在宏观测算中的处理进行了概念性演绎，非常有助于读者对投资、资产等方面实际测算开发及其在国民账户体系中的地位形成更加全面的认识。

第五层是美国国民账户体系与联合国国民账户体系之间的整合。追溯历史，美国宏观测算的开发自有渊源，作为其核心的NIPAs一直不同于作为国际规范推广的联合国SNA各个版本。SNA-1993发布之后，美国开始尝试做出一定改进，以期能够与国际规范衔接起来。此书第1章由乔根森执笔，回顾NIPAs的形成历史，并与SNA-1993体现的国际准则进行比较；第2章基于加拿大、澳大利亚、英国三国各自的实践，介绍实施SNA-1993方面形成的经验；第11章则通过“美国综合宏观账户体系”的设计和编制，对如何实现二者之间的整合进行了比较系统的讨论和试编。

以上主要是针对已有测算系统进行的整合，宏观测算的扩展则会涉及原本没有纳入核心账户体系的内容。此书主要着眼于宏观测算如何向非市场经济延伸做讨论。第 3 章主要讨论向非市场经济扩展过程中，国民账户体系设计和实施可能涉及的原则性问题；第 4 两章则立足卫星账户，从方法论角度讨论将宏观测算延伸到非市场活动之后需要处理的一些具体问题，所涉及的领域包括家庭生产、教育投资、医疗投资、志愿者活动、环境改善或退化等。

从以上内容介绍读者应该已经感受到，此书各篇讨论的中心不是一般意义上的国民经济核算理论方法，而是结合美国各个部门宏观测算实务进行非常具体的讨论：数据来自哪里，如何汇总、如何分解，不同系统之间采用什么方法进行衔接，数据的差异幅度是多大，对经济增长、生产率等核心变量研究的影响体现在哪里以及影响有多大，等等。可以认为，基于实务和实际应用进行具有“实战”性质的测算和分析，鲜明地体现了此书不同于一般规范性教科书或者核算指南的最大特点。

三、美国经验对中国国民经济核算研究的参照意义

读这样一部以美国国民核算实务为对象的研究性著作，对于当下的中国国民经济核算研究而言，其意义体现在哪里?

原则上说，美国是当前各国国民经济核算较高水平的代表。此书深入美国国民经济核算之中，为中国国民经济核算的开发建设提供了重要参考。伍晓鹰教授在其“代译者序”中一方面贴近这本书的内容，另一方面瞄着中国国民经济核算，很好地诠释了这种参照作用。以下举几处文字作为例子——引号外的文字，是我读后所发议论。

◎“对于一个已经处在世界技术前沿的、像美国这样的成熟经济体来说，实现一两个百分点的真实增长是非常困难的。这就大大提高了对宏观经济测算精度的要求。”10 年之后我们看中国经济，似乎也到了这样一个需要提高宏观经济测算精度的时刻了。

◎“从原则上讲，所谓高质量数据的基本标准就是其真实性和代表性。数据的真实性是指经济活动是否可以被如实地记录下来，……影响这个因素的条件是制度性的。数据的代表性则是统计学意义上的，……作为结果的统计数据都应该……对其特定统计对象的总体而言，是具有代表性的。”显然，从制度和统计技术两个层面归纳影响统计数据质量的因素，对于我们观察和评价数据质量应该说很有启发意义。

◎文中特别强调公开透明对于提高统计数据质量的重要性，认为“数据上的公开性比方法上的公开性更容易做到，但是后者更重要”，其中“涉及公开发表的统计指标是如何建立的，基础和中间计算步骤是如何收集、汇总和处理的”。做到这些，无疑对政府统计而言构成了挑战。

◎文中摘取此书的精粹，特别强调要“避免没有理论的测算”。“单纯由一般统计理论所指导的对经济活动的统计记录和归纳，还算不上是国民经济核算意义上的、为宏观经济分析服务的国民经济统计学”“既要避免没有理论的测算，也要避免对统计信息做没有理论的使用”。这些认识非常有助于我们提升对国民经济核算的理解和应用。

◎文中将美国国民经济核算体系视为一个“很长时间的探索过程”的结果，认为“这个探索的核心就是如何以经济增长理论为基础，改进官方统计的方法，协调和整合来自不同统计机构的不同经济账户，不断提高数据的完整性和准确性”。这些说法对处于建设过程中的中国国民经济核算而言是一种很强、很正面的鼓励。

我觉得最后一条特别值得关注。延伸开来，此书让我们认识到：美国的国民核算也是由不同部门、一个部门里的不同机构（项目）完成的；不同核算组成部分相互之间也是存在不衔接和不平衡的；不同组成部分之间的协调是有可能实现的，至少是可以尝试的。欲达此目标，一方面需要不同机构之间的倾力合作，另一方面需要研发一些必要的统计技术。反观中国，金融交易流量和存量部分核算由人民银行负责，国际收支及投资头寸核算由国家外汇管理局负责，其他所有核算部分的编制以及国民经济核算体系的维护都由国家统计局国民经济核算司负责；在国民经济核算司内部，GDP 核算、投入产出表编制、资金流量表之非金融交易部分的编制、资产负债表编制以及其他扩展核算内容，都会作为专门的项目分别由不同处室负责，其中 GDP 核算还会按照增加值核算和支出法核算而分别由两个处室负责。可以看到，这样的组织分工与此书介绍的美国是非常相似的。由此我们是否可以说，此书中提供的经验特别值得中国国民经济核算开展类似协调、整合工作中加以借鉴？

除了上述原则性意义之外，此书针对很多具体问题的探讨也可以为中国解决相应问题提供对照或者参照。我这里且举两处作为例子。

关于业主收入的处理。书中说，BEA 在编制 NIPAs 时对业主收入采用简单处理方法，不做分解，业主本人在向统计局或者税务局报送数据的时候也无须分解；但一个完整的生产账户要求将生产的回报分解为劳动收入和资本的收入，于是怎么分解成为一个问题。在不同假定下会出现不同的分解结果，这些虚拟方法可能会带来劳动或者资本出现负回报。BLS 在生产率测算中使用的方法是：假定业主的劳动和资本回报的分配比例和企业部门一致，据此，工资就是自雇收入，其差额是资本回报，这时资本回报可能会低于平均的资本回报率，但仍然是正的。

中国有大量的个体经营户，其个体经营收入就是上面所说的业主收入。无论是 GDP 收入法核算、资金流量核算、投入产出表，都会涉及如何将个体经营收入分解为劳动者报酬和营业盈余两部分。当前中国的做法好像是：农村个体经营收入全部作为劳动者报酬（因为收入水平较低），对城镇个体经营收入，则先按照平均工资水平从个体经营收入中分劈，作为劳动者报酬，余下部分作为营业盈余。这种处理方式与美国采用的思路是一致的。

关于投资支出和资产存量数据核算。书中归纳 NIPAs 的核算方法：先按照商品流量法确定被作为资本品的产出数额，然后按照永续盘存法获取资本存量数据，这是一种自上而下的测算方法，通过构建资本流量表而实现。书中进一步提出问题：能不能基于自下而上思路，利用公司层面的数据来理解像生产率、就业增长、投资等关键变量的动态变化呢？答案是不行，原因有好几方面。比如微观无法提供按照资产类型区分的投资数据；而且，面向企业的调查数据非常受制于样本轮换制度，常常更关注大企业和成熟型企业，无法充分体现小型企业、年轻型企业的状况。文中还提到，美国普查局针对企业做调查，1987 年及以前，曾经收集年初和年末的账面价值、新支出、使用支出和退役以及销售数据，但在此之后已经无法详细获取公司账面价值数据，仅可以在普查年份（逢 2 或 7 的年份）询问账面价值数据，有关退役或销售的问题也从调查表中删除了。

中国编制国民资产负债表同样也会遇到相关问题。一种思路是基于各年投资数据通过永续盘存法估算资产存量，另一种思路就是利用企业财务报表记录的资产数据以及通过轧差得到的投资数据，这实际上就是上面所说的自上而下和自下而上的不同思路。和美国相比，中国针对规模以上企业（基本上相当于是大型企业、成熟型企业）做调查，可以获取非常详细的企业财务数据，包括企业总资产、固定资产原值和净值等；但同样也会受制于规模以下企业数据的代表性问题，以及新企业进入、老企业退出等带来的影响问题。

请了解一下
美国国民收入与生产账户体系

本文刊发于《中国统计》2023年第4期。

上一篇“国民经济核算需要面对的协调整合问题”对标的是美国国民核算体系。写完我意识到，要想更好地从《宏观经济测算的前沿问题》一书中吸取到相应的经验、获得启发，前提是要对美国国民核算体系有一定了解，尤其是作为其核心的那一套“国民收入与生产账户体系（NIPAs）”。

话说二十多年前，我曾经对NIPAs下过一番功夫——这是我第一个申请中标的研究项目，研究成果汇编成《美国国民核算体系及其卫星账户应用》于2001年出版。这两天我再次拿起这本小书翻看，同时查阅相关最新文献，发现经过二十多年的演变之后，NIPAs仍然保留了原来的基本框架，但同时也有很多变化，其中有些变化就是当年我在这本小书中讨论过的。

读者可能要问，有联合国发布的各版 SNA 作为国际规范，为什么还要专门讨论美国国民核算体系？因为它们在形式上还真是不太一样。所以，以下我要对美国这套账户体系的内容做些介绍，进而对 NIPAs 与联合国 SNA 之间以及与中国国民经济核算体系之间的区别发一些议论。

一、美国国民核算体系框架下的 NIPAs 及其演化

广义美国国民核算体系大体包括以下部分：（1）经济生产率估算，（2）行业账户，（3）国民收入与生产账户，（4）金融账户，（5）地区账户，（6）国际账户（其中，（1）（2）（3）三个部分组成美国国民账户体系）。按照分工，生产率估算部分由美国劳工统计局（BLS）负责编制，金融账户部分由美国联邦储备委员会（FED）负责编制，其余部分均由美国商务部经济分析局（BEA）负责编制（以上见参考文献 1）。

由 BEA 负责编制的国民收入与生产账户体系（NIPAs）在整个美国国民核算体系中处于核心地位，提供了有关美国经济基本总量核算的框架，其他方面的核算都属于在此基础上的延伸和细化。因此，在很多时候，如果不做专门说明，就会将 NIPAs 简单等同于美国国民核算体系。

NIPAs 也经历了一个历史演化过程。在 NIPAs 出现之前，决策者只能依靠有限的、支离破碎的数据信息判断经济形势。“大萧条”以及随后的“二战”时期，各方痛切认识到宏观经济管理的必要性，并产生了强烈的建立国民核算的需求。为回应这种需求，美国商务部委任全国经济研究所的西蒙·库兹涅茨领衔开始最初的国民收入核算研究；到 20 世纪 40 年代，国民收入估计升级为国民生产总值（GDP）估算，进而演化出一套可以提供国民经济全面图景的国民收入与生产账户体系（NIPAs）。在此后数十年中，NIPAs 在核算对象、核算内容、核算原则等方面不断改进、优化，其背后的动力，一方面与经济生活演进不断出现的新现象和新问题有关，另一方面则涉及到如何处理 NIPAs 与联合国国民账户体系（SNA）之间的关系。

为什么会有 NIPAs 与 SNA 的关系问题？盖因与库兹涅茨在美国开发 NIPAs 的同时，理查德·斯通在英国开展了相似主题的研究，从国民收入核算体系到国民账户体系（SNA），最终被联合国作为国际规范进一步开发并在全球各国加以推广。在很长一段时间里，美国一直游离在外，但伴随 SNA-1993 发布，NIPAs 开始松动，在核算框架、核算总量定义等方面进行修改，逐渐增强了与 SNA 的可比性。

二、NIPAs 内容简介

图 1 展示了当前 NIPAs 的内容构成。主栏是核算内容，依据经济循环过程不同阶段分列，包括生产、收入与支出、储蓄与投资；宾栏体现参与经济循环过程的交易者，按照企业、政府、个人不同经济部门以及国外分列。两相交叉，结果形成 7 个基本账户。附带说一句：在很长时间里，NIPAs 只包括 5 个标准账户，就是图中的账户Ⅰ、Ⅲ、Ⅳ、Ⅴ、Ⅵ，其中账户Ⅱ是被省略掉的，账户Ⅶ和账户Ⅴ是合并显示的。变化出现在 2002 年，这一年公布的 2001 年美国 NIPAs，开始按照表 1 内容架构进行核算并公布数据，其变化大体可以归结为：（1）增加了私营企业收入账户，（2）把国外账户一分为二，（3）原来的“国民收入与生产账户”更名为“国内收入与生产账户”（以上参见参考文献 3）。

以下借助 2021 年数据分别展示各个账户的内容（为了节省篇幅，这里仅列示一级

表 1 NIPAs 的账户组成

交易	国内账户			国外
	企业经济部门	政府经济部门	个人经济部门	
生产	国内收入与生产账户（账户Ⅰ）			对外交易经常账户（账户Ⅴ）
收入与支出	私营企业收入账户（账户Ⅱ）	政府经常收支账户（账户Ⅳ）	个人收支账户（账户Ⅲ）	
储蓄与投资	国内资本账户（账户Ⅵ）			对外交易资本账户（账户Ⅶ）

项目，非必要不做明细项目展开，更详细的账户信息可见参考文献2）。

账户Ⅰ是基于GDP的综合账户。左边按照收入法列示相关构成项目；右方体现支出法的内容组成，二者之间的统计误差记录在左方。

账户Ⅱ、Ⅲ、Ⅳ显示国内各个部门经常性收支状况。其中，企业收入主要来自营业盈余和财产收入，然后会依次用于对政府、个人、国外的各项支付，最后以未分配利润作为企业储蓄。个人收入主要来自雇员报酬、各种经营所得、财产收入和转移收入等，进而用于个人消费、纳税和其他转移支出，最后所余作为个人储蓄。政府收入主要来自

表2 账户Ⅰ 国内收入与生产账户

单位：十亿美元

	2021		2021
应付雇员报酬	12549.1	个人消费支出	15902.6
生产税和进口税净额	1181.5	国内私人总投资	4113.5
净营业盈余	5881.8	货物服务净出口	-861.7
固定资本消耗	3831.6	政府消费与总投资	4160.7
国内收入总值	23444.0	国内生产总值	
统计误差	-128.9		
国内生产总值	23315.1	国内生产总值	23315.1

表3 账户Ⅱ 私人企业收入账户

单位：十亿美元

	2021		2021
财产收入支付	3113.1	私营企业净营业盈余	5879.8
经常转移支付净额	171.0	财产收入获得	2652.8
业主收入	1753.6		
个人租金收入	723.8		
公司利润	2771.1		
收入税	388.2		
红利支付	1659.3		
未分配利润	723.6		
私营企业收入的使用	8532.6	私营企业收入的来源	8532.6

表 4 账户 III 个人收支账户

单位：十亿美元

	2021		2021
个人经常税	2661.7	雇员报酬	12538.5
个人消费支出	15902.6	业主收入	1753.6
个人利息支出	274.4	个人租金收入	723.8
个人经常转移支出	212.8	个人财产收入获得	3202.4
个人储蓄	2243.4	个人转移收入获得	4617.3
		减：社会保险缴纳	1540.8
个人税、支出、储蓄	21294.8	个人收入	21294.8

表 5 账户 IV 政府收支账户

单位：十亿美元

	2021		2021
消费支出	3353.7	经常税获得	4730.1
经常转移支付	4639.9	对政府社会保险缴款	1546.2
利息支出	866.7	财产收入获得	242.0
补贴	481.9	转移收入获得	211.4
政府储蓄	-2610.5	政府企业盈余	2.1
政府经常性支出与净储蓄	6731.8	政府经常性收入	6731.8

表 6 账户 VI 国内储蓄投资账户

单位：十亿美元

	2021		2021
国内总投资	4920.5	净储蓄	256.5
私人固定资本投资	4132.6	个人储蓄	2243.4
政府固定资本投资	807.0	企业未分配利润	723.6
私人存货变化	-19.1	政府净储蓄	-2610.5
资本转移净额	3.6	加：固定资本消耗	3831.6
净贷出 / 净借入	-865.0	等于：总储蓄	4188.1
		统计误差	-128.9
总投资、资本转移与净借贷	4059.1	总储蓄与统计误差	4059.1

表 7 账户 V 国外经常交易账户

单位：十亿美元

	2021		2021
货物服务出口	2539.6	货物服务进口	3401.4
来自国外的收入	1087.0	对国外收入支付	913.9
来自国外的经常税、社保缴纳和转移	176.8	对国外的经常税和转移	349.6
		经常账户差额	-861.4
来自国外的经常性收入	3803.5	对国外经常性支付和收支差额	3803.5

表 8 账户 VII 国外资本交易账户

单位：十亿美元

	2021		2021
经常账户差额	-861.4	资本转移	3.6
		净借入 / 净贷出	-865.0
来自国外的经常性收入	-861.4	对国外经常性支付和收支差额	-861.4

数据来源：美国商务部经济分析局（BEA）。

各种经常税和转移、社会保险缴款，然后用于公共消费支出、经常转移支付，美国政府一直是赤字财政，所以在其收支账户上，利息支付很显著，而且最后余额为负储蓄。

账户Ⅵ是国内储蓄与投资账户。右边记录储蓄，视为国内投资的资金来源；左边主要记录国内投资，包括私人投资和政府投资，投资与储蓄之间的资金余缺就是净贷出（+）或净借入（−）。

账户Ⅴ和Ⅶ是国外交易账户，同时与国内一系列账户具有对应关系。其中，国外经常收支账户的左边记录来自国外的收入（**国外方的支付**），右边记录对国外的支付（**国外方的收入**），经常性交易的差额被结转到资本交易账户上，并以净贷出 / 净借入项目与国内储蓄投资账户相连接。

基于上述各账户，那些宏观层面特别关注的总量指标就可以按照年度以及季度获取相应数据了。按照 BEA 相关文献介绍，这些常用宏观经济总量指标至少包括：国内生产总值（GDP）、国内收入总值（GDI）、国民生产总值和国民总收入、国民收入、个人收入、个人可支配收入、个人消费支出、国内私人总投资、政府消费和总投资等等。

三、比较之下看 NIPAs

以上按部就班介绍 NIPAs 的内容，要想对它有进一步的了解，需要在一定参照下加以比较。比较的主要参照是联合国的《国民账户体系》（2008），方便的时候我也会把中国国民经济核算体系引进来当作另一个参照。受篇幅所限，这种比较肯定是粗线条的，主要限于基本内容框架，更详细的比较还需要读者自行脑补。

把 NIPAs 的内容置于 SNA-2008 的内容框架之中，其对应关系大体相当于表 9 所示（来自参考文献 4）。

宏观经济可以用一套生产、分配、消费、投资不断周而复始的循环过程来表示，在这个过程中包含住户、企业、政府三类主要参与者。基于此，国民账户体系（SNA-2008）中与经济流量有关的账户包括：生产账户（进而延伸到货物服务账户），收入分配账户（含收入形成账户、初次收入分配账户、收入再分配账户），收入使用账户（主

表 9 NIPAs 内容置于 SNA-2008 内容框架的大体对应关系

<table>
<tr><th></th><th>非金融公司部门</th><th>金融公司部门</th><th>广义政府部门</th><th>NPISH</th><th>住户部门</th><th>国外</th></tr>
<tr><td>货物服务账户
生产账户</td><td colspan="5">行业账户 *
国内收入与生产账户（账户Ⅰ）</td><td rowspan="2">对外经常性交易账户（账户Ⅴ）</td></tr>
<tr><td>收入形成账户
初次收入分配账户
收入再分配账户
收入使用账户</td><td colspan="2">私营企业收入账户（账户Ⅱ）</td><td>政府收支账户（账户Ⅳ）</td><td colspan="2">个人收支账户（账户Ⅲ）</td></tr>
<tr><td>资本账户</td><td colspan="5">国内储蓄投资账户（账户Ⅵ）</td><td>对外资本交易账户（账户Ⅶ）</td></tr>
<tr><td>金融账户</td><td colspan="6">资金流量账户 *</td></tr>
</table>

要内容是消费支出），资本账户（主要涉及非金融投资），金融账户（各种金融交易）。分解到部门层面来看，这些账户中，从生产账户到金融账户都可以按照机构部门分别编制，生产账户和收入形成账户同时还可以按照行业分别编制，货物服务账户只能在总体意义上编制。

在这个框架之下看 NIPAs，如果把另外编制的行业账户、资金流量表纳入其中，二者大体对应，但同时也有一些显著的不同。

对应左侧列示的 SNA 各个流量账户，NIPAs 有如下特点。第一，需要将另外编制的行业账户、资金流量账户（图中以 * 号标示）加上，才能在内容上建立与 SNA 的对应关系。因为，NIPAs 的内容仅限于非金融交易，不包括金融交易核算；国内收入与生产账户（账户 I ）尽管从字面上包含“生产”，但只是通过 GDP 间接体现了生产的成果，并没有进行生产过程的核算，不包含生产法 GDP 核算的内容，没有行业总产出、增加值这些概念。第二，NIPAs 只笼统给出各部门的收支账户，没有着意区分各个收入分配账户以及收入使用账户。因此，如果不根据账户中提供的项目做进一步加工，从账户上难以直接获取各个部门的初始收入、可支配收入等核算指标。

对应上方的机构部门设置，NIPAs 也有一些特点。第一，机构部门划分比较简单，只给出企业、政府、个人以及国外账户。其中，为住户服务的非营利机构部门（NPISH）被合并到个人（住户）部门；因为不涉及金融交易，故而也没有区分金融公司与非金融公司。第二，各种市场化经营单位的划分也有自己的处理方式。其中，企业部门以“私营企业部门”出现，因为政府属企业不在其中，而是被归入政府部门；各种准法人企业以及住户个人进行的生产活动则全部纳入私营企业部门，故而在其收入账户的使用方会出现业主收入支付、个人租金收入等项目。

进一步针对 NIPAs 与中国国民经济核算体系做简要比较。

第一，美国国内收入与生产账户（账户 I ）大体对应于中国的国内生产总值核算表，但也有区别。后者同时体现了 GDP 的三种计算方法，前者则只有收入法和支出法；在美国，GDP 核算以支出法结果为准，统计误差出现在账户左侧，而中国则以生产法结果为准，统计误差出现在表的右侧。

第二，美国企业、政府、个人收支账户大体对应中国的资金流量表——非金融交易表，但也有区别。中国在部门归属上，国有企业归入非金融企业部门，大量个体经营都包括在住户部门；在核算过程中可以分阶段显示收入初次分配、收入再分配、实物社会转移、收入使用、非金融投资各自的核算结果，可以直接显示初次分配总收入、可支配总收入、调整后可支配收入、总储蓄、资金与余缺等重要总量指标。因此，中国资金流量核算的起点是总增加值，给出来的所有总量都是包含固定资本消耗的“总值”概念，而美国各个收支账户都不包含固定资本消耗，是在“净值”基础上进行核算的。

第三，美国有关国外的两个账户大体相当于中国国际收支平衡表的经常账户、资本账户，但不涉及金融账户。所以，综合起来看，美国国民核算体系中所涉及的经济分析局（BEA）与美联储（FED）之间的关系，相当于中国国家统计局与人民银行（以及国家外汇管理局）之间的关系；经济分析局中负责 NIPAs 与负责行业账户及投入产出表的不同部门之间的关系，相当于中国国家统计局国民经济核算司下属资金核算处与生产核算处、投入产出核算处、使用核算处之间的关系。

原本还可以利用账户中的数据就中美做一些比较，但此文篇幅已经太长了，就此打住，这些就权当留给各位读者一个作业了啊！

【参考文献】

1.BEA：Concepts and Methods of the U.S. National Income and Product Accounts. https://www.bea.gov/resources/methodologies/nipa-handbook.

2.The 2022 Annual Update of the National Economic Accounts，https://apps.bea.gov/scb/issues/2022/11-november/1122-nea-annual-update.htm.

3.Nicole Mayerhauser, Shelly Smith, and David F. Sullivan, “Preview of the 2003 Comprehensive Revision of the National Income and Product Accounts: New and Redesigned Tables,” Survey 83 (August 2003): 8–15.）.

4.Stephanie H. McCulla, Karin E. Moses, and Brent R. Moulton, “The National Income and Product Accounts and the System of National Accounts 2008 Comparison and Research Plans”, Survey 95 (June 2015).

5. 高敏雪：《美国国民核算体系及其卫星账户应用》，经济科学出版社，2001.

复式记账法的应用：从会计到国民核算

本文刊于《中国统计》2021 年第 6 期。

最近从不同渠道读到一些材料。一是《财会月刊》公众号发表的人民大学会计学前辈贺南轩教授的系列回忆，其中一篇专门讲改革开放初期围绕借贷记账法所发生的争论。二是一本书：《账簿与权力》，将借贷记账法作为贯穿全书的话题。三是北师大宋旭光教授最近写的论文，主题是区块链技术对国民核算影响的思考。几方面汇集起来，勾起了我对复式记账法这个话题的兴趣。以下是我读这些材料之后产生的“化学反应”，写出来供大家讨论。

一、企业会计的借贷记账法

从单式记账到复式记账，是会计成为现代会计的关键性跃迁，15 世纪的意大利人卢卡·帕乔利因此被载入了史册。从此，“流水账”被一套严谨的、可核查可分析的科学记账方法所替代，核算主体（比如一个企业）的财务信息被系统化了。通过这套信息系统，企业整个资金状态按照来源（负债）和去向（资产）分列，延及收益和成本费用的发生和结转、现金流入与流出，相关信息被置于相互关联之中，为综合全面的财务分析奠定了基础。与此相对应，因为记账方法的复杂化，出现了会计师这样一类专门的职业，随后为了对会计信息进行核查，又出现了审计这样一类专门的职能。

严格说来，借贷记账法只是复式记账法的一种具体方式，却几乎视为复式记账法的同义语而被普遍接受。之所以能够在数百年演变过程中屹立不倒，自然有其“过人之处”。

对会计而言，企业（以及其他核算主体）的整个资金运动应该包含两层关系：第一是存量意义上的资金来源和资金占用，对应的就是企业负债和资产。第二是流量意义上的资金来源和资金去向，对应着企业资产和负债的增减变化，以及收益和成本费用的发生。借贷记账法的优势在于，它巧妙地借用了资产与负债、收益与成本之间的对立关系，以简洁、高效的方式表达了企业资金的增减变化。其特点可以这样归纳：

第一，每一个科目（账户）都区分借方和贷方。对于资产类科目，借方记录增加、贷方记录减少；负债类科目则正好相反，贷方记录增加、借方记录减少；成本费用类科目仿照资产，借方记录发生、贷方记录结转，收益类科目则仿照负债，贷方记录发生、借方记录结转。具体见表 1 所示。

第二，结合一项具体业务的发生来看，在账务处理中，总会涉及两个（及以上）科目，

表 1 供贷记账法的具体表达

	借方	贷方
资产	增加	减少
成本费用	发生	结转
负债	减少	增加
收益	结转	发生

同时按照借方和贷方被记录两次，两方数额相等。比如，企业给员工发工资，借记费用（表示发生）、贷记存款（表示减少）；企业以贷款购买原材料，则借记存货（表示增加）、贷记负债（表示增加）。

上述记账原理被概括为两句朗朗上口、广为流传的话：“有借必有贷、借贷必相等”。合起来看，借方意味着资金流出，贷方意味着资金流入；每一项经济业务的发生，都会带来两方面的后果，一方面涉及资金以不同形式流入，另一方面表现为不同形式的资金流出。

但是，借贷记账法也有不尽如人意之处，主要就是“借”和“贷”这一对词语确实有些费解，无法对其表达的内容做出直观提示，如果不是专门学习过会计原理的人，很容易坠入云里雾里之中——即使学习过会计原理的人也未必能够全面理解其中奥妙。原来在意大利人卢卡·帕乔利笔下是 debito、credito，英语表达是 debit、credit，到汉语对译变成了“借”和“贷”，可以看到这些都与债权和债务有关，由此显示出会计记账方法与早期钱商（资金借贷商）记账需求之间的密切关联。然而，无论如何，企业资金运作过程已经不是简单的“借”“贷”所能概括，而且，“借”和“贷”本身并不包含方向，因此无法直观体现资金到底是流入企业还是流出企业，于是就给会计记账方法蒙上了一层神秘的面纱。“文革”期间，中国对借贷记账法有很多批判，其中有关“阶级性”的说法自然有些荒唐，但因为文不对义而尝试以增减记账法替代之，我觉得也算是情有可原（如果对这些历史“旧账”感兴趣，推荐阅读苏万平的“借贷记账法符号选择的问题研究——写在借贷记账法落户中国百年之际”、贺南轩的“记账方法没有阶级性”等）。

二、国民核算的四式记账法

说起国民经济核算体系的编制原理，总要提及以下两个要点：沿用了会计的复式记账法，进一步将复式记账扩展到了四式记账。

复式记账法的引入，使国民经济核算脱离了一般经济统计的松散结构，从而上升为一个严谨的账户体系。以此为基础，国民核算在形式和功能两方面形成了以往经济统计无法比拟的优势和潜力，可谓同时“赚足了面子和里子”。

按照复式记账原理，一项交易的发生会在国民核算的不同账户中留下两次记录痕迹，并会沿着各自的逻辑链条产生反应，最终会在一个关键节点处形成对应的平衡。沿用企业（此处不再是单个企业）以存款给员工（不仅限于单个企业的员工）发工资这个例子，会作为收入分配流量记录，同时也会作为金融交易记录。前者会影响企业的可支配收入，进而穿过储蓄－投资链条最终到达非金融投资的资金余缺（体现净借入或净贷出的需求）；后者则会通过金融资产净变化、负债净变化汇总起来，形成企业的净金融投资（显示实现的净借入或净贷出），以此匹配非金融投资的资金余缺。

这就意味着，从形式上看，由于内在的包含复式记账原理，国民核算可以对采自各种数据源核算结果的数据质量提供系统的校验，一旦对应各方在范围、定义、计价等方面没有达成统一，就会在账户体系中出现统计误差。从功能上看，借助于复式记账原理，国民核算能够将不同经济交易带来的结果联系起来形成一个数据体系，为系统表达宏观经济状况、进行宏观经济分析提供支持。将上面的例子放大来看，当期经济活动结果被分成两个部分，一部分是非金融交易状况，另一部分是金融交易状况，二者相互影响、互为因果，为显示宏观经济状况、分析实体经济与金融发展之间的关系提供了依据。

然而，国民核算没有满足于简单的复式记账，而是扩展到了四式记账。其中缘由在于：会计主要立足核算主体（比如某企业）本位，单方面记录所涉及的各种经济交易；国民核算则要区分不同部门，同时包含经济交易的双方，从两个方向记录相关经济交易，即使另一个交易者属于国外，也要将其纳入其中。仍然沿用上面的例子，企业会计只是从一己视角记录“以存款发工资”，但在国民核算中，则要在记录企业“以存款发工资”的同时，还要从交易另一方的视角出发，记录住户（代表雇员）“拿工资增加了存款”——如果拿工资的人不是国内经济主体，则要立足“国外”记录。也就是说，所谓四式记账，实际上就是从交易双方出发，同时做了两次复式记录。显然，因为四式记账的应用，国民核算能够以更加全面的方式记录各类经济交易的发生及其结果，可以同时从不同视角观察当期经济体系的实际状况。

进一步看，更重要的是，由四式记账形成的数据体系，极大地扩展了国民核算用于宏观经济分析的潜力。仍然沿用上面的例子，表 2 展示了将这个例子做一般化处理之后的结果：企业和政府部门支付劳动报酬，住户部门获取劳动报酬，同时各自的金融状况会发生对应变化。基于这个数据结构，我们可以在两个方向上进行分析设计：第一是纵向观察，每一个部门都可以基于非金融交易与金融交易的对应关系进行分析，这就是上面我们已经提到过的，非金融交易结果会沿着可支配收入、储蓄延伸到净借入 / 净贷出，金融交易结果会沿着金融资产净变化、负债净变化的汇总形成另一个净借入 / 净贷出，二者对应起来搭建部门内部经济分析框架。第二是横向观察，各个部门之间会形成对应关系：在收入分配交易中，一些部门的支付会对应另一些部门的获取；在金融交易中，一些部门的流出会对应另一些部门的流入。于是，资源就在这些收入和资金的流动过程中得到配置和重新配置，其结果，整个经济体在经济运行过程的各个环节都具有了部门结构特征——这些内容构成宏观经济分析的另一个方向，是前面没有提到过的部门间分析框架。将横向与纵向分析合起来，就是宏观经济运行过程的全景分析。

表 2 四式记账法应用实例展示

	企业部门	政府部门	住户部门
非金融交易	支付劳动报酬	支付劳动报酬	获取劳动报酬
金融交易	金融资产净获得（-）	金融资产净获得（-）	金融资产净获得（+）

最后需要特别说明的是，国民核算中只是强调复式记账法，却不提借贷记账法（只有国际收支平衡表是个例外）。就是说，国民核算消解了借贷记账法中“借”和“贷”的特定含义，以更具一般意义的表述阐释其记账方法。具体而言，在每一个部门下面分设来源方和运用方；对存量账户而言，来源记录负债和净值、运用记录资产；对于流量账户而言，来源记录收入 / 负债净发生，运用记录支付 / 资产净获得。这样，即使没有

学习过企业会计，一样可以理解国民核算的复式记账方法，利用这样一套四式记账基础上的数据体系解读宏观经济状况。

三、未来将如何演变

信息技术发展之下，很多事情都发生了改变，其中也包括会计和国民核算。这两年有关数字经济的研究如火如荼，会计界和国民核算界都产生了很多论文和报告，从不同角度展现当前面临的挑战，努力思考后续发展的方向。《统计研究》2021 年第 2 期刊载北师大宋旭光教授《区块链技术对国民经济核算发展的影响》一文，开篇提出“区块链技术对国民经济核算的影响正是从改变记账方式开始的”，所以对复式记账法的冲击必然是文中应有之义。

我仔细阅读全文，感觉可以将文中所议区块链技术对国民经济核算发展的影响归纳为两个方面，一方面是对核算基础的影响，另一方面是对核算内容的影响。后一方面这里暂且搁置不论，前一部分中所包含的对复式记账（会计）、四式记账（国民核算）的影响，则属于本篇小文的讨论范围。读后的直觉：当前区块链技术影响的记账方式，似乎还不是企业会计或者国民核算所说的记账方法。因为，无论是企业会计还是国民核算，与其说它们是记账工具，不如说它们都属于算账工具，是在一定理论指导下进行汇总核算的工具。复式记账法以及四式记账法，都是对这些算账结果进行系统化记录的方法。区块链技术改变了各种经济交易发生的记录方法，但即使如此，似乎也还不能直接取代汇总核算吧？

我曾经就此类问题请教过会计学界的专家，得到的反馈是，确实大家都在喊“狼来了”，但到底未来会发生什么以及怎样发生，现在还看不清楚。确实，信息技术常常会从意想不到处引起颠覆性的后果，未来到底会带给我们什么，这很重要但仍然非常模糊。我们只能拭目以待，然后顺势而为。

在国民经济核算中给予非营利机构一个名分

本文刊发于《中国统计》2018 年第 7 期。

最新发布的《中国国民经济核算体系》（2016）的变化之一，就是在机构部门划分中增加了“为住户服务的非营利机构”（简称 NPISH）。什么是非营利机构，在国民经济核算中出现时为什么要加上“为住户服务”这样一个限定语，中国为什么直到 2016 版才将这个部门纳入正式分类，以下分别对这一系列问题作答。

一、非营利机构及其特征

存在于一个国家（地区）经济社会架构的机构单位有两类，一类是住户，一类是法律和社会实体。对法律和社会实体再做区分，结果就是企业、政府、非营利机构（简称

NPI），为此非营利机构有第三部门之说。多年前我曾经写过一篇小文“我们期待第三部门的成长”（载《中国统计》2005 年第 12 期，后收录于《宏观算大账》一书中），现在看看，仍然可以“拿来”刻画非营利机构的特征、描述其作用（个别字词做了调整）：

“非营利机构不同于企业。企业是以盈利为目的的市场性经济单位，即，遵循市场规则汇集各种生产要素进行生产，以市场价格出售其产出，以所得收入抵补成本并追求利润最大化；非营利单位如其名称所示，其创立和运作不以营利为目的，尽管可能会有盈余，但投资者（或者其他控制者）不能从中获得财务性收益作为回报。”

“非营利机构不同于政府。政府是通过立法程序建立的政治实体，具有强制性和无偿性特点，要针对整个社会提供公共产品，进行行政、司法和各种国家事务的管理，在全社会范围内实现收入再分配，以保证社会的公平发展。和政府相比，非营利机构的创建无须政治程序，对社会事务的参与不存在强制力，也无须一定惠及所有社会成员，其作用范围大大小于政府。”

“在社会架构中，非营利机构具有独特的作用。第一，即使在高度发达的市场经济社会中，其运作也不能完全依赖市场，市场经济机制下的经济发展为社会发展提供了物质基础，但却不是社会发展的全部。各种非市场非营利基础上的活动，填补了市场经济活动所留下的空白，缓和了市场经济行为所造成的经济对立和经济差别。第二，同样是非营利性活动，非政府性质的组织不依赖于政治程序，拾遗补缺，可以更加灵活地参与社会事务，其作用是政府所不能替代的。”

最近 10 余年，受信息技术革命、全球化进程、社会制度演变等大趋势影响，非营利机构的作用似乎有了进一步加强。我举两个例子作为依据。一个是关于互联网全球治理，所提出的不同模式中，其中之一是网络自治，也就是要在政府之外形成非营利机构，对全球网络实施统一管理。事实上，当前全球互联网的域名管理，就是由一个在美国注册的非营利机构——国际域名与数字分配机构（ICANN）及其下属机构——在负责运作。另一个例子是民间慈善公益，最耀眼的明星是“比尔及梅琳达·盖茨基金会”。比尔·盖茨与沃伦·巴菲特这两位超级大富豪合作，把这个基金会变成了全球最大的私人慈善组织，截止到2016年年底，基金会收到的捐款余额达到403亿美元，通过基金投资运作用所得收益做慈善，主要领域是健康，尤其集中于各种疫苗的开发与投放使用，受益人群主要是非洲贫困地区。盖茨在一次访谈中说，“一个社会的私营部门是占比最大的，政府次之，慈善只是其中很小的一块，但却是非常重要的一块。”“慈善事业的价值是它的多样性和互补性，很多具有前瞻性的研究只有靠慈善机构的资助才能进行，还有一些具有实验性的项目也只有慈善机构才最适合做”。应该说，这些话很好地描述了慈善机构以及更广泛的非营利机构的特点和作用。

非营利机构肯定不止是“慈善机构”。《国民账户体系（2008）》第23章曾经以举例的方式给出非营利机构存在的各种场合和各种组织形式：医院、大学、社会服务、环保团体等非营利服务提供者；在欠发达地区推进经济发展或减少贫困的非政府组织；博物馆、艺术表演中心、历史或文学社团等艺术和文化组织；从事业余运动、训练、健美和竞技的体育俱乐部；旨在促进公民权利和其他权利、或维护社会和政治利益的推促团体；拥有可处置的资产或捐赠、利用这些资产产生收入并将其捐给其他组织或用于实施相关项目和计划的基金会；会员制的社区或草根社团；政党团体；社交俱乐部；工会、商业和专业社团；宗教团会。

二、出现在国民经济核算中的非营利机构部门

国民经济核算是全面反映一个宏观经济体整体状况的工具。非营利机构是组成该经济体的重要一极，故而肯定要包含在国民经济核算之中，通过核算显示自身发展状况以及与其他部门之间的关系。但如何达此目标呢？有两种处理方法对应两个层次：一是将所有NPI汇集在一起进行专门核算，二是将NPI放在整个国民经济核算架构中做综合处

理。相比之下，后一种处理是规范的核算方法，前一种处理被称为国民经济核算的卫星账户（具体可参见联合国出版物《国民经济核算体系之非营利机构手册》）。以下主要就规范的国民经济核算原理介绍其中对NPI的处理。

NPI进入国民经济核算以机构部门分类为起点。按照国际规范，机构部门首先区分为非金融公司、金融公司、广义政府、住户、为住户服务的非营利机构五个部门，然后每个部门下再区分为不同的子部门。可以看到，在一级分类层次上就出现了非营利机构，但却在前面加了一个限定语：为住户服务的非营利机构。这个限定语是怎么来的？

前面对NPI的性质和作用做了笼统说明，但实际上，它与企业、政府之间的界限并不像组织注册这样简单。在一定程度上说，注册性质甚至机构名称相当于赋予NPI一件"马甲"；扒下身上所穿的马甲、按照其功能和目的再做观察，才能对其组成结构有更清楚的认识。国民经济核算中针对机构部门的划分，尤其是对非营利机构部门的确定，就是遵循这一原则进行的。以下根据《国民账户体系（2008）》第4章相关论述做简要介绍。

第一个判定标准是所从事活动的性质以及服务对象。一个NPI如果是以具有显著经济意义的价格向客户提供货物服务——"依据其生产成本来收取费用，且费用高到足以对所提供服务的需求产生显著影响"，它就是一个市场生产者，在功能和性质上更类似于一个企业。有些市场性NPI的服务对象仅限于其他市场生产者，比如专门为企业服务的各种企业协会、商会、同业公会等，其目标是推进会员企业的共同利益、提供相关建议咨询，此时尽管其资金可能来自相关企业群体的捐助或缴款，但这些缴款也要视同这些企业为获取服务所支付的价款，这些NPI也应划归市场生产者之列。

第二个判断标准是其资金主要来源于政府还是私人。多数NPI属于非市场生产者，其基本特征是：主要以不具有显著意义的价格为其他生产者提供服务，也就是说，通过提供服务所获取的收入不足以覆盖其运行成本，于是就出现如何维持一个机构运转的资金来源问题。如果其资金主要由政府提供，或者其主要管理人员由政府任命以及存在类似的其他条款，即可视该机构为政府控制的NPI——从功能和目的而言，它在很大程度上会与政府保持密切联系。除此之外的NPI，其主要资金来源要么是成员定期缴款，要么是私人性质的第三方捐款，或者是产生于捐助基金的财产收入，为此可以冠之以“为住户服务的”这个名头，即为住户服务的非营利机构（更完整的称呼是为住户服务的私人非营利机构）。

归纳上述，面对各类NPI，国民经济核算在划分机构部门时不是笼统地将其归入一个部门，而是按照其性质和功能做进一步拆分：市场性NPI归入非金融公司或金融公司，政府控制下的NPI归入广义政府，除此之外的NPI才作为“为住户服务的非营利机构”这样一个独立的部门，出现在国民经济核算的各账户之中。

据此再看前面提到的各类非营利机构。盖茨基金会无疑应该属于为住户服务的非营利机构部门，类似的还有各种宗教团体。医院、大学这些非营利机构要区分公立还是私立，公立者要归入广义政府（因为政府是主要出资者），私立者要看是否收取足够高的费用（即是否具有显著经济意义的价格）以及主要服务对象，如果符合市场生产者资格，应归入公司部门，否则才归入为住户服务的非营利机构部门。

三、中国的非营利机构以及为住户服务的非营利机构部门

直到此次发布2016版之前，中国国民经济核算体系的机构部门分类中一直没有单独设置为住户服务的非营利机构，所以就无法提供与该部门有关的国民经济核算数据。其中缘故，我在“我们期待第三部门的成长”一文中曾有述及：

> “新中国成立几十年来，非营利机构没有得到相应发展，反而萎缩了。原因主要在于政府的强势，政府包办一切，把所有社会资源都纳入高度统治的计划轨道，没有非营利机构存在的空间。那些原本存在的非营利机构可能在以下两条路径中消失了：一是取缔，比如教会主持下的慈善机构，一是合并到政府之中，至少是作为‘类政府单位’而生存，比如各种民间社团，于是在政府内部及其外围形成了大量的事业单位。”

此后我还在读书过程中为上述说法找到了一些论据：《远去的都市》一书中讲了建国初期发生在上海的五个故事，其中四个与此有关。第一个讲遍布弄堂里外的各种民间组织如何被逐一清理，最后纳入居民委员会；第二个涉及民间报业向公营转型；第三个讲圣约翰大学——一所隶属于美国基督教会的大学，几个转身之后消失了；第四个讲上海影视业的变迁，民营影视业通过公私合营最终结束了政府之外的生存。（我曾写短文“大政府／小社会就是这样炼成的”介绍此书，有兴趣者可在豆瓣查询）。

然而，在改革开放数十年之后，情况发生了很大变化。一方面是各种名目的民间社团大量出现，政府之外的民间力量在慈善、公益、环保、社会服务、国际交往、自我组织等方面的作用日益显著，围绕行业、企业等组成的各种协会日益发挥重要作用；另一方面是原来的事业单位面临改革，相当部分要与政府脱钩，要么改制为企业化经营，要么变成民间社团。这就意味着，或许 NPI 在中国经济总量中的规模并不十分显著，但其作为一类独特的机构单位已经不能被忽略。

在民政部中国社会组织公共服务平台上查询，截止 2018 年 5 月 24 日，在民政部以社会团体、国际性社团、基金会、民办非企业单位等不同类型正式登记的社会组织共计 2306 个，同时有“搜索到符合条件的社会组织”则高达 799818 个。咨询民政部的专家，前者属于在民政部本部登记的社会组织，后者则覆盖了在各级民政部系统登记的社会组织，这还不包括社会上各种自己扯个旗子、未经登记的“非法组织”。很难笼统地说这些社会组织都符合非营利组织的一般规范，但已经足以显示出中国国民经济核算必须将其纳入核算范围，不能再忽略其存在。另一方面，如何对这些组织的性质加以甄别，以便将其分别归入相应机构部门，最终确立为住户服务的非营利机构部门，并就此搜集相关数据，还有很多艰难的工作要做。所以，尽管《中国国民经济核算体系（2016）》已经正式给“为住户服务的非营利机构”提供了一个名分，但短时间内可能还难以看到有关这个部门的核算数据。

投资的定义与分层是投资统计的前提

本文刊发于《中国统计》2019 年第 11 期。

“投资”是一个人见人殊的概念，其含义之多元大约只有“收入”可以与之比肩。这种情况被顺序传递到投资统计，以及投资对经济增长贡献的分析评价，形成了不同角度、不同口径，并由此引发争议。上周参加了一个投资统计座谈会，感觉这真的已经是一个必须直面的题目了。这里我借鉴国民经济核算原理，按照自己的思路罗列相关材料和一些想法，供大家参考。

一、什么是投资，一个多元 / 混乱的概念

什么是投资?

为获取答案，我先行“百度”，结果发现了一个“江湖”。不仅见识到各路大咖给出来的各显神通、让人真假难辨的解释，还顺便了解到，有专门讲投资学、投资经济学的书和课程，有专门培养投资技能的投资学专业，见识了他们在宣传材料中是如何忽悠投资这个概念的。我说“各显神通”，是因为这些回答的语境有很大区别（从炒股技巧到政治经济学资本对劳动的剥削），各有立场，各摸着大象的某一个身体部位，然后开说，而且常常是以一种很随意的方式说话，结果就是“真假难辨”。将不同语境下定义的投资放在一起看，你会有“穿越”之感。

接下来是求助于学界权威解释，为此我查阅了《新帕尔格雷夫经济学大辞典》。其中有若干词条与此有关，一个是投资（Investment），另一个是投资与积累（Investment and Accumulation），此外还有投资决策标准（Investment Decision Criteria）和IS-IM分析（IS-IM Analysis）。每个词条各有好几页篇幅，包含很多数学表达式，但总体来看，主要是在宏观经济学的总供给－总需求框架中讨论投资的决定。读下来体验也不太好，感觉陷入了学术研究大坑，有点不接地气，和我们这里要讨论的投资统计有不小的距离。

最后再上百度学术查阅相关文章，好像找到一点儿感觉：避免了信口开河的乱扯，也摆脱了佶屈聱牙的抽象；多少有一些历史的纵深，与投资市场和实务关联起来有了较为清晰的分类。

根据上述种种，我在这里试着对投资这个概念所涉及的问题做点儿归纳。（1）投资概念的使用需要有边界，有基本应用也有延伸应用，不能眉毛胡子一把抓都放在这个大筐里。（2）经济运行过程由多种经济主体参与、包含多个环节，由此导致投资概念也被“分工”了，基于不同主体、出现在不同环节上，其含义会有不同侧重。（3）无论哪一层面的定义，都需要明确投资的若干基本要素：基本目的、参与主体、标的、市场。把上述各点综合起来，我感觉有关投资的定义和分类需要有一个宏观框架。这个框架哪里来？就是国民经济核算。通过这个框架，就可以将这个众说纷纭的投资概念条理化、具象化，确定投资的边界和内部结构，进而为投资统计改进、投资统计数据的有效利用提供一些助力。

二、投资形成了资产，反过来可以从资产入手梳理投资的定义和分类

简单来说，投资就是为了未来获取收益而投放资金的行为——这是一个很中性的定义。在此基础上将问题细化：（1）投放资金买到了什么？通过交易购买了某种标的，变成了投资者手中的资产。（2）为什么能够获取收益？是因为使用这些资产创造了价值。这就是说，有关投资的定义，以下规定性不可缺少：通过交易发生了资金支出，形成了某种类型的资产，随后带来了明确的收益。这就是说，投资的定义与资产的定义密切相关，只有那些可以形成资产的资金投入才能作为投资。于是，有关投资概念定义的问题就转化为资产概念定义问题。

在经济范畴内，所谓资产是指经济资产。按照国民经济核算的定义，经济资产“是一种价值储备”，是指那些所有权确定、可以为其所有者带来经济利益的“实体”（资产各种存在形式的代称）。你看，这个定义仍然是一个抽象的说法，而且与前面的投资定义很相似，好像仍然在原地打转。为了摆脱这个怪圈，以下先给出经济资产的分类（见图1），然后引出对应的不同投资概念（见图2），在此基础上我再做解释说明。

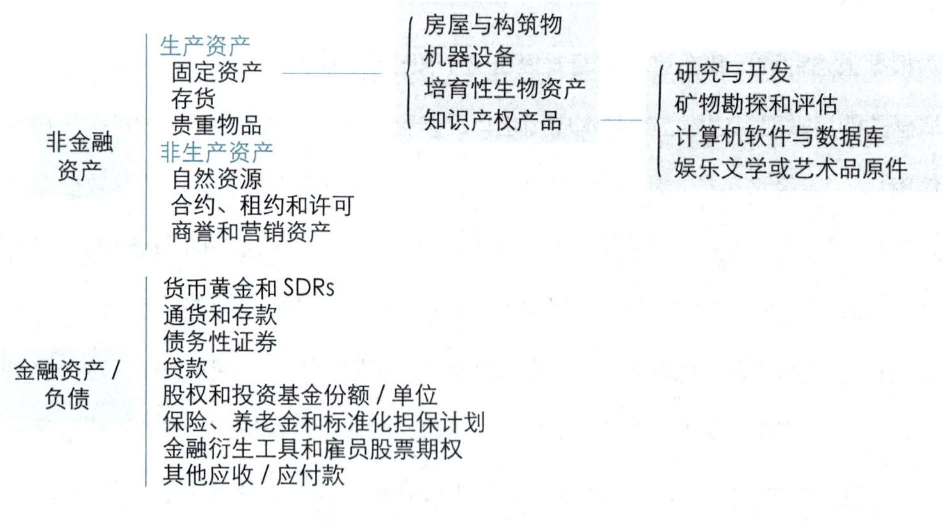

图1 经济资产的范围和分类

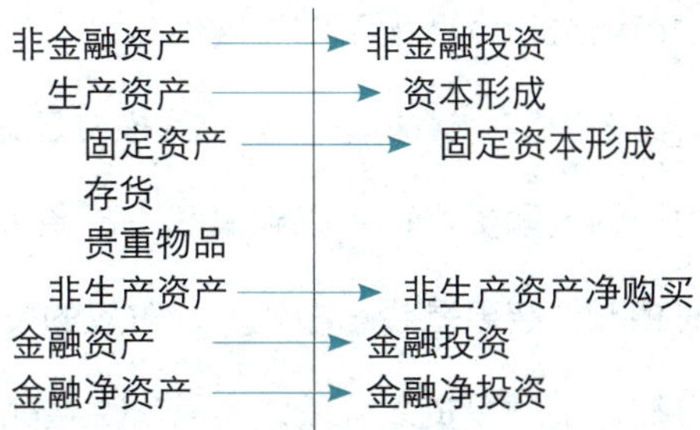

图 2　与资产概念对应的投资概念

经济资产包含两大类别：金融资产和非金融资产。为什么要这样区分？前面说过，之所以投资于某种资产，是期望它未来能够带来收益。这个收益怎么产生的？来自经济生产领域的价值创造。哪些资产直接作用于经济生产的价值创造？是各种非金融资产，尤其是其中的固定资产，比如机器设备、厂房、知识产权等等，它们被劳动所驱动进行生产活动，一方面提供人们使用的产品（货物或服务），另一方面创造了价值。金融资产有什么用？现代经济是分工经济，一笔钱可能要通过不同环节才能抵达生产者手中，用来购置非金融资产，最终完成产品生产和价值创造，之前都是中间环节；反过来，这些中间环节又成为这个链条上的价值分享者，要瓜分生产过程中创造出来的价值。所以，你到银行花 1 万块钱买了一个理财产品（这是你的金融资产），最后得到 5% 的理财收益，这件事情放在宏观经济中去看：银行随后要把出售理财产品募集的资金（这是银行的负债）用出去（比如买了某个信托基金）形成其金融资产；信托公司继而将通过信托基金募集到的资金（这是信托公司的负债）用出去（比如借给了某工业企业）形成自己的金融资产；工业企业用这笔资金（这是他的负债）购置设备，形成自己的非金融资产（注意是非金融资产），这才进行产品生产、创造价值。反过来，工业企业生产中创造的价值要原路返回进行分配，顺序变成：工业企业的利润、信托公司的资金收益、银行的资金收益、个人理财的收益。显然，与劳动结合起来代表经济生产能力的是非金融资产；在此之前各个环节上形成的金融资产都与生产能力没有直接关系，属于通过金融市场进行资金配置的中间性资产。与资产分类相对应，投资也可以分为两个大类：金融投资和非金融投资，非金融投资是针对非金融资产的投资，金融投资的标的是各种类型的金融资产；考虑到很多投资者在形成资产的同时会承担负债，以金融资产与负债相抵，结果是金融净资产，对应的投资就是金融净投资。两者相比，非金融投资是目的，金融投资是手段，通常所说金融要服务于实体经济，很大程度上就是由上述二者之间关系来体现的。

非金融资产仍然是一个内容丰富的概念。生产资产和非生产资产的区分就在于前面的那个修饰语。所谓“生产”，一方面代表其来源，这些资产是以前的生产过程制造出来的，是产品被积累起来形成的，比如住房、机器设备等；另一方面代表其去向，最终形成了生产能力，可以投入下一时期的生产过程。正因如此，对应的投资概念被称为“资本形成”。非生产资产则与此相反，无论是自然资源还是商誉等无形资产，都不是在经济生产过程中制造出来的，对后续生产过程的影响不像生产资产那样直接。延伸到投资概念，这个“非生产资产净购买”在国家层面上大部分就相互抵消掉了（因为有人出售同时就有人购买，除非交易某一方属于国外），故而其数额非常不显著，甚至可以忽略不计，这样，资本形成与非金融投资在一定程度上可以等同看待。宏观经济学给出来的那些恒等式中，与消费（C）并列、与储蓄（S）对应的投资（I）概念，具体量化的指标就是这里的资本形成。

生产资产还有必要拆分了看。存货是不断流动的，贵重物品为了保值增值的，从经济生产角度看，其投资无论在内涵上还是数额上都不具有重要意义，唯有固定资产是主动投资累积的结果，代表了生产者当期的生产能力。落实到当期投资，所谓固定资本形成，代表新生产能力的形成、固定资产的增量，对未来生产规模具有决定性的影响，故而是现代经济增长理论分析中最受关注的变量。你看所有基于生产函数进行的计量模型分析，无论如何改进，那个代表资本总量的 K 以及代表资本增长率的 k 都不可缺少，落实到数据层面，K 就是固定资产总存量，k 就是当期固定资本形成与期初固定资产存量之比。

因为重要，故而需要对固定资产里面包含的内容做进一步观察，尤其要对内容范围的近期变化做重点观察。第一，固定资产不仅限于我们熟悉的房屋和机器设备，宏观看其中包含更多的内容，比如果园林园、种畜役畜等培育性实物资产，以及各类知识产权产品，图 1 我在固定资产项下特意列出来这些具体项目。第二，固定资产包括的范围一直在不断演变，其中以知识产权产品最为引人注目，图中给出了此类固定资产的具体内容，可以看到，其中不仅包含计算机软件和数据库、艺术品原件这些代表知识生产产出的“实体”，甚至那些无法明确显示产出的知识，也以“研究与开发”的名义被列入其中。也就是说，有形或无形已经不是固定资产的识别标识，判定一项资产是否属于固定资产，与其是否具有实物形态无关，而是看其在生产过程中的寿命期限和单位价值。受此影响，固定资本形成的定义和范围也在发生变化，除了传统理解的盖房子、买设备之外，在生物资产培育、知识生产上的各种花费同样属于固定资本形成的范畴。

这一小节已经写了很长了，但我还要再啰嗦几句作为补充。第一，以上所述主要限于经济资产及其投资，很多泛泛而言的“财富”“投资”和“收益”，都不在关注之列。比如我们可以说五千年传统文化是中国的宝贵财富，但这个与经济资产没有关系，除非它通过某种方式被纳入经济资产范畴。第二，人力资本对于经济增长的作用有目共睹，所以很多人认为针对人力资本的花费——比如教育支出和健康支出——应该作为投资看待。但是，《国民账户体系（2008）》说得很清楚：人力资源不能作为资产，因为其所有权很难确定；与此对应的就是教育培训上的花费不能作为人力资本投资，因为个人获取知识并不是生产过程的一部分，个人获取知识也不完全是出于经济目的，将教育支出以及健康支出作为投资看待，还会影响到对最终消费等概念的定义和测算。第三，面对许多新事物的出现，经济资产的内容范围仍然在变化之中，有待进一步观察和讨论。比如当前数字经济中的数据资源，都承认其作为资产的巨大价值，但这些数据资源并不是经济生产的产出，其产权仍然没有确定的归属，为此就难以将其纳入核算范围，不能作为资产核算。

三、统计实务中的投资，应注意不同定义和口径以及未来变化

以上花很大篇幅介绍的都是按照国民经济核算规范，“应该”如何确定投资的定义和内容范围。落实到统计实务，可能会因为管理需求、统计和核算能力等等历史的以及现实的原因，而出现比较复杂的情况。总体而言，上述投资内容组成中最重要的是两个部分：一是固定资产投资，二是金融投资。金融投资由人民银行负责统计，这是一个很复杂的话题，需要专文讨论，以下仅针对中国当前固定资产投资统计发一点儿议论。

关于固定资产投资，国家统计局当前可以提供两套数据：一是作为业务统计的固定资产投资额。二是在 GDP 支出法核算项下的固定资本形成总额。已经有很多文献论述二者之间的区别，它们在内容范围上互有交叉，服务对象也不完全一致；一般地，固定资产投资额统计在先，固定资本形成总额要以这个投资额为基础再做增减才能实现核算目标。这些都无可非议，故而不做赘述。我想说的是：在信息技术革命、知识与创新主导下，经济发展模式正在经历根本性变化，据此反观固定资产投资统计，几十年前定义的统计范围似乎有必要进一步拓宽。比如当前定义重点强调固定资产的外在属性，统计重点限于建筑工程投资、安装工程投资、设备工器具购置这样一些实物性固定资产。如果进一步强化固定资产的内在属性——使用周期长（超过一年）、单位价值相对较高（需要在使用期内分期摊销），就应该扩展统计范围，将那些同样具备上述属性的“无形”固定资产包括在内，比如前面提到的大型计算机软件和数据库等知识产权产品购置支出。

从固定资产折旧到固定资本消耗

本文刊发于《中国统计》2021年第5期。

固定资产有很多不同寻常的特性：寿命周期长（可以长期使用），单位价值高（需要垫资购置然后逐步收回），在经济生产过程中充当工具（被生产者掌握用来加工其他产品而不是被加工）。正因如此，无论是企业会计还是国民经济核算，固定资产的处理都有特殊性，可以说给核算带来了很大“麻烦”。一方面是固定资产自身的估值问题，另一方面是如何将其使用导入当期经济运营。前者涉及到资产存量核算，后者则会直接影响到很多用来反映当期经济活动结果的指标的测算。本文将分别对企业会计和宏观核算对相关问题的处理做一些讨论，供大家参考。

一、企业会计核算中的固定资产折旧

固定资产为什么要“折旧”？从固定资产本身而言，因为其寿命周期比较长，在使用过程中会逐渐变“旧”，价值会随之减少，这部分减少的价值（贬值）就是折旧。所以，在企业资产负债表上尽管会提供固定资产总值数据，但真实反映资产价值的却是扣除此前各期累计折旧之后的资产净值。从使用角度看，固定资产是企业进行生产经营的一次性（大额）投入，会在整个使用周期内发挥作用，帮助企业获取产出，然后随着产品出售变现才能收回这笔投入。按照权责发生制原则，对应特定核算期的产出和收入而言，纳入成本核算的只限于当期磨损的那一部分固定资产价值，为此要对资产总价值在整个寿命期内加以“摊销”，每个核算期摊销的数额就是上面所说的“折旧”价值。

如何按照折旧数额实现固定资产价值“摊销”？最体现摊销原理的方法就是以使用寿命年数去除固定资产总价值。为了计算每期的折旧额，需要对固定资产使用年限做出预判，提前计算应该摊销的数额，故而这一过程被称为“计提”折旧，折旧率就是这个年数的倒数。简单举例，一辆载货汽车在运营过程中会逐渐磨损，为此需要将其价值分摊到各年，计算各年固定资产折旧额。但是，核算中不可能等待汽车寿命终结获取实际使用年数之后再计算，纳入计算的只能是预期使用年限数。显然，现实计算的固定资产折旧是一项建立在主观预期前提下的估算结果，其数额大小非常受制于这个预期使用年数的确定。

理论上说，预期使用寿命年数应该包括两个部分的考虑：一是资产的物理寿命，二是资产的经济寿命——如果有功能更好、价格更便宜的同类资产出现，原资产就会在其物理寿命结束之前被淘汰、替代；对应的折旧也应包含物理磨损和无形磨损两个部分。但是，无论是物理寿命还是经济寿命都具有很大的不确定性，这就给折旧率的设定提供了很大的弹性空间。进一步看，固定资产有多个种类，各自有不同的使用场景，具体操作中很难就单项固定资产逐一确定其预期使用寿命，只能按照固定资产不同类别给出参考性的预期使用年限，确定一个综合折旧率水平——这无疑就进一步拉大了与固定资产具体情况之间的距离。

折旧率的高低会带来什么后果？从资产角度看，较高的折旧率意味着固定资产的贬值速度较快，反过来也就意味着该项投入可以在一个较短的时间内得以回收，资产可以以较快的速度更新换代；较低的折旧率则相反，设定资产下降速度较慢，收回资产价值需要更长一些的时间，资产的更新速度也会较慢。然而，从损益计算角度看则是另一番景象：较高的折旧率意味着当期摊入成本费用的固定资产折旧数额较大，在营业收入既定前提下，企业的利润就会下降到一个较低的水平上；较低的折旧率则正好相反，会通过成本费用导致一个较高水平的利润。

所以，折旧率的高低以及所决定的折旧数额大小，对正确测算企业财务状况以及经营业绩和水平至关重要，同时也在一定程度上决定了固定资产更新速度的快慢，从而影响企业未来可持续发展。现实管理过程中，企业有可能出于各种目的提高或降低折旧率水平，政府相关部门也可能会利用折旧计提的相关规定（是否计提折旧、按多高比率计提折旧）作为调控企业行为的手段。为了防止不当操作，甚至借此操纵企业财务信息，计提固定资产折旧的比率以及折算方法，并不是一个由企业简单说了算，尤其不能是企业经理人团队自己说了算的重大事项。同时在宏观上也要加强研究，为不同种类的固定资产使用年限提供更具科学性、战略性的论证，为企业确定折旧率提供具有科学依据的参考水平。

二、国民经济核算里的固定资本消耗

固定资本消耗是国民经济核算中的概念，泛指固定资产在核算期内因为经济使用而导致的价值下降。在经济使用过程中，固定资产会出现自然退化（变旧），会因为技术进步和新替代品的出现而被逐步淘汰（贬值），还可能因为一些正常事故（非大型灾害）而损失，由此导致的固定资产价值下降都属于固定资本消耗。

不难看出，就基本内涵而言，固定资本消耗就是上面所说的固定资产折旧。有的时候，国民经济核算甚至会直接使用固定资产折旧这个概念。但总体而言，固定资产折旧概念主要应用于企业会计核算，与国民经济核算中的固定资本消耗相比，二者之间的区别主要体现在以下两个方面：

第一，宏观核算场景下，固定资本消耗对应的固定资产涵盖范围较宽，不仅包含企业实际计提折旧的那些固定资产，还包括那些并不进行成本核算从而不实际计提折旧的、由其他所有者持有的固定资产，比如由行政事业单位持有的固定资产、住户家庭持有的固定资产，甚至还有一些不会着落在某个具体单位身上、由政府代持的国家资产。关于后一部分固定资产，国民经济核算也要虚拟估算其当期的消耗价值——尽管无法通过市场运作真的收回当初的资金投入。

第二，国民经济核算执行现期估价原则，用以估算固定资本消耗的基数，是按照当期价格计值的固定资产价值，而企业会计计提固定资产折旧所对应的固定资产价值则是按照历史成本计值的。固定资产寿命期较长，价格在期间内发生变化的可能性很大，如果始终以当初的购置价格（历史成本）计值，就无法真实反映资产规模；据此提取折旧，或许可以收回当初投入的资金数额，但未必能够真正对应完成资产的替换重置。以住宅为例，最近20年价格成倍上涨，如果现值5万元/平方米的住宅，依然按照十年前的购置价格计算资产价值，这样编制的资产负债表可能就是一个笑话；同时按照当初价格计算的折旧额累加起来已经无法购置一套同样的住宅。因此，理论上说，无论宏观核算还是企业核算都需要不断对资产计值予以重估。如果说企业囿于客观计量原则难以全面实现以现期价格（也就是企业会计所说的公允价值）计值，宏观国民经济核算原则上要求必须按照现期市场价格估计固定资产的总价值，并以此为依据估算固定资本消耗。

正因为二者在计价原则上的差别，《国民账户体系（2008）》不主张直接采用企业固定资产折旧作为基础数据汇总核算固定资本消耗，而是推荐采用永续盘存法，一揽子解决固定资产的计值和固定资本消耗的核算问题。其基本思路是：基于各期固定资本形成总额以及对应的价格指数，并结合反映资产使用年限的退役函数，分别计算现价和不变价固定资产价值总额；在此基础上按照对应的折旧率核算固定资本消耗价值，最后生成固定资产价值净额。如果确实要以企业固定资产折旧作为基础测算，也要采取一定的调整措施，使其能够对应按当期价格的固定资产价值这个基数。

说起来，固定资本消耗是国民经济核算中最难定义、最难核算的指标，但又是必须进行核算的指标。如果你熟悉国民经济核算，肯定知道其中最重要的那些基本指标常常有两个口径，一个是包含固定资本消耗的“总额”，一个是扣除固定资本消耗之后的“净额”。我们可以列举这些指标：总增加值和净增加值，国内生产总值（GDP）和国内生产净值（NDP），国民总收入（GNI）和国民净收入（NNI），国民可支配总收入和国民可支配净收入，总储蓄和净储蓄，固定资本形成总额和固定资本形成净额。之所以要保持这样两个口径，实际上就与固定资本消耗的性质和测算方法有关：包含固定资本消耗的“总额”口径比较容易核算，核算结果更加可靠，管理层面更加易于操作；扣除固定资本消耗之后就是“净额”口径，说起来更符合经济理论定义，但在很大程度上会受制于固定资本消耗的主观特性，难以实现客观测算。

三、话当年：20 世纪 50 年代有关固定资产折旧问题的讨论

前辈孙冶方曾经在《从“总产值”谈起》中完整介绍我国 20 世纪 50 年代固定资产折旧的有关情况以及他的看法，录在此处可以作为理解上述原理的案例。

首先，文中详细列出了当时的固定资产平均折旧率：“1952 年为 1.4%，1953 年为 2.4%，1954 年为 2.4%，1955 年为 2.8%，即是说，折旧年限在 35 年到 70 年以上。工业方面的固定资产平均折旧率 1955 年为 3.4%，折旧年限在 30 年左右。运输业方面，1955 年的折旧率为 1.6%，折旧年限为 60 年左右。”然后指出，折旧率之所以这么低，是因为“只考虑了物质的磨损，而不曾考虑无形磨损。”“几乎是按照每个机器在物质磨损上能存在多少年，便把它的价值按多少平均分摊到每年所生产的产品价值中去。”

继而指出不考虑无形磨损所带来的危害："主要是妨碍了设备的更新和技术的进步。"为说明这一点，文中做了一个简单的推算："按照我们在上面所引的材料来说，1955年工业固定资产的折旧年限为30年左右，运输部门为60年左右。这就是说，根据这种制度，北洋军阀时代的工业设备和大清帝国时代，19世纪末期的机车和轮船，应该不加技术革新，沿用到今天。这难道是可以想象的吗？"

最后有必要列示一下当前各类固定资产的折旧率水平，供大家参考。根据《中华人民共和国所得税法实施条例》，计算固定资产折旧率的最低年限：房屋、建筑物为20年，飞机、火车、轮船以及各种机器设备为10年，其他运输工具为4年，电子设备为3年。

永续盘存法与国民资产负债表编制

本文刊发于《中国统计》2019 年第 10 期。

两年前国家统计局启动中国资产负债表编制工作，我曾经受邀撰文，题名“为中国国民资产负债表编制启动鼓与呼”。讲到编制该表的难度，我强调了两点，第一是数据基础相对薄弱，第二是估价问题异常复杂。进一步看，在实际编制过程中，来自这两方面的问题可能是缠绕在一起的。以下我要讲的这个有关永续盘存法的“故事”就可以证明这一点。

一、永续盘存法原本来自企业会计核算

按照百度百科的说法，永续盘存法是企业会计确定存货数量的一种方法，与其对应的是实地盘存法。简单来说，要想了解特定时点上的存货有多少，一种方法是在这个时

间点上对存货做实际清点，另一种方法是通过当期账面增减变化进行推算，前者就是实地盘存法，后者就是永续盘存法。

我仔细琢磨这个答案，感觉围绕永续盘存法有两个基本要点需要了解。第一，它内含以下计算关系：期末结存数 = 期初结存数 + 本期增加数 − 本期减少数，应用的基本条件不光是本期增减数，还要具备期初存量数。第二，它的最大好处是通过账面推算可以随时掌握存货数，但每隔一段时期还要用这个推算数与实际盘点数进行相互印证，这样才能保证账货相符（这个是企业管理所必须的），并矫正后续应用的“期初结存”数。所以，把永续盘存这个词拆开来，“永续”是说你可以连续不断地使用这个推算公式，“盘存”是说你还需要时不时进行实地盘点弄清楚到底手里有什么。这就意味着，所谓确定企业存货数量的两种方法并不是孤立存在的，实际中必须结合起来应用。

在企业资产负债表上，存货是一个加总数，林林总总不同存货的结存数要通过价格换算为特定时间点上的结存价值，上述永续盘存法公式也要由数量推算过渡到价值推算：期末存货额 = 期初存货额 + 本期增加额 − 本期减少额。然而，一旦涉及价格，情况就会复杂起来。企业会计执行历史成本计价原则，所有的资产项目均以当初的购置成本入账。存货是跨期存在的，可能购置于不同时间，而不同时间的购置价格可能具有不同，为此需要面对的问题是：如何确定“当期减少”的存货价值是多少，以及对应的期末存货价值是多少。举例来说，库房内某元器件当期流水如下：3 件上期购入单价 10 元，2 件本期购入单价 12 元，本期使用 2 件，期末存货还有 3 件，你觉得本期使用的这 2 件是上期买的还是本期买的？余下的这 3 件是上期购置的那 3 件还是本期购置的 2 件加上期余留的 1 件？于是有所谓“先进先出法”和“后进先出法”两种处理原则，一个是假定当期使用的应是最先购置的，另一个则假定应该将最新购置的排在前面作为使用对象。可以想象，如果存在价格变化（比如价格处于上涨通道），不同原则之下推算出来的期末存货价值就会有不同结果（在本例中，先进先出原则下的期末存货价值是 34 元，后进先出法原则下则是 30 元）。所以，价格问题的存在，导致永续盘存法的应用并不是一加一减两个简单操作，其间还需要一些具体的处理。你可能要问企业是如何做到这么精细化管理的，因为它有一套存货明细账，每一个账页对应一个具体的存货品种，出库、入库、结存、价格，都有详细记录。

推广开来，永续盘存法的应用场景应该不限于存货。应该说，企业资产负债表上记录的所有项目，都可以按照上述思路推算其期末数额。比如企业存款、贷款和各种应收应付款项，直接可以套用这个关系式；固定资产价值、所有者权益也能体现这个账面推算关系，只是其增加项和减少项要专门定义。以下着重对企业资产负债表上的固定资产价值做一些说明，以便为后续我们讨论宏观核算应用做些铺垫。

固定资产不同于存货，存续时间长，可以多次、连续地用于企业生产经营。两方面合起来，给企业会计核算带来两方面的影响：第一，这些资产可能购置于很早以前，而且是各个不同时间点上购置的，在历史成本估价原则之下，资产负债表上记录的是各个时期购置额的混合加总数额。第二，固定资产价值有原值和净值之分，原值代表固定资产购置原态下的总价值，净值则考虑了固定资产伴随使用所带来的贬值，是扣除折旧之后的净价值。所以，对于固定资产而言，当期增加项目包括当期购入和自建固定资产价值，当期减少项目则不限于出售和报废的固定资产价值，还有固定资产折旧价值。但无论如何，企业固定资产也有明细账管理，也具备实施实地盘点的前提条件。

二、国民资产负债核算中的永续盘存法

永续盘存法思想在政府统计中也多有应用。以人口统计为例，十年一次人口普查，相当于实地盘存，既可以反映当期的人口总数，又可以为后续年份实施推算提供期初基数；原则上说，如果有人口出生死亡、迁入迁出的完整统计，就可以通过人口变动数据推算每一年年末的人口总数（人口变动数据获取不易，但这是另外一个问题）。如果再推而广之，我们甚至可以大胆地说，多数政府统计项目在整体上都具有上述思想的影子：数年一次普查，目的是通过实地盘存查清底数；两次普查之间的年度调查，就是在增量基础上进行数据搜集，推算每年结果。

从国民资产负债表编制场景下来看，永续盘存法的重点转到了固定资产，而且其具体应用方法也有了变化。为什么会不同于企业会计核算？一方面是国民经济核算在估价方面执行了不同规则，另一方面是国民经济核算需要面对不同的基础条件。

先看估价原则。企业会计核算遵循历史成本计价原则，无论是存货还是固定资产，始终以实际发生的价格作为核算依据，在资产账务处理上不考虑价格时期调整，期末存量价值就是各期购买价格的混合加总，故而价格问题对资产核算本身影响不大。国民经济核算则有不同，它以现期市场价格作为计价原则，编出来的国民资产负债表要反映在当期价格水平上的资产总值、负债总值以及二者相抵之后的资产净值。在此原则下，你不用像企业会计场景下纠结“先进先出”还是“后进先出”，但不同时期购置的资产必须全部进行价值重估，统一转换为体现当期价格水平的总价值 。尤其是固定资产，因为存续时间比较长，价格变化比较大，还要考虑折旧前后的不同状态，由此导致其资产价值核算需要面对非常复杂的情况，不是简单的当期发生数加减所能够概括的。

再看核算基础条件。前面一再强调，企业会计核算背后有一整套明细账做基础，可以进行资产实地盘点，这就保证了在运用永续盘存法时，“期初存量”是可得的，而且可以按时更新。但国民经济核算却没有这样的核算基础。以固定资产为例，一国范围内固定资产内容的构成大大超过了企业资产，包括：房屋（居住用和非居住用）和其他构筑物（道路、桥梁、机场、大坝等）；各种机器设备；培育性固定资产，包括动物性的（比如种畜、役畜）和植物性的（比如果园）；知识产权资产，包括计算机软件、艺术品原件，还包括用研究与试验发展所指代的知识；各种各样的自然资源。这些资产的权属也很复杂，只有一部分被企业持有，其余的则会掌握在政府下属各种行政和事业单位、千千万万住户手中，有的甚至没有明确的权属。与此对应的是，这些固定资产的基础核算并不完备，除了企业持有部分之外，相当大部分没有资产记录，更没有完备的价格及其变化信息，甚至无法进行真正意义上的资产清查。

这两方面合起来，结果就是：没有现成的“期初存量”可资利用。编制国民资产负债表，尤其是第一次编表，必须在没有期初存量前提下估算出基于当期价格的固定资产存量价值——这就是宏观核算中永续盘存法所要面对的任务。

没有期初存量价值，如何估算期末资产存量价值？其基本思路是利用各个时期的投资流量数据间接测算固定资产存量价值。试想，每项资产都有其寿命期限，如果核算加总的时期能够覆盖整个寿命期长度，期初资产存量的重要性就会大大衰减甚至可以忽略。也就是说，如果我们把从期初到期末这一段时间设定得足够长，期初所拥有资产会在后续时间里逐渐退出，期末资产价值将更多取决于这一段时期内的资产增减，只要给予适当的处理，前面给出来的永续盘存法公式就近似于：期间内增加 − 期间内减少 = 期末存量价值。针对中国而言，各种试图用此方法估算固定资产总价值的案例研究，都会将这个起始点回溯到 1952 年，基于 1952 年以来的固定资产投资数据估算当前某个年份的固定资产总价值，其中原因，一来是因为从这一年开始才能获取固定资产投资统计数据，二来是因为从 1952 到现在的时间已经足够长，在此之前的资产存量价值在很大程度上可以忽略不计。

如何实现价格所属时期的转换，将服从于各个时期价格水平的投资数据转换为体现核算期当期价格水平的资产价值数据？图 1 以及相关文字来自《国民经济核算原理与中国实践》（中国人民大学出版社，第四版，2018），大体包含以下步骤。第一步，将各年现价固定资本投资额通过资产价格指数转换为不变价固定资本投资额；第二步，对各年固定资本投资额做累加，同时考虑固定资产退役（使用寿命结束）价值的扣减，结果是不变价固定资本存量总额；第三步，依据不变价固定资本存量总额和设定的折旧函数计算不变价固定资本消耗价值，从不变价固定资本存量总额中扣减，得到不变价固定资本存量净额；第四步，再次利用资产价格指数，将不变价固定资本存量净额和总额转换为核算期当期现价固定资本存量净额和总额，把不变价固定资本消耗转换为现价固定资本消耗。

应该说，这是一个比较复杂的转换过程。一方面要通过投资额（这是期内增加项）累加、退役及折旧（这是期内减少项）扣减推算出两种口径的期末固定资产总价值，一个是资产存量总价值，一个是资产存量净价值；另一方面要完成两次价格转换，一次是

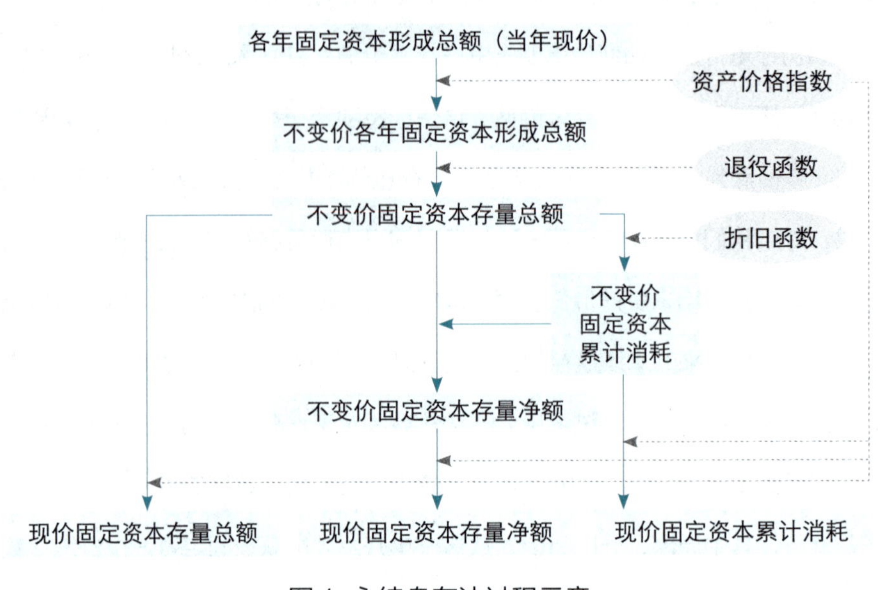

图 1　永续盘存法过程示意

将各年价格转换为统一的不变价格，另一次是从不变价格统一转换为核算期当期价格，最后提供两套固定资产存量价值数据，一套是现价数据，一套是不变价数据。

三、永续盘存法在国民资产负债表编制过程中的具体应用

以上是永续盘存法在国民资产负债核算中应用的基本思路和步骤。如何将这些步骤落到实处，还需要做各种具体考虑和选择。比如退役函数、折旧函数这些技术参数如何选择，其中既包括模式问题也包括水平问题，选择不当就会对估算结果产生影响。比如投资指标的选择，最合适的指标当然是固定资本形成总额，它直接对应着经济资产中有关固定资产的定义。过去受基础资料可得性影响，常有人采用固定资产投资额作为估算总额的基础指标，如果今天你还这样选择，那就会有问题。因为，固定资产投资额是基于固定资产投资项目管理的业务统计指标，它与严格定义的固定资产投资还是有差异的；核算固定资本形成总额确实要以固定资产投资额为主要资料来源，但其间所做调整的力

度还是蛮大的。

进一步看，国民资产负债表是一张内容丰富的表，即使仅就固定资产价值而言，核算结果也不是简单的一笔数，而是要给出结构性核算结果。以下结合国民资产负债表具体编制，就我能够想到的问题，对永续盘存法的具体应用，尤其是其中的投资指标选择问题做一些延伸讨论。——说实话，我没有实际编制过这张表，你就当我是纸上谈兵吧！

第一需要考虑固定资产的具体类别。前面我曾经列出不同类别的固定资产，理想状态下应该分类核算、分类提供数据。一方面，不同类别的固定资产各具不同性质，在国民经济过程中发挥不同功能，分类提供数据，才能显示一国所持有资产的结构性特征。另一方面，这些资产的形成过程各异，寿命周期长短不一，代表各期投资额的指标性质也有一定差别，从核算角度看也必须以分类为前提，区分不同类别选择各自最适当的方法和对应指标，分别实施永续盘存法估算资产存量总价值。比如房屋和构筑物，其投资过程常常要经历一个建设过程并跨越不同时期，其资本形成总额在很大程度上对应着建筑安装工程的实际完成量，基础数据主要来自前面提到的固定资产投资统计。知识产权资产则是另一种情况，尤其是其中的研究与试验发展，作为知识积累的资本形成总额，要经历从研发支出到研发产出、再到研发投资的一系列转换——这本身就是一个复杂的核算过程，然后才通过永续盘存法转换为知识产权资产。

第二需要考虑固定资产的权属部门。为了满足国民资产负债表按照机构部门分列资产负债项目的要求，需要分别非金融企业、金融机构、政府、住户等部门提供固定资产存量价值。当前核算的固定资本形成总额并不能提供机构部门分组数据，为此必须按照各个部门的特点分别搜集相关数据。以非金融企业部门为例，可以考虑利用企业财务统计数据，对期末与期初固定资产原值做轧差处理，所得差额大体就相当于（至少是接近于）企业当期发生的固定资产投资额。

2

政府统计－方法与实务

我为什么要写一部《政府统计导论》

此文成文于 2021 年，是为《政府统计导论》一书申请国家社科基金后期资助项目的申报书。此次结集略有补充修改。

一、背景和研究基础

我们处于一个信息爆炸的时代，日常学习、工作、生活被各种数字所包围。政府统计信息是其中最重要的一级。要想了解一国（地区）经济社会发展整体状况，离不开政府统计数据，因为只有政府统计才有能力、才有权力搜集针对国情国力和经济社会发展状况的全面数据。国家治理、商业运作、科学研究均对政府统计数据具有巨大需求，是各级政府宏观和专业决策的依据，是各种市场主体进行经营、投资决策的参考依据，同时也是各领域研究者进行社会科学研究的基本依据。

鉴于其数据应用的广泛性以及其专业性，特别需要通过各种形式对政府统计予以介绍，帮助各个层次的用户和相关者了解政府统计。对一般数据用户而言，其兴趣点可能是政府统计信息“有没有”“准不准”；一部分深度数据用户可能会进一步关注某个统计指标“是什么意思”（统计指标的内涵解释），以及某个统计数据“是怎么得到的”（具体的统计调查方法）；最后还有一些研究者，以及在政府统计系统内处于特定岗位的工作人员，会从管理视角出发，关心政府统计“是怎么运作的”，“与国家治理体系是什么关系”，以及“哪些方面制约了政府统计的效率”等问题。

面对上述不同层次的需求，是否有足够的文献出版物？查询相关文献可以发现，从国际层面而言，有关政府统计有很多国际规范，其中绝大部分是针对特定调查项目（比如人口普查、企业创新调查）、特定领域的综合统计（比如国民账户体系 SNA、货币金融统计）、特定技术和特定环节的管理（比如住户调查的抽样技术、数据质量管理）而提供的指导性文件，有关政府统计整体的规范则很少。比较符合这一目标的文献大体有两部，一是联合国统计委员会通过的《官方统计基本准则》，二是联合国发布的《统计组织手册》。前者涉及政府统计的功能定位、可以做什么、应该怎样做，但仅限于原则性规范，一共十条、数百个字；后者主要涉及政府统计工作的组织，虽然涉及管理过程的多种要素，但仍然不是一部全面论证政府统计的著作。

国内出版物也有不少涉及政府统计，尤其是中国政府统计，写作者主要是政府统计机构及其工作人员，也包括一些大学和研究机构的研究人员。但总体看，这些出版物要么属于政府统计的指标解释（比如《中国主要统计指标诠释》）和知识普及（比如《领导干部统计知识问答》），要么属于统计制度汇编（比如《国家统计调查制度》），要么属于特定主题下的国际经验考察（比如《中外政府统计体制比较》）或者特定统计技术和问题研究（比如《我国政府统计调查发展与改革》《中国政府统计数据质量管理问题研究》），却没有一部著作能够系统论述政府统计，尤其是尚没有以中国政府统计为核心做全面讨论的著作问世。也就是说，前面所说的三层需求，前两层次均有各类出版物与之对应，但针对第三层需求却仍然是一个空白点。我在本项目酝酿设计阶段曾经与时任国家统计局副局长鲜祖德、国家统计局设计管理司司长程子林做专门讨论，他们明确表示“确实需要有这样一本书，但一直没有这样一本书”。

我从上世纪八十年代至今一直从事政府统计的研究和教学工作。尤其是最近二十年，开课程、带学生、做研究、提供咨询，都是在政府统计圈子里打转。先后承担四十余项政府统计研究课题，涉及的政府部门以国家统计局为主，同时覆盖国家发改委、商务部、生态环境部、交通运输部等十余个中央政府部门，以及北京市统计局和相关委局，相关成果曾经出版多部专著和研究报告汇编，在国民经济核算、对外经济统计、资源环境生态经济核算、科技统计等领域有比较突出的贡献。曾经主持翻译《国民账户体系（2008）》《环境经济核算中心框架（2012）》等核心国际统计规范，曾编撰覆盖各大国际组织、容纳各种国际指导性文献 200 余部的《政府统计国际规范概览》，熟悉政府统计国际规范及其发展趋势。曾经在国家统计局国民经济核算司挂职副司长，熟悉政府统计的实务工作流程，当前被聘国家统计专家委员会成员，是中国国民经济核算研究会常务副理事长，多次参加和承担高层次政府统计发展战略和决策的咨询与研究。各方面工作交叉起来，在政府统计方面积累了大量实际经验，并基于这些经验不断进行思考，将这些思考提升起来，逐渐形成了对于政府统计的整体认识。基于上述，我打算填补空白，将政府统计作为管理对象，写一本系统讨论其理论、方法、机制和运行组织方式的书，最终确定的书名是《政府统计导论》。

二、内容框架形成过程

从 2010 年起我承担了应用统计专业硕士研究生课程“政府统计理论与方法”。据我了解，各大学这门课的常见方式，是邀请当地统计局等实务部门专家，按照不同专业领域，比如工业统计、投资统计、科技统计等，讲一些政府统计实操专题。我认为，这样的内容设计大体相当于主要统计指标诠释、相关统计调查方法介绍的升级版，对学生培养很有用，但没有达到以政府统计为完整对象讨论其理论、方法、组织机制的目标，无法让学生从管理视角对政府统计形成整体认知。

我自己经过几年摸索，形成了一套全新的课程内容大纲：从讲述什么是政府统计开始；进而介绍政府统计覆盖哪些内容，背后有怎样的组织机制保障；然后围绕政府统计工作过程，讲述如何通过分类识别整合各类统计对象，区别不同对象选择不同调查方法进行基础信息采集，按照不同方式进行综合统计信息加工，并通过不同渠道发布数据、提供咨询，实现政府统计的职能目标；最后综合起来讨论政府统计的能力建设。

经过数年积累，课程内容已经比较成熟。尤其是从2018年开始，我在学院组织了一个政府统计研究小组，拟出版系列著作，《政府统计导论》是第一部（接下来依次为《政府统计实务》《政府统计主要指标》《大数据与政府统计》）。为此我们认真讨论各部著作的提纲，同时专门与国家统计局专业官员（前面提到的鲜祖德副局长、程子林司长）讨论本书的内容大纲。2019年曾经在国家统计局党校培训班上讲述相关专题内容，2020年按照这个大纲在北京市统计局（面向局机关各处室以及下属各区县统计局）开设了系列讲座（共五讲，线上与线下结合），2022年在国家统计局启动的高层次人才培养计划第一期作为一门课程讲授（共20个学时），都取得了比较好的效果。这就是说，这样一本系统讲授政府统计理论方法、组织管理、能力建设的著作，不仅是统计学专业学生培养所需要的，在政府统计系统内对于人才培养、能力建设、提升工作质量同样具有重要意义。

三、总体目标和主要内容

《政府统计导论》的总体目标，是将政府统计作为一个信息系统，从管理视角出发，系统阐述其内容组成、组织机制、数据生产和服务的方法技术与流程控制，以及能力建设，帮助各类用户全面了解政府统计，同时为政府统计制度建设提供基础论证。具体内容大体概述如下。

首先是绪论。概述政府统计的性质与功能，政府统计与统计学、经济统计的关系，介绍中国政府统计的简要历史，揭示政府统计的演进过程。

第二章是政府统计的内容体系。从经济社会发展系统出发界定政府统计的内容框架，介绍政府统计的基本内容，包括经济统计、人口与社会统计、资源环境统计、科技创新统计；进而落实到中国，讨论中国政府统计的内容覆盖和组成状况。

第三章是政府统计的组织体系。依据独立性、统一性确立处理政府统计内外关系的原则，结合各国经验讨论政府统计的不同组织模式，比较其优劣；然后落实到中国政府统计组织体系，概述新中国政府统计组织的历史沿革，介绍中国政府统计体制的基本架构、职责划分以及国家统计局的内部组织状况。

第四章是政府统计的对象与分类体系。首先是各类统计对象的识别与定义，确立各类基本统计单位，然后通过统计分类实现对政府统计对象的分类观察；进而结合中国实际，从组织属性、经济活动性质、区域空间位置等维度解析当前应用的统计分类体系，以及通过单位名录库对统计单位进行管理的基本做法。

第五章是政府统计的基础信息及其数据来源。首先在供－求框架下总揽政府统计的基础信息，进而按照人口与住户、企业、行政事业单位，分别讨论所采集的基础信息以及对应的数据源。

第六章是政府统计调查体系。从统计调查方法论入手与政府统计对接，讨论其与政府统计的契合程度以及政府统计的选择；进而延伸到行政记录、大数据等其他数据源在政府统计中的应用；最后从管理视角讨论政府统计调查“体系”的形成要素，重点介绍中国当前政府统计调查体系的组成结构和建设程度。

第七章是政府统计的项目管理。将统计项目视为开展政府统计工作的抓手，介绍一个统计项目实际运作应遵循的业务流程；最后以中国当前开展的经济普查、住户抽样调查为例，展示一个大型统计调查项目的实际运作过程，同时也为读者了解这两项重要调查提供帮助。

第八章是政府统计的数据加工和传播服务。基础信息的分析整合是统计数据加工必不可少的前期工作；进而将政府统计数据生产视为一个价值链，结合国际应用和中国实际，具体介绍从调查指标到行业 / 专业统计指标、再到更具综合性的核算指标 / 统计指数的数据加工过程；最后讨论政府统计数据产品的不同传播应用渠道和方式。

第九章是政府统计数据产品概览。从统计指标和统计指标体系的讨论入手，落实到中国政府统计，分别不同层次介绍当前最具代表性、应用范围最广的数据产品，为读者理解这些产品的要点、正确使用这些产品提供助力。

第十章是政府统计的法制化、能力建设与质量评估。从政府统计宏观管理目标出发，结合国际规范和中国实际，介绍政府统计的法制化建设路径，进而讨论政府统计基础能力建设所涉及的不同维度，硬件、平台建设，人力资源培育，无形资产管理等，最后落实到对政府统计整体质量的评价方法。

四、学术创新和应用价值

政府统计是国家治理的基础设施；要建设好这个基础设施，必须对其内外机制、组成要素、运作过程进行深入研究。政府统计是一个庞大的数据信息系统，所提供的数据涉及国计民生、宏微观决策；要保证这个信息系统的有效运作，为各级政府和社会公众提供全面、准确、及时的数据信息，必须超越对单一指标、单一专业统计的关注，转而对整个数据生产过程及其保证、制约因素进行深入研究和顶层设计。本书拟在此方面率先做出尝试，填补空白，引导后续研究者持续跟进。

中国国家治理以党和政府的集中领导为核心，由此决定了中国政府统计的重要性。最近几年党中央、国务院连续出台文件，将统计监督提升到前所未有的地位，对中国政府统计建设提出了更高要求。为此，特别需要结合中国实际开展政府统计研究，为中国政府统计未来发展、并以中国做法丰富政府统计相关国际规范提供方向和建议。本书研究和写作将充分体现以上要求，为讲好中国政府统计这个“故事”，各章内容均遵循以下逻辑展开：第一，从国际规范引入到国际经验介绍，最后落脚于中国实践。第二，从中国历史经验总结到当前实际状况剖析，最后尝试性给出未来建设方向。

本书的应用价值大体可以体现在以下三个方面。一是服务于政府统计管理研究，以提升政府统计效率、充分发挥统计在国家治理中的作用，并为将中国经验纳入国际规范提供支持。二是服务于统计学高级人才培养，为研究生培养、统计系统在职人员高层次业务培训提供参考材料。三是服务于各类数据用户，帮助他们全面了解政府统计，正确看待和使用政府统计数据。

本人在政府统计领域耕耘凡 40 年，在各专业统计领域积累了深厚经验。此部著作既是此前经验的凝结，同时又超越了各种具体经验实现了提升，可以说集中代表了我的学术成果，将为我的职业生涯画上圆满句号。

政府统计国际规范与《政府统计国际规范概览》

本文是《政府统计国际规范概览》一书的序言，曾刊发于《中国统计》2017年第8期。

一、从政府统计说起

什么是政府统计？

在国际文献中，政府统计作为专有名词有多种大体类似的表述，对应的英语表述分别有：government statistics、official statistics，以及 national statistics、public statistics 等。从这几个可以混用的英文词语的前置词中，我们大体可以有一些感觉：政府统计是官方的，是在政府主导下完成的，是关于整个国家的，是具有公共性质的。

联合国统计委员会通过的《官方统计的基本原则》开宗明义第一条说：“官方统计是一个民主社会的信息系统中不可或缺的组成部分，它为政府、经济体和公众服务，提供有关经济、人口、社会和环境情况的数据。为此，官方统计机构应公正地编集和提供证实具有实际用途的官方统计，让公民行使其获得公共信息的权利。”从这段话中，我们可以提取出有关政府统计的基本要点。

◎是一个国家和社会的信息系统的组成部分；

◎由官方统计机构编纂并提供统计数据；

◎数据内容丰富，覆盖经济、人口、社会和环境各方面状况；

◎所提供数据属于公共信息，公民有权获得；

◎用户广泛，覆盖政府、各类经济体以及社会公众。

借助于《中华人民共和国统计法》（**第一条和第二条**），政府统计就是“各级政府统计机构和有关部门”运用各种统计方法和手段“对国民经济和社会发展情况进行统计调查、分析，提供统计资料和咨询意见，实行统计监督”的各种活动，其中包含两个带有中国特色的要点：

◎应依法统计；

◎其职能可以从提供统计数据延伸到统计分析、统计咨询以及统计监督。

综合以上要点，转化为以下几个问题。

第一，政府统计是干什么的？政府统计以提供有关国家基本国情国力的统计数据为基本职能。首先要通过调查或者其他方式搜集基础数据，然后进行加工，形成具有综合特征的统计数据，最终发布数据。在特定情形下，政府统计的职能还可能延伸到对数据的分析解读，甚至涉及对当前状况的判断。

第二，政府统计应该提供哪些方面的数据？在不同国家，政府统计覆盖的内容范围和详细程度会有很大差别。但可以明确的是，政府统计所涉内容都与国家的基本国情国力和基本发展状况有关，包括人口、经济、社会、环境等方面。以中国为例，我们可以通过每年年初国家统计局发布的《国民经济和社会发展统计公报》对政府统计内容范围有一个大概印象，其中涉及的专题包括：综合（含人口、经济增长、就业、物价、财政、外汇储备），农业，工业和建筑业，固定资产投资，国内贸易，对外经济，交通、邮电和旅游，金融，人民生活和社会保障，教育、科技和文化体育，卫生和社会服务，资源环境与安全生产，可谓覆盖了经济社会生活的方方面面。

第三，为什么要由政府统计提供这些数据？这与此类数据本身的公共产品属性有关。首先是此类数据生产的难度：内容覆盖面非常宽，统计范围覆盖面非常大，相当大一部分数据要求定期、连续发布。其次是此类数据的需求特性：是普遍性的、标准化的、非排他的，其生产和提供难以借助于市场来运作。可以说，只有政府才具有能力调动各种资源进行数据生产，全方位地提供这些数据，不仅是对应的人力财力资源，还包括以立法形式强制要求所有被调查者提供数据的公权力；也只有政府才能超越数据局部需求的利益诉求，具有发布这些数据的公信力。

第四，政府统计是如何组织实施的？政府统计是由政府机构主导下完成的。但不能简单地说所有政府统计数据都是由国家统计局系统生产的。事实上，政府统计的组织架构有不同模式，若非高度集中模式，政府统计有可能存在于几乎所有的政府职能部门之中。在中国，国家统计局是政府统计的综合管理部门，但大量具体统计工作会存在于诸如工信部、商务部、教育部、生态环境部、交通运输部等职能部委部门之中，可能由专门的统计机构负责，也可能只是作为一项职责存在于各种业务机构之中。

第五，政府部门如何做统计？一般而言，从一个政府统计项目出发，其工作过程大体包含以下环节：统计设计、统计调查、统计数据审核加工、统计数据发布，以及贯穿整个过程的统计数据质量评估。当然，面对不同统计内容和不同数据资源，上述各环节可能有不同的侧重点。从数据源考虑，一种情况是利用政府部门在管理过程中形成的行政记录，生成统计数据，另一种情况则是要面向社会开展大范围的实际调查，然后将调查资料处理加工成具有综合性质的统计数据。

第六，统计部门如何为数据用户提供服务？作为公共产品，政府统计数据使用者分布广泛，按照属性划分，大体区分为：政府，为公共管理而使用统计数据；企业，为经营决策过程中了解宏观背景而使用统计数据；公众，出于对国家公共事务的关注和了解而使用统计数据；研究者，为进行科学研究而使用统计数据。统计部门应该保证政府统计数据最大限度地公开化，应力求统计数据公共查询渠道多元化并保持畅通，在提供统计数据的同时应该公布有助于了解数据产生背景的辅助信息，大多数统计数据应免费提供。

可以看到，政府统计是一个很复杂的系统：覆盖全面，内容复杂，专业性强，用户需求多元化。要实现其职能，政府统计必须要有一系列指导性文件，对相关概念、规则、技术方法、组织操作流程做出规范，一方面是为统计实施提供技术保障，另一方面则可以为数据用户更好地了解和应用统计数据提供便利。这些指导性文件可以统称为“政府统计规范”。

二、政府统计需要国际规范

政府总是建立在国家基础上的，所以，政府统计肯定要立足一国而构建，各国政府统计都会有自己的“规范”。无论哪一个国家，其政府统计只能发布本国的人口数、国内生产总值、平均预期寿命、石油天然气储量。如果涉及其他国家的官方数据，那就是“引用”。几个国家可能会因为某种缘故产生更密切的联系，由此联合编辑政府统计数据（**比如金砖五国自2010年起开始编辑《金砖国家统计年鉴》**），但也就是由各国提供自己的官方数据然后并列编辑起来。如果对某国家发布的官方数据有疑问，尤其是针对双边关系下各种活动的数据（**比如A国对B国出口商品，A国记录的出口数据可能与B国记录的进口数据不一致**），那也只能通过官方机构予以协商，不能擅自更改对方的数据。

但是，这并不意味着一个国家的政府统计可以随心所欲，关起门来自搞一套。事实上，政府统计具有很强的国际性，而且这一趋势在逐步加强。因为，在全球化背景下，各国经济社会发展之间存在着密切的联系，一国政府统计数据的用户不限于本国而是会延伸到国外，一国统计数据也不仅限于反映本国经济社会发展状况，还要与其他国家的同类数据做比较，甚至还会加总在一起。为此要求国家之间的统计数据应具备可比性，有些指标还要具备可加性。比如国内生产总值（GDP）、就业人数、进出口总额等总量指标，各国必须按照统一的定义提供数据，这样才能加起来反映全球各国一共达到多大规模，并在此基础上计算不同国家各自占有多大份额。又如价格指数（包括CPI和PPI等，反映价格变化幅度）、生产率（产出与投入之比，可以是劳动生产率，也可以是资本收益率）、资源存储比（即资源储量与年度开采量之比，说明当前拥有的资源储量可以开采多少年）等指标，虽然不以全球范围内相加为前提，但仍然要求在内涵、口径以及统计范围等方面具备可比性，这样才能便于用户了解各国在此方面各自处在什么水平上，有多大差异，相互之间是否存在连带效应。

要实现各国之间政府数据的可比以及可加，就需要在各国政府统计之间做协调，制定政府统计的国际规范。谁充当这个国际协调人？国际组织当仁不让。会涉及哪些方面？既包含对政府统计基本原则、基本组织方式做出相应规定，也会对一些被广泛应用的内容制定通用标准，还会针对特定领域给出更详细的方法应用指南。

如何编制国际规范？一般而言，国际规范的基础是各国已有统计实践经验，尤其是发达国家的统计实践经验，然后在国际机构协调之下经过进一步研制而成。因此，以这些规范为指导，不仅对于提高各国政府统计数据的可比性大有裨益，还有助于发展中国家的统计建设，相当于是将发达国家摸索出来的经验，通过国际化传输给欠发达国家。反过来看发展中国家政府统计建设，一方面应通过国际规范借鉴发达国家的经验，另一方面要面对本国现实提出具有本土化特征的设计实施方案，服务于本国管理和社会公众需要，并通过自身建设进一步扩大在国际规范制定过程中的发言权。

这一切，都要从了解、学习、解析当前已有的政府统计国际规范开始。

三、倾力编辑了一部《政府统计国际规范概览》

我本人多年来一直以政府统计为研究方向，各种事情连续做下来，感觉国际规范非常有用，但同时发现很多时候相关领域的人对这些国际规范并不知情，或者并不能全面了解——或许知道自己领域里的事情，但不知道还有一些不属于本领域但却与本领域应用有很大关联的事情。为此萌生出一个想法：编一部书，尽可能全面覆盖已有政府统计国际规范，为不同领域里的政府统计建设和数据用户提供便利。

真正落实这个想法的行动起自 2011 年。先是以“政府统计国际规范与中国应用”为题在国家统计局统计科研所立项，对政府统计国际规范做了一些摸底；随后获得中国人民大学科学研究基金重大基础研究项目“政府统计国际规范及中国适用性研究”长达 6 年的资助，由此得以将政府统计国际规范作为一个研究对象，对这样的“基础”性问题做系统研究。在此过程中，我一方面总结自己以往积累的经验和内容，同时借助于以下两个平台扩展对政府统计国际规范的关注领域：第一是在人民大学统计学院针对统计学应用专业硕士开设“政府统计理论与方法”课程，引导学生关注这些国际规范。第二是在《中国统计》开设专栏，专门译介各种国际规范文本。几年下来，我们找到大量涉及各个领域政府统计的国际规范文本，公开发表译介文章 50 余篇，为我们正式编辑一部《政府统计国际规范概览》奠定了基础。

为了最终编辑出一部覆盖比较全面的《概览》，我们对各类国际组织的网站做了一次拉网式排查，然后加以筛选，最终形成了一个包含 206 部国际规范文献的目录。然后我们以三种方式“概览”这些规范文献。一种是“长文介绍 + 目录”，第二种是“短文介绍 + 目录”，第三种是仅限于“目录”。同时在前面提供基本信息，包括“标题 + 牵头机构和维护机构 + 英文版本信息及网址链接 + 中文版本信息及网站链接”。就是说，目录中的所有文献，书中都可以给出基本信息，通过文件目录可大体了解其所包含的内容；对那些比较重要的文献，我们还给出详略不一的文字介绍，希望帮助读者对其内容有进一步的了解。

最后形成了这部超过 70 万字的《政府统计国际规范概览》（经济科学出版社 2017 年版）。着眼未来，国际组织还会不断有新的规范发布，已有规范也可能会有更新版本。我们将持续关注这个领域，争取以第二版、第三版以及系列版本及时回馈读者。

统计指标：一个历久弥新的话题

本文刊发于《中国统计》2022 年第 2 期。

一、引出这个话题

统计指标是一个很“经典”的统计词汇。我这里说的“经典”，你甚至可以直接理解为普通甚至过时的委婉用语。比如，在统计学、计量经济学相关书刊中，“变量”处处可见，“指标”却难觅踪影。再加上大数据时代带来的冲击，人们言必称“数据”，你如果说“指标”是不是就会显得很 low？但是，如果仔细琢磨，“指标”可能真不能简单地等同于变量，“数据”一词的应用场景也可能有别于“指标”。尤其在政府统计领域，所发布信息的主要载体、用来监测经济社会发展动态的主要工具仍然是指标。

接下来的问题是：你真的了解统计指标吗？真的能够用好统计指标吗？这学期我在研究生培养阶段开设“经济统计研究”课程，为了提升学生对统计指标的理解程度，以及对指标数值、不同场景下如何应用的敏感性，我专门准备了一讲“关于统计指标”。到结课做总结时，学生几乎都提到这一讲“统计指标”带给他们的收获。很凑巧的是，也是在这个学期，在某保险公司总部工作的校友邀请我做一个讲座，出的题目就是“统计指标的应用”，因为他们在管理中特别苦恼于如何围绕管理指标将数据分析做到位这样的实际问题。保险业我不是内行，但我基于政府统计的经验做适度延伸，讲统计指标的基本原理以及如何结合实际应用，事后反馈也达成了较好的效果。由此给我一点启发：或许将统计指标作为一个话题做点讨论，还不算多余。

最近看到一些来自不同方面的文献和信息，从不同侧面证实了“指标”存在的重要性以及对这个话题做讨论的必要性。一些大数据公众号上会发布有关数据处理的各种信息，关注之下发现，其中所涉及的一些方法和分析思维方式，可以说就是统计指标及其应用的翻版，甚至还直接给出来一个“数据指标”概念，以此作为数据产品的核心（“终于有人把数据指标讲明白了”，见公众号“数仓宝贝库”）。另一份文献来自国际官方统计协会（IAOS）的统计杂志，题名 *Guidelines on indicator methodology: A mission impossible?* 文中对统计指标的前世今生有一个全面（甚至有些啰嗦）的讨论，其中涉及统计指标定义、与国家治理的结合、不同指标的生成方法，以及统计指标在不同场景下应用的经验和教训。由此文我们可以得到一个印象：即使在政府统计领域，统计指标在方法论上也不是一个已经得到彻底解决的问题，仍然需要不断探索。

上述种种支持我最后下定决心：基于我在政府统计领域多年学习、应用、讲课所积累的经验，谈谈统计指标。

二、从指标到统计指标

有文献称，英语“indicator”来自晚期拉丁语，意思是“谁或表示什么”。查有道词典："indicator"有指示器、迹象、标识、压力表等义项。查百度百科：指标是指"衡量目标的参数，预期达到的指数、规格、标准"。除了 indicator 之外英语还有 index，也可以对译为指标、量度，但同时还有指数、索引等更复杂的义项。我觉得，中文"指标"与英语的含义是基本一致的，直观理解，就是指向目标。

现代管理是数字管理，指标在各个领域各个层次都有广泛的应用。企业经营有各种财务和业务指标，行业管理有各种业务和技术指标。国家管理的方方面面都离不开指标，每年人大开会的政府工作报告，一方面以指标总结上一年工作，另一方面以指标提出下一年的工作目标。就连国际事务管理也是如此，以联合国为例，先有"千年发展目标"下的指标管理，现在正在部署的《2030 年可持续发展议程》，所提出的一套目标体系最终全部具体化为各种可量化的指标。无论对管理者还是被管理者，指标都很重要，既关系到整体的发展，又涉及到每一个参与者的切身利益。所以，设定正确的指标，对指标给予正确的解读，可以带来正确指向，产生良好效果；反之则会因为错误的指向而无法达成预定的管理目标。

以上笼统讲指标，而不仅限于统计指标。宏观管理场景下，指标可以具体化为规划（计划）指标和统计指标。规划指标用于中长期，年度一般称为计划指标，它们都属于目标指标，是未来预期达到的目标；统计指标属于监测指标，显示在特定时空下达到的实际水平。二者之间常常相互对应：统计指标用以监测规划（计划）指标的完成状况。相比较而言，规划指标一般是概略性的，仅限于一些主要指标；统计指标则是具体详细的，会提供更加详细的信息，显示研究对象各方面的特征。

以"十四五"规划为例。"五年计划"代表中央政府对中国未来发展的中期规划，在宏观管理中具有重要作用。第十四个"五年规划"覆盖 2021—2025 年，在"高质量发展"的总体要求之下，通过区分不同维度、设定不同指标，为这一段时期发展提出了具体目标（见表 1）。其中，围绕第 2 栏"指标"，第 3 栏是 2020 年达到的实际水平，第 4、5 栏则是未来五年的目标值及其描述。这些指标都属于规划指标，统计部门要依据这些规划指标在各年的实际完成情况提供监测数据，同时还会提供更加详细的统计数据作为分析依据。以国内生产总值增长率指标为例，统计部门不仅要提供各年 GDP 及其增长率数据，监测规划指标的完成进度，还要分别提供第一、二、

表 1 "十四五"时期经济社会发展主要指标

类别	指标	2020 年	2025 年	年均 / 累计	属性
经济发展	1. 国内生产总值（GDP）增长（%）	2.3	-	保持在合理区间、各年度视情提出	预期性
	2. 全员劳动生产率增长（%）	2.5	-	高于 GDP 增长	预期性
	3. 常住人口城镇化率（%）	60.6*	65	-	预期性
创新驱动	4. 全社会研发经费投入增长（%）	-	-	> 7%、力争投入强度高于"十三五"时期水平	预期性
	5. 每万人口高价值发明专利拥有量（件）	6.3	12	-	预期性
	6. 数字经济核心产业增加值占 GDP 比重（%）	7.8	10	-	预期性
民生福祉	7. 居民人均可支配收入增长（%）	2.1	-	与 GDP 增长基本同步	预期性
	8. 城镇调查失业率（%）	5.2	-	< 5.5	预期性
	9. 劳动年龄人口平均受教育年限（年）	10.8	11.3	-	约束性
	10. 每千人口拥有执业（助理）医师数（人）	2.9	3.2	-	预期性
	11. 基本养老保险参保率（%）	91	95	-	预期性
	12. 每千人口拥有 3 岁以下婴幼儿托位数（个）	1.8	4.5	-	预期性
	13. 人均预期寿命（岁）	77.3*	-	〔1〕	预期性
绿色生态	14. 单位 GDP 能源消耗降低（%）	-	-	〔13.5〕	约束性
	15. 单位 GDP 二氧化碳排放降低（%）	-	-	〔18〕	约束性
	16. 地级及以上城市空气质量优良天数比率（%）	87	87.5	-	约束性
	17. 地表水达到或好于 III 类水体比例（%）	83.4	85	-	约束性
	18. 森林覆盖率（%）	23.2*	24.1	-	约束性
安全保障	19. 粮食综合生产能力（亿吨）	-	> 6.5	-	约束性
	20. 能源综合生产能力（亿吨标准煤）	-	> 46	-	约束性

注：①〔〕内为 5 年累计数。②带 * 的为 2019 年数据。③能源综合生产能力指煤炭、石油、天然气、非化石能源生产能力之和。④ 2020 年地级及以上城市空气质量优良天数比率和地表水达到或好于III类水体比例指标值受新冠肺炎疫情等因素影响，明显高于正常年份。⑤ 2020 年全员劳动生产率增长 2.5% 为预计数。
资料来源：《中华人民共和国国民经济和社会发展第十四个五年规划和 2035 年远景目标纲要》。

三产业以及主要行业的增加值及其增长率数据，以此为依据分析当年 GDP 增长率的完成程度。

三、统计指标的组成要件和基本性质

统计指标包含概念名称和数值两个部分，前者通过定义来表述所要显示的特定总体某方面的特征，后者用以具体表述该特征在特定时间、空间上的实际数值。以“中国 2020 年国内生产总值为 101.6 万亿元”为例，作为概念，国内生产总值是衡量一国经济活动产出成果的指标，其具体定义是事先设计出来的；具体到数值，则要落实到中国、2020 年这样的空间和时间尺度，是统计调查、数据加工核算的结果。

统计指标的基本性质可以概括为以下两个方面：第一，统计指标是针对总体的，用以描述总体的特征，以此即可与统计调查或其他数据源收集的基础信息区别开来，是对各种基础信息进行加工之后形成的。第二，统计指标一般都是用数值表述的，显示总体的各种定量特征。其中最常见的是刻画总体“有多少、多大规模”的总量指标（比如人口总数），进而是显示其分布状况的结构指标（比如人口在地域、年龄、性别上的分布）、显示其一般水平的平均指标（比如户均人口数、人口平均年龄）、显示其变化的动态指标（比如人口出生率、死亡率），还有各种显示总体内部差异状况的指标（比如男女预期寿命的差异），以及将各种指标联系起来进行对比形成的强度指标（比如人均 GDP）。

统计指标是政府统计的主要“语言”，是组成其数据产品的基本要素。政府统计覆盖一国经济社会发展和国情国力各个方面，需要面对大大小小各种总体，故而有林林总总很多统计指标。按照政府统计内容类别，可以区分经济指标、人口指标、社会指标、资源环境指标、科技创新指标。在此之下可以进一步细分，比如经济指标区分为针对行业的统计指标、金融领域的统计指标等。按照政府统计的空间覆盖范围，可以在全国性统计指标之下，进一步针对区域层面提供统计数据，比如除了全国国内生产总值之外，还有区域层面的地区生产总值。所以，政府统计就是一个规模巨大、内部结构复杂的统计指标数据库。

任何一个指标都有其特定的内涵和作用条件。不存在万能的指标，超出设定范围使用，指标就会显现出不适应，并带来负面影响。用户对统计指标的指责、抱怨很多时候都是因为没有正确使用统计指标，正因如此，“纠正对数据的误用”才被写入联合国针对政府统计的“十项基本原则”，成为政府统计的主要职责。伴随外部环境变化，统计指标可能会“过时”，或者其指标内涵会“过时”，为此需要对其内涵加以修订，或者开发新的指标予以替代。最典型的例子就是改革开放之后，中国逐步以国内生产总值（GDP）替代了计划经济年代一直沿用的工农业总产值，作为衡量经济规模和经济增长的核心指标。《我国 20 个统计指标的历史变迁》中提供了多个有关统计指标修订和替代的案例，有兴趣者可以看看。

数据生产价值链上的统计指标

本文刊发于《中国统计》2022 年第 4 期。

翻开《中国统计年鉴》，各种统计指标林林总总，不免让人眼花缭乱。用户首先提出的一个问题可能是：这些统计指标都是如何得到的。回答这个问题不容易，因为，各类统计指标可能是在不同场景下、依据不同基础、按照不同要求生产加工的结果，其间包含一套复杂的政府统计生产过程。以下我凭借此前积累的经验和认识，从统计指标的“生产”过程出发，尝试回答这个问题。

一、基于统计指标的数据生产价值链

政府统计工作实际上就是围绕统计指标的数据生产过程。源头是以各种方式采集的基础信息，代表整个数据生产过程的“投入”，就像工业产品生产线上的各种原材料；通过加工形成的统计指标是其“产出”，表现为一个个在既定统计指标内涵之下、带有特定时间和空间属性的统计数据。比如，第七次全国人口普查要求每个人登记自己的信息，然后由统计部门汇总得到全国人口统计指标，其中最典型的就是全国人口数指标：2020 年 11 月 1 日零时（时间属性）中国大陆 31 个省市区（空间属性）普查登记的人口（指标内涵）共 1411778724 人（数据）。

这些统计指标的数据是如何生产出来的？围绕政府统计指标的数据生产过程呈现一种什么样的形态？

与分工前提下经济产品生产表现为一连串的加工过程类似，从基础信息到统计数据产品，政府统计数据生产过程也是一个包含多阶段、不断开发的过程。最初是初级加工，形成的统计数据更贴近具体业务，属于不同专业领域内的业务统计指标；后续经过进一步加工，得到特定主题下含义更丰富、算法更复杂的统计核算指标。比如 2021 年年底的全国人口总数和 2021 年全年国内生产总值，尽管都是反映 2021 年国家基本状况的统计指标，但从数据加工深度而言，后者在综合性和复杂性方面要远远高于前者。

加工开发不仅表现在以上所述前后顺序上，还会发生在横向的扩展上。无论专业统计还是综合核算，各阶段上都会有不同类别指标的开发。一开始主要限于总量指标（比如上面所举总人口、GDP），然后会进一步过渡到结构指标、平均指标、动态指标、强度指标等；这些指标在更高管理层面会按照不同主题聚合起来，形成更加复杂的统计指数，这是另一个方向上的深度开发。

我在这里追个时髦，将上述数据加工过程简称为“数据生产价值链”，以图 1 粗略展示其模样。以下分小标题简述各类指标的生产特点。

二、从基础信息到专业统计指标

通过简单加工，即可直接从基础信息生成一些统计指标，此类加工的方式首推计数

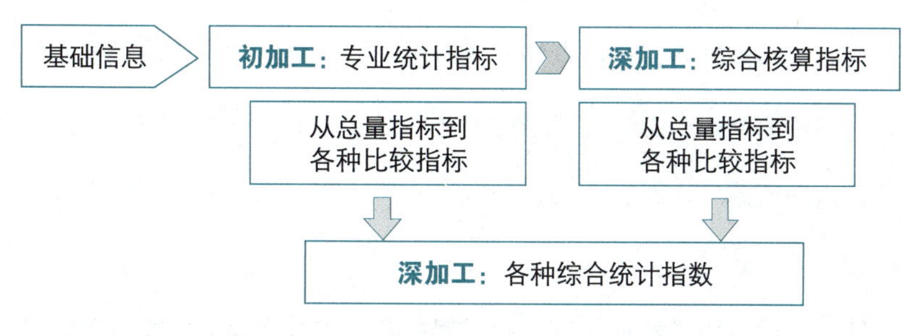

图 1 数据生产价值链

和汇总。

所谓计数，是指针对调查总体计算所包含的单位数是多少，通俗地说就是“数人头”。通过人口普查获取全国人口数，就是典型的计数结果。此外，行业调查中的企业单位数、交通运输统计中各类交通工具的保有量、教育统计中各类各级学校数也都属于此类计数指标。

所谓汇总，是指对那些具备可加性的特征变量信息，在特定统计范围内进行加总，从而获取的统计指标。面向全数调查，常常通过汇总方法获取对应的统计指标。比如，规模以上工业企业当期营业收入、资产总额、从业人员数等统计数据，就是通过汇总所有规模以上工业企业各自的营业收入、资产总额、从业人员数而得到的；全国各级各类学校的招生人数、在校生人数、毕业生人数，也都是相应各类学校所提供基础数据汇总的结果。

通过计数和汇总生成统计指标的前提条件，是能够全面掌握所有统计对象的基础信息，也就是说，主要适用于全面调查或者全面登记的情况。面对抽样调查，基于样本信息生成统计指标的方法是统计推断，即根据抽样设计，在一定概率保证前提下由样本指标推算总体指标的估计值，这个总体估计值就是政府统计预期的统计指标。

这样生成的统计数据大体包括两类，一类是以样本均值推断总体均值指标，另一类则要在均值指标基础上再做放大，推算出总体层面的总量指标。以农产量抽样调查为例，通过前期抽样获取样本地块并进行专门管理，获取样本地块的单位面积产量。在此基础上，可在一定概率保证之下，通过点估计或者区间估计推断对应总体范围（特定区域、特定农作物）的单位面积产量，这就是均值估计。最后依据该单产估计值，结合播种面积等指标，放大形成该总体的农作物总产量，比如全国（或某省份）小麦总产量，这就是对应估计的总量指标了。

政府统计中广泛应用了抽样调查，所以很多统计数据都是通过样本数据进行估计的结果。除了农产量调查之外，还有住户调查，可用以推断估计人均可支配收入、人均消费支出等各类与住户经济活动及其状况有关的指标数据；所谓“四下”企业（即规模以下工业企业、限额以下批零贸易和住宿餐饮企业、未获资质的小微建筑业企业、规模以下服务业企业）的相关指标数据也都是按照样本推算估计得到的。

基于这些指标继续加工，可以形成各种派生指标。常见方式之一是结合调查所提取的属性信息，对所获数据进行分组，进而计算结构指标，观察总体分布状况；或者将两个（及以上）指标关联起来，进行比较显示其关联强度；还有一种方式是将这些指标按照时间加以排列，基于两个时期的指标数据计算增长率，利用更长的时间序列计算年均增长率等，以此显示其动态变化特征。

以上都属于专业统计数据生产，所得到的统计指标及其数据是后续进行深加工形成各种综合统计指标的基础。

三、从专业统计指标到综合核算指标

专业统计提供的数据，可以为各个领域的管理、决策提供依据，进行统计分析。但是，这些专业统计仍然是各自独立的，提供的信息仍然是分散的。从宏观视角看，管理对政府统计有进一步的数据需求，即如何针对经济社会发展状况进行全面监测和评价。为此必须将各种分散的专业统计指标按照一定逻辑进一步整合，形成更具宏观、综合意义的统计指标，最典型的就是国民经济核算指标。

经济核算泛指通过簿记和算账对特定主体之经济活动过程予以记录、计算和分析研究的一类方法。企业（以及其他法人单位）核算主要是指会计核算，对政府统计而言，主要落实到国家层面进行核算，即国民经济核算。这里不重复国民经济核算的内容，仅从数据加工方法角度做简要归纳，说明如何通过核算实现综合指标开发。

第一，以货币作为统一的计量单位，通过核算，将各种不同量纲的专业统计指标整合为用货币价值量表现的综合指标。实现整合的关键，一是要具备尽可能完备的专业统计数据，这是整合的对象。二是估价技术，要以价格作为衡量各种实物量指标的权重，并将其作为实现加总归一的基本手段。比如，不同行业生产千千万万种产品，特定时期可以分别统计其产品产量，形成专业统计数据，进而需要将所有各种产品的产量整合起来，显示一个宏观经济体的综合产出指标。在此过程中，显然不能将电视机产量、小麦产量、教育服务量直接加总，而必须抽象不同产品的不同用途，先将其转化为统一的效用，再进行加总。在市场经济场景下，效用在很大程度上表现为市场交换价值即价格，故而可以以市场价格作为权重和标准化的手段，使各种产品产量转化为产值，通过产值加总，即可获得宏观经济层面的产出指标。类似地还有各种产品消费、积累以及资产核算指标，都是基于上述思路实现的。

第二，基于宏观经济学所描述的国民经济循环理论，定义所要核算的各项综合指标，并在各项综合指标之间建立关联，使其成为一套体现宏观经济核算的综合指标体系。比如国内生产总值（GDP），并非是上面举例的各种产品产量经过价格转换以后的简单加总，而是要立足分工前提下各种产品在生产过程中建立起来的相互联系，按照每种产品生产过程中新创造的价值来定义，由此决定了其核算要采取从产出价值中扣除中间投入价值以获得增加值的方式。进一步地，还要按照国民经济循环过程，基于 GDP 定义后续一系列综合指标，包括国民收入、国民可支配收入、最终消费支出和资本形成总额，以及与国民资产负债有关的综合指标，进行综合核算。通过核算，不仅获取每一个综合指标的数据，还要从数据结果上明确显示一系列综合指标之间的关系，使之构成一个严格的数据体系，并通过相应的核算表予以系统展示。

四、关于统计指数以及大数据引发的变革

国民经济核算主要用于经济领域的综合指标开发。延伸开来，在更宽泛的领域内如何进行综合指标的开发？是否可以延续这种“价格 — 经济核算”的方法？现实中已经多有探索，在经济之外的其他领域开发了很多借助于价格进行货币价值化处理的综合指标，比如各种福利指标，考虑资源消耗、环境保护、生态建设的各种“绿色”指标。但是，总体看，核算所依赖的价格主要是在一套市场经济机制中形成的，如果超出了这一场景，仅以基于各种假定构造的虚拟价格来整合专业指标，得到的核算结果具有很大假定性，故而这样形成的综合指标常常无法得到广泛认可。

进一步看，统计核算所实现的综合，本质上只是各种总量指标的加总，其应用范围存在一定局限，无法针对更多元化的指标实施整合，比如无法将结构比例指标、平均水平指标、联系强度指标、动态变化指标等纳入其中。解决上述问题的更宽泛的整合方法，是编制综合统计指数。鉴于统计指数编制是一个容量较大的话题，受篇幅所限，恕我在此先埋下伏笔，留待后期专门讨论。

以上是按照传统政府统计讨论统计指标的生产流程。随着信息技术的广泛应用和大数据的出现，政府统计数据生产价值链的基本图形可能没有根本性变化，但其前端的“基础信息”已经超出一般统计调查所获信息。与此相对应，从基础信息到综合统计指标的数据加工方式会随之发生变化，在某种程度上会颠覆前面介绍的专业指标数据生产流程。比如，可能需要先从数据清洗开始，加工形成的指标以及颗粒度可能会显著有异于既往传统——这些已经超出我的知识范围，实在不敢置喙，只能期待后续由专业人士做专门介绍。

统计指数有很长的应用链条

本文刊发于《中国统计》2022 年第 6 期。

统计指数的编制和应用有很长的历史，并在当代被“发扬光大”，人人拓宽了应用场景。在“数据生产价值链上的统计指标”（见《中国统计》2022 年第 4 期）的结尾处，我曾经将统计指数作为一个伏笔，说因为其容量较大要另设专文讨论。今天我要兑现“诺言”，专门就统计指数及其应用方式做一些简要归纳。

一、以调查为基础的统计指数

统计指数的经典应用是价格指数，用以反映一组乃至多组商品平均价格变化幅度。比如消费价格指数（CPI），是一个按照层级分类、逐级加权计算出来的综合价格指数，可以分类提供数据信息，适时监控消费价格变化动态。随后统计指数被延伸应用到物量指数，针对一个构成复杂的产品（或商品）组合，就各自的产量（或销售量）变化进行加权计算，所得数据可以综合反映经济生产（或市场）的变化动态。

显然，经典统计指数是一类反映动态变化的综合指标。如果一时期统计局披露的CPI是105%，意味着该时期和基础时期相比，价格平均上涨了5%。之所以称其为综合指标，是因为统计指数的对象是一类复杂现象，所提供的动态变化率是一个综括了总体内各成员变化状况的平均值。CPI取值5%背后，是万千种不同种类消费品和服务价格的不同变动情况，上涨或下降以及不同的涨跌幅。在具体应用过程中，可能会选择不同的对比基期，于是有以下不同性质的指数：定基指数，各时间点上的指数都选用某个固定时期作为基期；环比指数，各时间点上的指数都选择上一时期作为基期；同比指数，年内各期指数都以上年同期作为对比基期。

从方法上看，面对一个复杂统计对象的动态变化进行数据整合，统计指数有以下两个特点。

第一，先分类进而选样，基于样本采集基础信息，以此简化统计对象的复杂程度，降低数据搜集、处理的难度和工作量，进行指数编制。比如CPI的编制，首先采用划类选典方法确定商品调查目录，据此采集价格信息，即：按照所覆盖的商品进行层层分类，在最后一级结合实际情况选择一部分商品和服务项目作为代表品，在不同市场上定时采集价格信息。随后的操作是一个反过来的过程：先针对代表品计算其均价以及价格变动率，进而加权计算各层级的平均价格变动率作为分类指数，直至最后用以监测整个对象总体价格变动的总价格指数。

第二，数据整合的基本手段是加权。将权重引入其中，实现原始指标的标准化，进而计算其平均值。仍然以CPI为例，在对商品和服务进行分层、分类的同时，就分别确定了各层级各类商品和服务项目的权重；然后通过加权平均方法，将各个个体价格指数按照对应权重加总起来进行平均，实现各层级消费价格指数的编制。权重在此代表对应观测指标的重要性，通常会选择与观测指标有密切联系的指标作为确定权重的依据。比如CPI编制中以居民消费支出作为权重指标，对应各类商品和服务价格的权重就是该类商品和服务消费支出在总消费支出中所占比重。这个权重本身是有时间属性的，基于权重所属时期的不同选择，出现了一系列不同指数，比如拉氏指数是按照基期水平确定权重，帕氏指数是按照报告期水平确定权重，费舍指数（又称理想指数）是对拉氏指数和帕氏指数的几何平均，目的是避免权重所属时期不同带来的影响。

二、国民经济核算中的综合指数

国民经济核算针对一段时期的国民经济状况提供了一套价值总量数据，在此基础上要想跨越不同时期对经济做动态观察，必须编制对应的统计指数。

国民经济核算场景下的统计指数，理论上说可以按照其核算内容加以区分：首先是在 GDP 核算框架内，分别从生产、使用角度编制相关统计指数；此外还可以围绕经济资产编制统计指数，以及就各种收入指标编制统计指数。从当前实际应用看，最受关注的还是基于 GDP 的统计指数。

GDP 核算提供的是一套价值指标，里面包含着价格和物量两个要素。所以，对每一个价值指标，从动态上看，都可以分解出价格指数和物量指数，与原来的价值额动态变化（指数）合起来，构成一组对应的指数。但和上一节在市场场景下动态监测以价格为重点不同，围绕 GDP 核算，我们的关注主要集中于物量指数，因为，在这个物量指数（比如 105%）基础上减掉基数 100，结果就是宏观管理的第一指标：经济增长率（5%）。相比之下，基于 GDP 的综合价格指数，有时被称为 GDP 价格缩减因子，只是上述物量指数计算过程中的派生品，其应用广泛性远逊于经济增长率。

基于 GDP 的物量指数（经济增长率）和综合价格指数是如何编制的？与上一节的 CPI 不同，不需要从选择代表品、采集基础数据做起，而是要大量利用专业统计结果与 GDP 核算对象匹配起来，做综合数据处理（体现前文所说的“数据深加工”）。以生产侧核算来说，大体包含以下步骤：（1）分行业操作，获取不包含价格变化的不变价增加值，通过汇总得到报告期不变价 GDP。（2）与基期比较，形成各行业以及整个经济的物量指数。（3）用报告期现价 GDP 与不变价 GDP 相比较，结果就是基于 GDP 的综合价格指数。使用侧核算有大体相似的步骤，区别只是在于操作对象由行业增加值换成了 GDP 最终使用构成项，包括最终消费支出、资本形成总额、货物服务进出口及其细分项目。

在此过程中，针对各分项的操作可能会采用不同方法，但最主要的还是价格指数缩减法，即以对应价格指数去缩减现价行业增加值（或最终使用构成项），剔除其中包含的价格变化影响。所以，将上述三个步骤连起来，结果是这样一个从局部价格指数开始、最后回到综合价格指数的连环过程：首先，借助于专门编制的各种专项价格指数（比如消费价格指数、生产价格指数、投资价格指数、进出口价格指数），可能要细化到各构成项指数编制 GDP 物量指数，然后返回来利用这个物量指数倒推出基于 GDP 的综合价格指数。你看，说来说去，就是利用“价值指数 = 价格指数 × 物量指数”这一套指数体系，在不同层面反复推算的过程，最后就可以形成与国民经济核算内容相匹配的一套统计指数。

三、作为评价方法的统计指数

伴随各个领域管理数字化程度提高，统计指数已经不限于价格、物量动态这些经典应用场景了，逐渐地沿着以下两个方向得到推广。第一是从动态比较扩展到横向比较，第二是从原来的价格指数、物量指数等经济领域应用扩展到更广泛的领域。于是，统计指数（或者类似的评分等）成为各种场景下进行监测和综合评价的工具，为国际组织、政府、商界等广泛应用，并为社会公众所熟知。比如人类发展指数，是联合国开发计划署主导建立的一套评价指数，通过排名展示各国在人类发展方面所取得的进展和不同格局。比如高质量发展指数，是国家统计局联合相关部门开发的一套统计评价方法，目的是依据高质量发展的内涵和管理目标，对各省市区发展状况做出定量评价并进行排序，以此引导、激励地方发展。商界也有各种企业竞争力指数、企业社会责任指数等，目的是按照特定目标对考察范围内的企业实力和业绩做出综合评价和排序。当然，在大范围应用过程中，也不乏各种“挂羊头卖狗肉”的滥用。

推广应用后的统计指数在方法和具体操作流程上发生了很大变化。第一，需要综合的内容不一定是一个复杂对象所包含的不同类别（比如消费价格指数编制中的不同商品和服务类别），更多地表现为一个主题下的不同维度（比如人类发展应该体现为哪些方面），因此其内部构成更加松散。第二，不同维度下参评指标的选择性大大增强，选多少指标，选什么指标，都是综合指标开发过程中需要特别考量的问题。第三，用于评价的基础参照值不一定是某历史时期的指标值（这原本是动态比较的前提），可以根据评价目的而有更灵活的设定，比如，可以是为该指标设置的目标值（比如五年规划的目标值），可以是评价对象在该指标上的平均值或者最高值。第四，构造出来的指标体系可能更加松散，更具异质性，故而需要更规范的标准化处理。第五，仍然会通过权重赋予不同指标不同的重要性，但权重设定的主观性更强，常常采用专家打分方式确定一组权重。

面对上述种种情况，综合指数的理论论证、数据整合方法的科学性、具体处理过程中的标准化，都变得特别重要。为此还惊动了国际组织的关注，经合组织（OECD）专门为此出台了一部《综合指标构建手册：方法与使用者指南》（*Handbook on Constructing Composite Indicate: Methodology and User Guide*，主要内容介绍可参见《政府统计国际规范概览》，经济科学出版社，2017 年版），可以说主要针对的就是此类统计指数编制。其中比较引人注目的就是所谓“综合统计指数开发的十个步骤”：

第一步：理论框架。根据适用性原则，为选择变量并将其组合成有意义的综合指标提供依据。

第二步：分项指标选择。以可靠性、可测量性、范围覆盖程度、被测量现象的相关性以及相互之间的关系等方面为依据，选择应纳入开发的分项指标。

第三步：缺失数据的插补。对数据做分析，发现异常值，对缺失数据做插补，以便能够提供完整的数据集。

第四步：多元分析。对已形成数据集的总体结构做分析，评估其对理论框架的适用性，以及对综合指标的影响。在所涉分项指标较多时，这一步很重要，以避免出现“指标丰富但信息贫乏”的情况。

第五步：标准化。通过不同方法，对具有不同测量单位的各个分项指标进行归一化处理，以保证其具有可比性。

第六步：加权和汇总。选择适当的权重，以及指标聚合方法，将各分项指标整合为综合指标。应结合理论框架和数据属性决定赋权和聚合方法，避免对综合指标基本内涵的偏离。

第七步：不确定性和敏感性分析。通过不同方法，比如单项指标排除机制、标准化的方法、缺失数据的插补、权重的选择、聚合方法，以此评估综合指标的稳健性。

第八步：回到数据。对综合指标结果做分析，通过分解，确定指标各组成以及个别分项指标的贡献，以揭示推动综合指标结果的主要驱动因素。

第九步：与其他指标的链接。找到综合指标（**或其维度**）与现有（**简单或综合**）指标之间的关联，并通过回归确定其联系。

第十步：结果的可视化。关注可视化对综合指标解释性的影响。选择传达最多信息的可视化技术，以清晰准确的方式呈现综合指标结果。

通览上述步骤，我们可以感受到，开发一个综合统计指数必须注意并处理好以下基本问题：（1）必须进行严谨的理论框架论证，以此统御整个综合指标的开发过程。（2）必须谨慎选择纳入综合指数的分项指标，以保证能够对应不同维度提供有效的测量。（3）必须对纳入其中的指标和数据做仔细分析和处理，防止因为数据缺失或者信息重叠而对最后的评价结果产生负面影响。（4）必须科学设计汇总方法、确定对应指标的权重，避免数据合成过程中可能出现的谬误。（5）整个过程特别有必要引入相应的技术分析，通过不确定性分析和敏感性分析，对相关指标及其参数选择予以论证和比较，保证综合指数开发应用能够达到预期的目的。

有关“大中小企业划分标准”的故事

本文刊发于《中国统计》2020 年第 1 期。

两年前，曾经随我读书、现在中国工商银行总行管理信息部供职的学生联系我，说是根据领导指示写了篇稿子，问我能否向哪个期刊推荐一下。我看了稿子，感觉挺有意思，稍作修改后推荐给《调研世界》顺利刊出（2018 年第 1 期），就是这篇《中小企业划型标准研究——新＜中小企业促进法＞实施之际的思考》。

我之所以说“有意思”，是因为此文让大中小企业划型标准这样一个平时不太引人注意的问题浮出水面——至少我自己此前从来没有关注过，没有感到这是一个需要研究的问题，也不知道这个标准与当前实际管理运作有如此大的关联。此后，这个问题时不时会在我脑中闪现，我曾经将其作为一个案例在相关课堂上与在校生分享，直到这一次四经普课题招标，我写了一份标书，打算系统琢磨一下这个问题。这就是我下面要讲的有关大中小企业划分标准的故事。

一、文章里讲的故事

工商银行的人为什么关注这个划型标准？大背景是新修订的、自2018年1月1日起实施的《中华人民共和国中小企业促进法》，内容涉及如何落实责任主体、规范财税支持相关政策和融资促进措施，以便进一步改善中小企业经营环境，不断培育新增量、新动能。其中最突出的变化是增加了监督检查专章——第六条明确规定“国家建立中小企业统计监测制度，统计部门应当加强对中小企业的统计调查和监测分析，定期发布有关信息”。就是说，这部《中小企业促进法》在融资方面对银行贷款提出了明确要求，而且还会有相应的监督检查。为了落实法律要求，银行方面必须关注其贷款使用方向。这就牵涉到中小企业的定义问题，“围绕中小企业的一系列统计监测制度，无不建立在对中小企业划型标准的准确界定上”。于是，《大中小企业类型划分》进入其研究视野。

论文追溯了新中国成立以来企业规模划分的历史演变过程，同时还引入其他国家的划分方法作为参照。结果发现，“与世界主要发达国家相比，我国目前中小企业划型标准还不够严谨，统计数据还不能全面反映中小企业的发展状况和现实困难”。文中提出的问题主要集中在三个方面。第一是“缺少定性原则”，划分过程中单纯依赖定量指标，导致中小企业界定上出现一些比较严重的偏差；第二是在定量指标不止一个（具体涉及从业人数、资产总额、营业收入等）时采用“并集法”（A或B，对应的“交集法”的表达式是A且B），结果因为“多指标逻辑规则不严谨”而影响中小企业的界定；第三是“标准执行过程中不统一”，该划分标准与所得税法以及其他主管部门出台的相关文件有冲突。显然，前两个问题属于典型的统计分类标准制定过程中的技术问题。

这些问题会导致什么后果？总体而言就是“出现了一些统计结果失真及政策扶持失位的情况”。文中从银行贷款角度给出了一些例子：一些大型项目公司、控股公司或者资本密集型公司，因从业人员少而划入小企业，成为政策重点扶持的对象，从而出现了与《促进法》初衷相悖的情形。文中还给出来一些数据作为佐证："据测算，在银行对小微企业的贷款支持中，从业人数少、资产规模和营业收入巨大的控股公司与地方政府投融资平台户均贷款余额超过 3 亿元，远远高于小微企业户均贷款余额 2600 万元，其贷款户数占全部小微企业贷款户数比例不到 0.5%，但是其贷款余额占全部小微企业贷款余额比例为 10% 左右，相较真正需扶持的小微企业，这些控股与投融资平台公司却享受到了更多的银行贷款优惠"。还真是后果严重啊！

二、故事背后的技术剖析

乍看之下，大中小企业划分的标志就是企业规模，规模大的就是大企业，规模小的就是小企业，为了缓解二分法带来的极端性，中间插了一个中等企业作为缓冲。但如果仔细琢磨，就会发现其中在具体识别时有好几个问题需要处理。论文中对此有讨论，在指出问题的同时还给出了一些改进建议。我这里"添油加醋"配合自己的思考，重新演绎其中涉及的关键点。

第一，规模大小只是一个"量"的问题吗？不同规模的企业在基本组织性质、基本经营模式上是否存在一些差异能够让人一眼就可以看出来？文中将这些归纳为：（1）企业独立性，经营权与所有权是否分离。一般小企业大都是单个业主自主经营（*或者合伙经营，所有权掌握在很少几个人手里*），大企业则股权相对分散，常常要委托给一个经理人团队经营。（2）企业产品销售范围。小企业的经营范围常常立足本地，大企业则有更大的业务覆盖范围，这一条在全球化、互联网时代可能已经有所改变，小企业同样可以将自己的买主和卖主延伸到很远。其他还有经营者对劳动过程的直接参与程度和方式、企业融资方式以及企业在所处行业中的地位等，比如小企业的业主可能直接就是劳动者，小企业不太可能在行业中占据垄断地位。如果将其中某些特征作为标准直接纳入中小企业识别，可能会大大提高识别的准确性。

第二，如何确定大中小企业之间的数量界限？理论上说，显示企业规模的定量指标通常是一个连续变量，而大中小企业分类则必须硬生生将这个连续的数值分成几段，于是如何确定各组之间的这个分界点就成为一个问题。如何选择断点显然会包含人为确定的成分，但我们能否设问：结合实际来看这个原本连续的变量有没有一些“天然”断点可以作为分段的依据？进一步的问题是，大中小企业的分界值是一成不变的吗？在不同时空条件下，这些分类临界值是否有差异、有变化？中国这些年经济发展迅速，但全国不同地区的发展程度有很大区别，我们能否考虑在不同区域确定不同的大中小企业划分标准？

第三，表现企业规模大小的定量指标是单一的吗？可供选择的常用指标主要有三个：从业人员数、资产总额、年营业收入，前两个是从能力角度衡量，最后一个则体现实际经营规模。面对实际，显然不能用某单一指标衡量企业规模，而是要设计一个指标组合。问题是在不同行业其指标组合可能会显示出不同情况。比如处于劳动密集型行业（如轻纺工业）的企业，其从业人员相对较多、资本总额相对较小，而在资本密集型行业（比如汽车制造业）的企业则正好相反，从业人员较少、资本总额数额很大，如果把营业收入考虑进去，情况会进一步复杂。面对这种情况，显然不能简单地用同一套指标组合覆盖不同行业，尤其不能用同一套分组标准数值来应对所有行业的规模分类。当前中国所用分类已经采纳了指标组合的方式，比如农林牧渔业企业采用营业收入单一指标，工业企业则采用从业人员和营业收入两个指标的组合，问题是：如何确定不同的指标组合，其中有没有明确的依据？

第四，不同指标以一种什么方式组合起来用于企业规模识别？具体就是前面曾经提到的“交集法”或“并集法”。按照并集法，面对两个指标的标准数值，只要满足其中之一就视为达标，可以划入对应的类别（即A或B）；对应的交集法则要求两个标准同时满足方可视为达标，才能划入对应的类别（即A且B）。面对某个单一类别的确定，比如大型企业的识别，既可以采用交集法也可以采用并集法，只是选择结果可能会有差别（甚至差别很大）；如果面对整个企业总体的分类，就必须同时运用交集法和并集法，这样才能配合起来将全部企业纳入对应类别。但是，对哪一类采用并集法、哪些类采用交集法，就会呈现出非常不一样的结果。

以当前中国所用的工业企业划分标准为例，完整的表达是：

◎从业人员1000人及以上且营业收入40000万元及以上的，为大型企业；从业人员1000人以下或营业收入40000万元以下的为中小微型企业。

◎在中小微企业中，从业人员300人及以上，且营业收入2000万元及以上的为中型企业；从业人员20人及以上，且营业收入300万元及以上的为小型企业；从业人员20人以下或营业收入300万元以下的为微型企业。

可以看到，在大型企业与中小微型企业之间的划分中，大型企业的识别采用交集法（A且B），中小微企业采用并集法（A或B）；在中小微企业进一步划分时，中型和小型企业采用交集法（A且B），微型企业采用并集法（A或B）。也就是说，在具体归类过程中，大型企业是从严识别的，以此类推下来，微型企业作为剩余项则是最宽松的，于是导致出现了文章中所着力说明的、认为不合理的结果。也就是说，之所以出现这些问题，皆因为当前标准是立足大企业识别、从大到小递推下来的，对接《中小企业促进法》来看，这一结果可能就难以做到针对小微企业的精准识别。

三、如何续写这个故事

任何一种分类都不是一成不变的，大中小企业划分也不例外。文章中曾经归纳新中国成立以来有关企业划型的历史沿革，由此可知当前所用分类是2011年颁布，2017年配合行业分类标准修订有一点微调。最近国务院经济普查办公室就四经普数据开发应用做课题招标，其项目列表中就包含“大中小微企业划分标准修订及相关问题”，这就意味着，新一版企业规模划分标准的研发已经启动。因为有上面这篇文章的关注和参与，我对这个题目还真有一些兴趣，于是写了一个简单的项目申报论证，提交上去撞撞运气，万一中了就可以系统琢磨一下这件事情（当然，中不了也可以琢磨）。

怎么琢磨这件事情？从涉及的研究内容看，前面提到的问题都应该在考虑之列：能否适当引入定性标准，选择什么指标作为划分标志，不同行业如何匹配不同分类指标，各项指标的分类临界值如何确定，以及并集法和交集法的选择等。然后可以将研究成果引入现行分类标准修订，以促使其优化。

具体应该如何操作，这涉及到研究方法。毫无疑问，分类标准的制定首先要与应用目标结合起来，企业规模分类标准也不例外。为此需要扩展思考这个问题的范围，从对接的法规、政策和各种管理需求入手，做相应的调查研究工作。但是，这些从应用对接出发考虑的做法，应该说都属于人为干预，这在某种程度上与我们制定一部统计分类的初衷并不一致。一来，统计分类具有通用性，并非只有一个应用目标，在一个目标下设计的分类结果可能并不适用于其他应用场景（针对大企业识别应用与针对中小企业识别应用之间出现的矛盾已经显现）。二来，统计分类的确定应该首先遵循事物原本的分布状态，是对其客观状态的分组和刻画，落实到企业规模划分上来，不同规模的企业是否"天然"地就有一些规律性的特征、一些分界点可以作为分类的依据？应该说，这些就是我们进行企业规模划分的客观依据，基于这些客观依据制定出来的统计分类，才能客观准确地显示经济体系的规模结构状况，为相关分析提供正确的信息，同时才能保证将针对不同规模企业实施差异化管理的各种政策措施真正落实到位。

如何找到这些客观特征并作为分类依据？第四次经济普查的企业资料应该说是不二之选。一个是范围全，大中小微企业均在其中，具有清楚的行业、区域特征；另一个是基本指标，从业人员、资产总额、营业收入——都在调查范围之内，可以支持指标之间的配合比对。两方面合起来，可以支持各种客观性特征的论证和结果校验。但是，要实现上述目标，我们需要获取单个企业层面的数据，而不是经过汇总的数据——这个要求经普办能不能满足，还是一个未知数呢！

有关“大中小企业划分标准”的研究发现

本文刊发于《中国统计》2022年第3期。

两年前我曾经写过一篇小文《关于大中小微企业划分标准的故事》，主要是讲如何因银行信贷管理发现了这个问题的研究价值，其中需要解决的主要问题是什么，最后说我已经提交了课题申请，希望能够在第四次全国经济普查数据支持下系统琢磨一下这个问题。

如今这个“故事”有了后续。我的项目申请如愿立项，随即组成研究团队，通过国家统计局－中国人民大学数据开发中心获准使用“四经普”企业微观数据，为这个项目提供了关键支持，一年后顺利完成相应研究工作获准结项。项目研究过程中，我们仔细研究其他国家有关企业规模划分的应用经验，邀请业内专业人士座谈交流（特别感谢长期从事政府统计设计管理工作的杨小刚先生给予的指点），结合中国实际情况，应用机器学习方法对“四经普”提供的企业数据进行实证分析，获得了一些重要发现，进而运用基本描述统计方法予以分析判断，形成了一些有针对性的改进建议。最后我们将研究成果写成摘要，在国家统计局内网《统计制度方法研究》栏目刊发，并进一步打磨形成一篇更具学术性的论文，以“大中小微企业划型统计标准的实证研究”为题，刊发于《数量经济与技术经济研究》2022 年第 2 期。

以下我基于这篇论文，省略其中的学术性论证，转换一下语言，简要讲一下我们做了什么，有什么发现，以及这些发现有什么意义，就算是对当年那篇小文所提出问题的一个交代。

一、当前分类面临的主要问题

当前大中小微企业分类的问题是实际应用中发现的：无法按企业规模进行精准识别，出现比较显著的企业错分现象，导致很多明显不属于小微规模的企业混入进来，拿走了原本不应享受的政策优惠。

为什么会出现错分？除了分类过程中缺少定性指标之外，最突出的原因在于，在长期的历史演进过程中，我国针对大中小微企业划分一直沿用以复合指标为依据的划分方法，针对较大型企业采用“交集法”（要求同时满足两个指标，是“且”的关系），针对较小型企业则采用“并集法”（只要满足一个指标即可，是“或”的关系），划分结果呈现出一种“开口向上”的状态，小微企业的范围在坐标系中形成一个“L”型。于是，相当一部分从业人员数小但营业收入很大，或者营业收入小但从业人员数很大的企业也都被归入到小微企业之中了（见图 1）。

当前实践反映的问题主要集中在小微企业，但从方法论角度看，这一问题在每一个层级都存在。对大型企业的识别是最严格的，但在中型企业中可能就有一些大型企业混入（因为不能同时满足大型企业的两个标准）；同样，在小型企业中有一些中型或大型企业混入，在微型企业中有一些小型、中型甚至大型企业混入。最后，微型企业是最宽

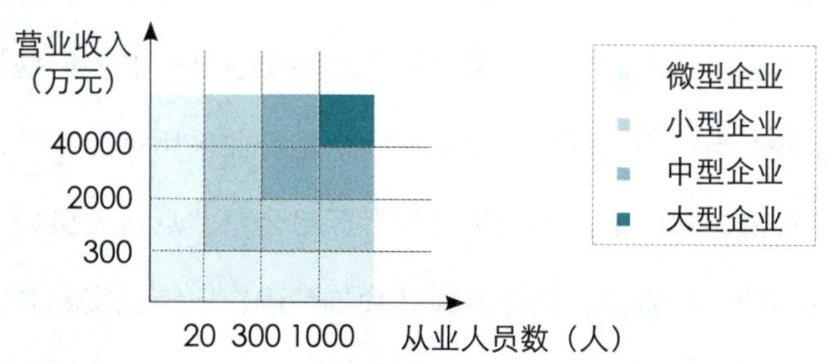

图 1 大中小微企业划分逻辑示意图

松的，包含了同时符合小微之间划分标准的企业，同时还会接收各种只满足一个分类指标标准的企业，由此使这些企业都具备了获取国家优惠扶植政策的“资格”，结果就压缩了针对真正的小微企业的扶持空间，直接影响了政策实施效果。

面对上述问题，我们很容易想到：如果将原来的“开口向上”调整为“开口向下”——对较大型企业采用“并集法”、对较小型企业采用“交集法”，不就可以解决小微企业识别过分宽松的问题吗？但这真不是具有建设性的解决方法。因为，一项统计标准需要服务全局，有多重目标，不仅要适应对小型企业端的识别和政策扶持，也需要能够在大型企业端进行准确识别，同时还要保持标准的持续性和相对稳定。

接下来怎么做？我们尝试从以下三个角度入手提出问题并进行分析和实证检验：第一，能不能将复合指标改为单一指标，以此避免必须从属某个开口方向的问题。第二，如果将行业进一步细化，依据更为细致的行业来确定规模划分标准，是否可以避免因为行业太过笼统带来的企业错分。第三，当前作为大中小微企业划分标准的阈值是否合理，如果通过实证分析能够确定更恰当的分类阈值，也应该可以减少企业错分。

二、实证分析的发现

课题组围绕上面提出的三个问题，基于“四经普”微观企业数据、采用机器学习方法进行实证分析。以下是得到的主要研究结果。

有关分类指标的选择问题。最常见用于反映企业规模的指标是从业人员数、营业收入和资产总额。当前企业规模划型标准除个别行业采用单指标外，大部分行业都采用双指标复合标准，其中绝大部分选择的指标组合是“从业人员数 + 营业收入”。凭直觉，似乎选用的指标越多，划分结果就会越精确，但结合实际观察并非如此，因为交集法很容易使其中一个指标处于“无用”状态，反而会干扰分类的预期效果。以下是我们在行业大类层面（即 2 位码行业）进行分组验证得到的结果。第一，无论劳动密集型、资本密集型还是技术密集型行业，以从业人员数作为划型标准得到的结果最为清晰，依据营业收入和资产的划分结果则存在较多重叠，也就是说，对大部分行业而言，从业人员数作为划型指标的区分度高于营业收入，资产总计指标重叠最多。第二，在“从业人员数 + 营业收入”组合指标之下，营业收入的重叠状况较为严重，从业人员数划分效果明显优于营业收入。换句话说，从业人员数这一指标在发挥主要作用，营业收入发挥的效力较低；二者复合应用，不但不会提高分类的精度，反而会产生相当比例的“伪小微企业”。

有关分类行业的细分程度问题。我们先在细分行业上采用机器学习方法，以错分企业数最少为标准，分别确定其最优分类界限值；然后对其结果做相应处理并加以适当合并，最后提出一套包括 25 个行业类别的大中小微企业规模划分结果。和当前分类标准所采用的 16 个行业进行对比，主要差别是对工业做了进一步细分：农产品加工制造业、材料加工制造业、装备制造业和其他制造业。

有关大中小微企业分类阈值问题。将实证测算得到的分类阈值结果与当前标准值进行比较，有以下发现：第一，有关小微企业临界值，绝大部分行业的测算值与现行标准相同或差别不大，如批发业原营业收入标准是 1000 万元，此次论证标准值为 950 万元。第二，关于中小企业临界值，工业大部分行业的测算值低于现行标准值，从现行标准的 300 人下降到 250 或者 200 人，服务业多数行业与现行标准值相同。第三，受基础数据“脱敏”的影响，只能给出少数行业的大中企业划分界限，但仅从这些有限结果来看，其数值与现行标准也存在一定差异，比如“装备制造业”相对于现行标准提高了20%至1200人，“商务服务业”采用复合指标，但分类值从现行300人和12亿元调整为300人和资产总额3.5亿元。这里我要专门解释一下数据“脱敏”问题。“脱敏”是指为了保护微观企业个体信息不被泄露而对数据采取的特殊处理。“四经普”企业数据的具体脱敏处理是：工业按照相邻两家企业合并起来提供数据，服务业中所有“规模以上”企业都按照这个规模标准进行“截断”处理，不再显示具体数据。对服务业而言，当前区分“规模以上”和“规模以下”企业的界限值并非大型与中型企业之间的分类值，所以难以利用脱敏后的数据进行“大－中”企业分类标准值的全面验证。

在以上研究基础上，课题组依据上述完善后的标准对企业重新划型，并与原有标准的划型结果进行比较，发现绝大部分企业的划型类别并未发生改变，由此验证了现行标准的基本合理性，同时表明完善后划分标准与现有标准具有较高契合度。进一步把划型类别发生变化的企业筛选出来做进一步观察，结果发现，“小－微”企业之间的归属变化相比“中－小”企业之间变化要大，且由微型企业到小型企业的变化量要远大于由小型企业到微型企业的变化量（受“脱敏”影响，数据不支持“大－中”企业之间分类变化的分析）。这一结果充分说明，完善后的分类标准比较符合最初预期，特别有助于将前文所提到的营业收入低但从业人数高的“伪小微企业”挑选出来，归入更为合适的分类。

三、对企业规模划型标准的总结与建议

总结以上研究发现，我们形成了以下认识，进而有一些改进建议供相关部门参考。

第一，现行分类标准有其合理性，但需要动态调整。现行《统计上大中小微企业划分标准》已应用多年，每隔一段时间会有相应更新，这种做法值得肯定，未来应在规模划型标准所涉及的各个环节不断探索，保证其分类应用结果不断优化改进。

第二，小微企业识别需受重视，但开口方向调整仍需谨慎。当前实际应用中反映出来的小微企业的“错分”问题值得相关标准制定部门关注，但企业规模划型标准不仅要

面对小微企业识别，还应考虑所有类别企业的正确区分问题，因此不能简单地将企业划型标准的“L”型开口向上调整为开口向下（“┐”型），更可取的解决方法是通过行业分类精细化、引入辅助性指标来解决问题。

第三，部分行业可采用单一指标划型，“精简”划型标准。单一指标划型的优点是界限明确，不易形成混淆。与营业收入相比，从业人员数指标既能代表企业规模同时又具有稳定性，此次测算结果表明，在大多数采用复合指标的行业，仅用从业人员数就足以实现分类目标，因此没有必要一定采用复合指标，从而使问题复杂化。

第四，侧重制造业企业，细化分类标准。制造业是国民经济的核心产业，且数据基础较好，有条件实现从更为细致的行业分类角度进行企业规模划型。此次研究从农产品加工制造业、原材料加工制造业、装备制造业等角度进行企业规模划型，取得了比较好的效果，可为后续制定规模划型标准提供参考。

第五，未来可以尝试采用机器学习方法结合普查周期动态调整划型标准。大数据背景下现行统计方法和工具已经可以做到基于微观数据的快速运算和分类，为此建议有关部门可以尝试利用机器学习方法获得企业规模划型的初步标准，并根据习惯和划型延续性进行调整和选择确定标准。为此可以考虑与经济普查周期结合起来，利用普查获得的全数单位微观数据进行定期测算和划型标准研究，必要时进行分类标准调整，以便能够在统计方法、使用习惯、动态调整和相对稳定之间求取平衡。

2021 年工业和信息化部等部门联合发布了《中小企业划型标准规定（修订征求意见稿）》。意见稿最突出的变化是将开口向上更改为开口向下，并进行了相应的行业调整，增加了定性指标。可以看到，该意见稿与我们所完成的工作在基本问题关注和解决问题的思路上大体一致，但是，意见稿侧重于小微企业的识别，对标准所做的具体修改也有一定局限。比如，开口向下固然可以使小微企业的界定更为精准，进而可以达成高效利用扶持资源的目的，但没有考虑到这样做会给大中型企业识别带来的问题；行业类别由原来的 16 类合并为 9 类，从方法论角度尚有值得探讨的空间。相比之下，我们此次研究对企业规模划型问题的讨论可能更加中性，适用性也更加广泛。

亡羊补牢：金融危机之后金融统计的变化

本文刊发于《中国统计》2020年第3期。

2008年金融危机发生之后，人们首先要问的问题可能就是：在严格监管之下，为什么统计数据事先没有显示出金融危机的征兆？危机的发生自有其原因，只归咎于统计肯定不妥，但数据没有显示出相应的征兆、统计没有给予及时预警，这一点金融统计还真有检讨自己的必要。故而在危机之后必然会有金融统计在各个层面的改进，用“亡羊补牢”这句中国古代成语来形容这些变化，应该是再合适不过了。怎么改进的？进展如何？中国人民银行调查统计司编著的这部《国际金融统计发展与比较》（中国金融出版社，2018）在一定程度上概括性地回答了这些问题。承蒙赠书，我最近翻阅一遍，感觉有必要向大家做一些介绍。以下是我从书中摘编出来的内容（引号内的文字均来自该书），其中不免会夹杂一些我自己的理解和议论。如果你担心我理解得不够全面或者感觉还不够解渴，那就直接找此书去看——这正是我写此文的目的，相信编者也是这样希望的。

一、基本内容概述

按照目录，此书内容大体可以分为以下若干部分。

对国际金融监管体制改革和金融统计发展趋势做简单概括，坦陈 2008 年国际金融危机发生显示出“金融监管体制不适应金融业发展变化，金融统计未能及时反映风险积累和金融脆弱性”，进而概括说明金融统计危机后所面临的挑战和改革趋势。（1）金融体系发展出现了很多新特点，由此对金融统计产生了新的数据需求，包括机构规模巨型化、机构关联网络化、金融活动全球化、金融创新复杂化。（2）金融统计未能跟上金融创新步伐导致许多重要领域存在统计信息缺口，这些缺口需要弥补，比如大型金融机构风险在微观层面的披露，复杂结构性金融产品、金融机构表外业务、非银行金融机构等的信息披露，主要银行机构风险敞口及其跨境、跨市场联系方面的数据，复杂结构性产品资产的估值技术及其风险模型等。（3）以金融稳定理事会为代表的国际组织在加强流动性风险监管方面有进展，对各国金融统计提出了新要求，涉及金融统计方式、方法和金融数据库等各个方面。（4）针对此次金融危机从美国迅速蔓延到全球、从金融领域迅速传递到实体经济的特征，加大了多维度统计信息的需求，事先的预警和监测、事后的测度和评估都需要更多维度的工具和指标。

分别几个层次介绍金融统计的国际动向。首先是国际货币基金组织（IMF）、国际清算银行两个国际组织在金融统计方面的改进。前者是为各国金融统计制定规则的机构，后者则是进行国际金融统计的大本营，所以相关内容值得仔细阅读。接下来是美联储和欧洲央行，虽然只是区域性组织，但影响巨大，其统计框架常常作为各国学习的模板，故而其统计制度方面的动向也非常值得关注。然后是英国、澳大利亚、德国、意大利、日本几个先进国家金融统计及其变化的介绍，这些可以大体浏览。

最后落脚到中国，一方面归纳国际经验的启示，同时简要介绍中国当前的一些进展。

二、关于货币与金融统计

《货币与金融统计手册》是国际货币基金组织手中的利器，目的是规范各国金融统计，通过标准化提高金融统计数据的国际可比性。2000 年发布手册第一版，2008 年发布更具操作性的《货币金融统计编制指南》，国际金融危机之后开始重新讨论修订，将二者合起来，2016 年发布了新一版《货币与金融统计手册与编制指南》(MFSMCG2016)，"成为货币和金融统计领域兼具理论与操作意义的国际准则"。

请注意这部规范包含"货币"和"金融"这两个用"与"连接起来关键词。"货币统计是对金融性公司资产和负债存量和流量的统计，金融统计是对经济中所有部门金融资产负债存量和流量的统计"。

货币统计由一系列"概览"组成，其基础是各类金融公司的资产负债表。基于中央银行资产负债表编制的是央行概览；各商业银行资产负债表汇总起来、合并彼此之间的债权债务关系，结果就是其他存款性公司概览；将这两个概览汇总合并，就可以得到存款性公司概览。依据相似的思路，可以编制非存款性金融公司概览，然后再与存款性公司概览汇总合并，最后形成金融性公司概览。总体而言，存款性公司概览是货币统计的核心内容。

金融统计则超越了上述仅就金融机构内部"做文章"的套路，力图从国民经济多部门视角看金融。为此要拓宽统计范围，将国民经济所有部门纳入观察范围，首先要显示各个部门的金融资产与负债及其变动状况，进而还希望能够显示各个部门之间对应形成的金融资产和负债及其变化状况，即所谓"谁对谁"的金融关系。实现这一目标，需要引入基于国民经济核算原理的资金流量表和存量表，还应进一步探索将其中的二维表（金融工具 × 机构部门）扩展到三维表（机构部门 × 金融工具 × 机构部门），这些合起来被称为金融账户。

三、关于系统重要性金融机构的统计监测

国际清算银行的职责是“为中央银行维护货币与金融稳定提供服务，促进各国国际合作”，在金融统计方面，则要“通过与各国央行和货币当局合作，采集全球金融体系的结构和行为数据，并将其用于对金融稳定、国际货币溢出效应和全球流动性的分析”。毫无疑问，2008 年金融危机之后，其在金融统计方面会有很多动作。优化原有统计内容自不待言，涉及国际银行业统计、债券统计、资产证券化统计、信用风险转移统计等，但更吸引眼球的，是针对金融危机中暴露出来的问题，特别加强了针对系统重要性金融机构的监管，建立了针对影子银行的监管框架。

所谓系统重要性金融机构，是指“由于自身规模、复杂性、系统性关联等原因，一旦其无序倒闭将会对更大范围的金融体系和实体经济运行造成显著破坏的金融机构”，通俗讲就是所谓“大而不能倒”的金融机构。为实现监管，统计要做的，第一件事就是要依据一定标准进行识别，列出系统重要性金融机构清单，接下来就是要求这些机构详细提供数据。

如何评估一个金融机构的系统重要性？书中简要介绍了若干标准。第一是规模。规模越大重要性越强，一旦破产带来的系统性影响也就越大，所以规模“被普遍认为是评估系统重要性的关键因素”。而且，这个规模所测量的未必仅仅是某个单独机构，还有可能是一“类”具有强大共性的机构，如果他们同一时间陷入困境，就会产生与一个大型机构同样的效果。第二是可替代性。“如果一个金融机构发生危机时其他机构难以提供类似服务，该机构就缺乏直接可替代性。如果该类机构在经济体系中扮演着关键角色，其他机构高度依赖它所提供的专业服务，该类机构便具有系统重要性”。一般来说，提供清算、支付、结算交易和托管服务的金融机构都具有较高程度的不可替代性，所以其身上背负的风险隐患就特别引人注目。第三是关联度。一个机构会因为合同而与其他机构发生“关联”，通过这种关联，一个机构的财务困境会在不同程度上增加其他机构发

生财务困境的可能性。这种连锁效应会通过资产负债表的两边体现出来：一方的负债就是另一方的资产。可以想象，一个机构与其他机构的关联越多，其“传染”效应就越大。除上述三方面之外，还有其他一些会在特定情形下涉及金融脆弱性的指标，比如杠杆率、流动性、期限错配等。巴塞尔银行监督委员会2011年据此提出了全球系统重要性银行识别指标如下（每个维度赋予20%的权重）。

◎规模：表内外总资产；

◎可替代性：通过支付系统结算额、托管资产总额、债券和股权市场承销交易额；

◎关联度：银行间资产、银行间负债、批发融资比率；

◎复杂性：场外衍生品票面价值、第三层资产、交易账户及可供出售资产总额；

◎全球活跃性：跨境债权、跨境负债。

针对这些全球系统重要性金融机构，金融稳定理事会等国际组织会同各国央行制定了通用数据采集模板，要求据此“经母国中央银行或监管机构审核后，向国际清算银行数据中心报送数据”。金融稳定理事会根据所采集的数据撰写统计分析报告，与各国央行共享。这个数据采集模板的内容主要包括以下方面：（1）“机构对机构”数据。从微观层面解释银行机构与其具体交易对手之间的风险传递途径，具体内容包括：前50大交易对手信用敞口报表周报和月报，主要融资来源月报，债务债券持有情况月报。（2）“机构对总体”数据。基于宏观分析的资产负债表框架而建立，重点关注全球系统重要性银行对国民经济各部门的影响和跨国风险传递。和传统货币统计相比，这些数据的颗粒度更细，并表关系更加复杂，体现了宏观审慎管理目标对系统重要性银行的要求。具体内容包括直接对手风险报表、外汇衍生品报表、最终风险报表和弥合报表。（3）结构化数据及系统重要性指标，这一部分的具体内容还没有定义，其主要目的是“描述报数机构所提供的支付、清算等金融服务情况，危机中的修复能力以及自身发生危机时的系统性影响”。

四、关于影子银行的统计监测

2008 年金融危机与影子银行的肆意运作有着直接关联。影子银行有各种形式，他们以金融创新名义兴起，长期处于传统金融监管范围之外，如今要将其纳入监管，需要从头做起：先定义，再识别，最后提出统计和监管框架，其间还要从技术上提出相应的风险评估方法。

所谓影子银行，“是指游离于正规银行体系监管之外，可能导致系统性风险和监管套利的信用中介机构（实体）或业务（活动）”。对这个定义加以拆解，可以显示其基本特征：（1）可能是一类机构，也可能是一类活动。（2）具有信用中介功能，服务于实体经济融资。（3）会通过期限转换、流动性转换以及杠杆交易等产生类似银行的金融风险，并可能形成系统性风险。（4）游离于正规银行体系之外没有受到监管，通过监控逃离会影响金融监管的有效性。

如何识别影子银行？基本思路是以机构统计和业务统计并重为基本理念，从经济功能出发识别和判断影子银行的存在，将其分为五种类型。（1）有挤兑风险的集合投资工具，投资者把资金集中到一起进行统一投资，中间所依赖的“合同安排”就是集合投资工具，信托、表外理财是其中最主要的形式。（2）依赖短期融资提供贷款业务的机构或业务，各种贷款公司、租赁公司、专业融资公司、典当行大都属于此类。（3）依赖短期融资或客户资产抵押融资提供交易中介服务的机构或业务，比如证券经纪商、证券金融公司等。（4）提供增信服务的机构或业务，比如融资担保公司、信用保险公司等。（5）提供证券化融资服务的机构或业务，比如住房抵押贷款证券化（MBS）、资产支持证券化（ABS）等。

如何进行影子银行统计？影子银行的特殊性在于，不能光从机构层面做识别，还需要深入到具体业务层面观察，有些基本职能不属于影子银行的金融机构也可能从事符合影子银行特征的业务。所以，进行影子银行统计，还需要做进一步的识别。为达此目标，金融稳定理事会设计了一个从“广覆盖”到“窄聚焦”的三步识别法。“广覆盖是指将监管范围扩展到所有可能产生影子银行风险的非金融中介和其他金融中介，窄聚焦是指集中关注传统银行体系以外，通过期限转换、流动性转换、不完全信用转移和杠杆交易等行为导致系统性风险和监管套利的信用中介实体和业务”，由此形成广义影子银行和狭义影子银行两种统计口径。如图 1 所示，起点是非银行金融中介统计，首先将其中的其他金融中介机构作为广义影子银行统计对象（*右边方框*），最后在业务层面加以区分，从非银行金融中介机构统计中剔除未直接发挥直接作用、未产生影子银行风险的机构和业务，余下的作为狭义影子银行统计对象（*左面方框*）。

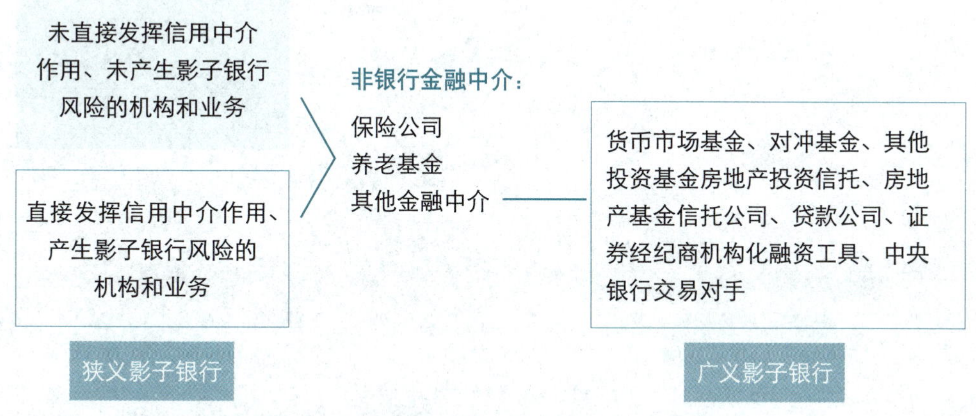

图 1 影子银行的定义与识别示意图

五、最后唠叨几句

金融具有非比寻常的复杂性，所以本篇短文读起来一点也不轻松，需要在金融学、金融管理方面有一定的基础——我也很无奈，我也是反复读这本书还结合其他一些书才大体弄明白，写出此篇短文的。

结合最近读的其他一些有关金融的书（*比如《负利率时代》《坚定不移》等畅销书*

和传记），我有一个感觉放在这里作为补充。2008 年金融危机之后，金融作为关键词的重要性大大提高了，央行在一国宏观经济管理体系中的地位随之大大加强了。金融面向实体经济，一方面要防范风险（不能把事儿干坏，拖累实体经济），另一方面要为实体经济提供有效的服务（促进经济增长，支持经济发展）。据此，金融统计也应该在两个方向上负有使命：一方面要着眼于防范金融风险做统计，另一方面要着眼于服务实体经济做统计。据此回过头来看此书所归纳的当前国际金融统计的进展，似乎更多侧重于风险防范，至于如何描述（进而评价）金融如何服务于实体经济，好像还是一个没有解决的问题。

“长臂管辖”与政府统计中的属民 / 属地原则

本文刊发于《中国统计》2019 年 9 期。

十多年前我曾经写过一篇短文“在 GDP 和 GNP（GNI）之间选择”（《中国统计》2006 年 6 期，后收入《宏观算大账》一书），讨论国内生产总值和国民总收入之间的区别与联系，其中就涉及所谓属民（国民）原则和属地（国土）原则。最近我又开始琢磨这个问题。原因之一是最近几年出现了很多与这些原则有关的现象，最引人注目的当属美国在全球事务管理中实施的“长臂管辖”；原因之二是感觉自己此前对这些原则之内在含义理解得还很不够，进而感觉到国民经济核算还不能很好地应对伴随当前现象出现的问题。于是有此篇短文，我主要从现象入手提出问题然后给予一定点评，权供大家一览。

一、属民原则与属地原则：主体单位的识别

一个国家是由千千万万个主体单位组成的，首先是自然人，然后延及法人单位。但

是，一国究竟包括哪些主体单位、不包括哪些单位，反过来说，一个主体单位到底属于这个国家还是那个国家，还真是一个需要具体讨论的问题。

先从一个最简单的问题开始：一个人属于哪一个国家？回答这个问题就牵涉到两个标准。一个是国籍，你是哪一个国家的公民，持有哪一个国家的护照，这代表了你对自身归属的一个选择；另一个是当前的居留所在地，在特定观察时点上你居住在哪一个国家，现实生活与哪一个国家发生了实质性关联，这代表了你当下选择的归属。反过来看，一个国家所覆盖的人口，一方面可以按照国籍界定，是指所有本国公民，这就是所谓属民原则；与此对应的就是属地原则，以本国领土为界，覆盖所有在该国领土上居留的人口。

在任何时点上观察，都会有以下两种情况：一部分持有本国公民身份的人没有在本国实际居留，同时在本国实际居留人群中有一部分并不具有本国公民身份，而是持有他国公民身份或者无任何国籍证明。对这两部分性质类似、方向相反的人群做进一步区分，一些是短期出行的结果，另一部分则是长期改变了其居留地。为此需引入“常住性”概念，不考虑短期出行者的影响（视其仍然属于其长期居留地），以此修正原来的属地概念：在一国领土上长期居留的人口——可能取得了该国永久居留权，或者合法居住连续达到了规定期限。

进一步看一个稍微复杂一点的例子：儿童尤其是新生儿的国籍如何确定。在人口国际流动频繁的背景下，这是一个很实际的问题。网上搜索有很多这方面的问答，可以看到如何处理这个问题各国有不同的规则。

首先有所谓“血缘”和“地缘”两种原则。“血缘”原则注重新生儿父母的国籍，如果父母是持有某国国籍，则新生儿随之自动获得该国国籍；“地缘”原则强调出生地，你在哪里出生，就可以自动获得该国国籍。中国首先强调“血缘”，父母双方或单方为中国公民，无论本人出生在中国还是在外国，都自动视为具有中国国籍。美国、加拿大、巴西、阿根廷等国则是“地缘”原则的代表，无论父母国籍，只要出生在这个国家，就自动获得该国国籍。美国宪法第十四条修正案第一款规定：“凡在美国出生或归化美国的人，均为合众国的和他们居住州的公民”。所以，为了给孩子一个美国国籍，有些人会千方百计赴美生子。前几年有待产妈妈临产前冒险闯关香港，也是这个原因。

但是，绝对遵循“血缘”和“地缘”原则的国家并不多，更多的国家是将“常住性”这个概念引入其中——就像前面提到的一样，只是要更加复杂一些，一方面强调父母的“常住地”，另一方面则强调孩子在后来成长过程中的常住状况，因为子女会通过成长逐步成为一个独立的人。比如，在德国，父母须至少有一方已连续且合法在德国居住 8 年以上，并获得德国永居权 3 年以上，孩子出生后方可自动获得德国国籍。法国的规定是：父母至少有一方在法国出生，在法国生的孩子将自动获得法国国籍；父母均为外籍，则孩子须从 8 岁起在法国连续住满 5 年，13 岁起可由父母代申请法国国籍；如果孩子从 11 岁起在法国居住（或连续居住）5 年以上，18 岁仍在法国居住，则可获得法国国籍。

以上都是自然人，接下来看法人。什么是法人？“法人是具有民事权利能力和民事行为能力、依法独立享有民事权利和承担民事义务的组织”。通俗地理解，法人是自然人在法律框架下的延伸，是自然人集合起来成立的组织，代表自然人参与经济社会事务以实现自身的特定目标。广义而言，法人既包括真正意义上的法人单位，比如企业法人、事业法人，也包括非法人团体，同时还包括依托住户形成的农户和个体工商经营户。

法人单位也涉及国家归属，反过来就是国家对法人单位的覆盖。原则上说，法人单位伴随注册而生，就像人有其出生地一样，必然有一个注册地，应该隶属于注册地，构成该国（地）的组成部分，这就是属地原则。另一方面，法人尽管是独立民事主体，但却是由自然人发起成立的，或者是由另一些法人派生出来的，所以其身上必然带有其所有者的权属特征，就像孩子与父母之间的关系一般。基于此，也有必要从属民原则出发看待其国家归属。比如，在中国注册的外商投资企业，按照属地原则是中国经济的一部分，但考虑到它是由外国企业出资在中国设立的，按其所有权属性则应属于出资企业所在国家。现实中所面临的问题可能会非常复杂。比如，某国法人可能临时派出一个工作小组在另一个国家开展一项业务，考虑常住性不应纳入所在国覆盖范围；如果企业出资者分属不同国家，比如中外合资企业，属地原则下的归属非常明确，但属民原则下的识别就会遇到麻烦，涉及能不能分劈以及如何分劈的问题。

二、属地原则和属民原则的延伸：“长臂管辖”下的边界

接下来看一国行政司法管理中是怎样处理上述原则的。

看了相关材料，我的第一个感觉是：各国政府好像是将属地和属民两个原则加起来作为其行政司法范围的，尽管对其中不同部分可能有所区别。首先对属地范围内的所有人（自然人和法人）事务有管理处置权，然后还会对身处国外的本国自然人和法人实施保护。对属民原则下的本国自然人和法人，倾向于公民权利保护，无论其身处国内还是国外；对属地原则下的本国自然人和法人，可能更侧重于他们应该承担的责任和义务，无论其权属是本国还是外国。结合具体事务而言，上述原则可能会有不同演绎，出现非常复杂的结果。以下我举法国个人所得税管理为例，对此做简要演示。

纳税是个人的一项义务，同时关系到政府的“腰包”，故而肯定会严格管理。在法国，个人所得税管理区分两个部分。第一是法国税籍人，即主要居住地点在法国（在法国连续居住6个月即183天）者、主要职业活动在法国者、主要经济活动在法国者，不论其国籍是否为法国籍，均须就其所有收入（不管是在法国发生的收入还是在外国发生的收入）申报纳税；第二是不符合上述三种类型的非法国税籍人，在法国境内产生的收入也要纳税。（以上见百度百科：“法国税收制度”）。可以看到其中在两个层面上嵌入了属民与属地原则的区分，一个是针对纳税者，一个是针对应纳税收入。法国税收管理范围从这两个方面全面贯彻了属地原则：所有在法国境内存在的相关者构成

法国税籍人，所有法国境内发生的收入，都在纳税覆盖范围之内；同时以常住者为出发点对税籍人覆盖范围做了最大限度的延伸：常住者的时限定义不是一般法律意义上的1年，而是6个月，覆盖对象不仅限于长期居留者还包括到在法国从事其主要职业、在法国有长期经济利益者。记得当初曾有报道，说一些法国明星为了逃税而改变国籍，但法国政府照样可以将税收征管覆盖到她/他，因为其主要职业活动仍然在法国。这就是所谓全球追税。

实施全球追税的不止法国（**中国针对涉外个人所得税的规章也是这个思路，只是在具体规定上有所区别，读者可参见《涉外人员个人所得税解析》**），而且，各国在全球“追”的也不止是税。将其用到极致的就是美国当前时不时挥舞的“长臂管辖”大棒，可以说大大突破了属民原则与属地原则合起来的覆盖范围。

长臂管辖的确切名称是专门管辖，特指美国法院的域外民事案件司法管辖权。从管理对象而言，尽管其基础是属地原则，但却通过“最低限度联系”原则和“效果原则”将实施范围推广到了美国范围之外的主体。就是说，一个企业未必一定在美国设立，也未必在美国有业务经营，只要企业经营行为与美国市场、美国相关机构或者美国企业有“最低限度”的联系，在美国境内产生了一定“效果”，那么“长臂”就够得着你，这个“你”不仅指特定企业，还延及这个企业的高管个人。从管理内容看，一个是《反海外腐败法》之下的各种腐败相关行为制裁，一个是《出口管理条例》下针对原产于美国的产品、软件和技术的出口和再出口的行为管制，还有一个是《2002年公众公司会计改革和投资者保护法》对公众性公司在财务、管理方面的严苛规定。限于篇幅，这里仅举几个例子来做说明（**材料来自《美国长臂管辖法下的十大经典案例》**）。

案例一：2016年美国证券交易委员会（SEC）诉斯特劳博案，指称匈牙利电信公司的三名主管违反《反海外腐败法》贿赂马其顿政府，其间曾故意利用美国证券交易掩盖被指控的违规行为，包括不实记录会计账簿、向SEC提交虚假证券法资格证书，纽约联邦南区法院认为专门管辖成立。

案例二：英国宇航公司（BAE）总部位于英国伦敦，美国司法部认定BAE在一笔400亿美元军备合同中向沙特阿拉伯一名官员违规支付佣金，并在此项大宗武器交易中误导了美国政府，为此2010年BAE向美国政府支付了4亿美元罚款。

案例三：美国司法部2014年称法国巴黎银行在过去多年与苏丹、伊朗和古巴等受美国制裁国家的机构和个人从事数额巨大的美元交易清算活动，其中一部分涉及美国特别指定的必须严格与美国金融系统切断联系的机构或实体；而巴黎银行没有选择与美国司法部门全面合作。几方面合起来开出巨额罚单，巴黎银行最终支付了89.7亿美元罚款并承认犯刑事罪，同时终止特定美元结算业务一年，才与美国当局达成和解。

案例四：中兴通讯因为2012年将一批搭载了美国科技公司软硬件的产品出售给伊朗电信运营商，涉嫌违反了美国对伊朗的出口禁令，遭美国司法部门调查，数年后的最后判决（2017年）中牵涉到更多的违规。中兴通讯为此不仅要支付巨额罚款（超过22亿美元），还要彻底改组董事会、管理层，采取更高规格的安全保障，以及后续一系列的附加条件。

三、属地原则与属民原则在一国政府统计中的应用

罗列了这么多有关属民原则和属地原则的事例之后，接下来要回到政府统计，看其中是如何运用这些原则的。仍然是举例。

一个简单的例子是人口普查的范围。根据《全国人口普查条例》第十一条，中国人口普查对象是指“普查标准时点在中华人民共和国境内的自然人以及在中华人民共和国

境外但未定居的中国公民，不包括在中华人民共和国境内短期停留的境外人员”。结合上面所提到的人口原则，主句的前半截显示的是“属地”概念，把后半句补上则使其有了“属民”味道，最后的补充句则体现了要以“常住性”来修改前面的“属地”概念。所以，我们可以认为，在常住性限定之下，人口普查覆盖的对象是“属民”和“属地”两个概念的叠加：中国国民在国内者，这是主体部分，然后一方面向外延伸到中国公民在国外（非常住国外）者，另一方面延伸到在中国境内常住的外国公民。应该说，和单一的属地原则和属民原则相比，这是综合了两个原则的结果，体现了一个比较大的覆盖范围。据此就可以按照两个口径汇总特定时点上的全国总人口，一个是具有中华人民共和国公民身份的总人口数（在区域层面就是户籍人口数），一个是常住人口数。此外也可以按照严格的国土概念，将临时停留人口也包括在内，提供现有人口数。

常规的对外贸易进出口统计依照属地概念提供相应数据，是指中国境内常住单位对外发生的货物与服务贸易往来。其中，在中国落地经营的外资企业也属于中国的常住单位，其与境外之间的贸易往来也要视为中国的对外贸易进出口，即使这些贸易发生在该企业与其境外母公司或同属于一个母公司的子公司之间。反过来，在境外的中资企业则不能视为中国境内常住单位，它在境外发生的贸易行为与中国外贸进出口无关，一旦与境内相关公司之间发生贸易往来，则要作为贸易对手方计入中国的对外贸易进出口。

但这并不是唯一的算法，而且，在全球化背景下出现了其他与属地属民原则选择有关的具体算法。第一是按照属民原则将在华外资企业、在外中资企业重新划定归属，重新估算中国的外贸进出口，结果肯定不同于常规算法，尤其在分国别层面的数据。比如中美贸易争端中的顺逆差，按照传统统计中国对美贸易确实有很大顺差，但如果将在华美资企业的出口从中扣出去，这个顺差就会下降一大截。另一个是考虑外贸进出口货物的权属性质。比如来料加工贸易中的来料和交货，从物流看确实两次进出一国关境（属地概念），但其权属（属民概念）并没有发生同等变化，最后结算的只是加工费，由此引起外贸统计中如何记录的争议。

对外经济统计中是否要处理类似长臂管辖的情况？回答是肯定的。从国际投资统计而言，一国（甲）公司（A）在另一国（乙）投资某企业（B），然后B再次投资于C企业，结果甲对C所在国家之间就发生了关联。这种情况会以各种具体模式出现，其中就包括“特殊目的实体”这样的专门实施对第三方投资的“怪胎”。怎样对这些后续投资关系做统计，已经受到经合组织主持制定的《外国直接投资基准定义》的关注，中国商务部已经开始尝试针对此类对外延伸投资做统计。对外贸易统计中也有相应的例子。中国香港从内地进口货物转手卖给美国（改革开放之初香港作为大陆对外窗口，此类钱可真没少挣啊），美国的交易对手是香港但产品原产地却是中国大陆。为显示此类贸易活动背后的真实关系，海关统计特别强调按照“生产－消费制”来确定进出口统计的分组，其受重视程度已经超过了按照“购自－售予制”形成的统计数据。在前面提到的中兴被罚案例中，中兴通讯向伊朗出售的是自己的产品，但其中搭载了来自美国的软硬件，单纯从贸易角度看，这应该属于美国产品（通过中国中兴通讯公司）对伊朗的再出口，而且是全球产业链条中的隐含的再出口，世贸组织主持下进行的全球价值链统计，专门针对的就是此类问题。

国民经济核算原理中特别重视属地/属民原则的区分与选择，但此文已经太长了，无法在此详述。其中有关国内生产总值和国民总收入（即国民生产总值）之间的关系，读者可参阅本文开头提到的那篇短文，就算聊胜于无吧。

中美双边贸易逆差背后的统计方法论

本文刊发于《中国统计》2018 年第 6 期。

中美贸易争端正在进行时，由头就是美国总统认为美国对华贸易逆差已经大到非解决不可的地步了。中美之间确实存在着贸易差额——中方出口大于进口是顺差，美方则相反。然而，贸易差额到底有多大？双方却有不同说法，不仅中方认可的顺差小于美方公布的逆差，而且，中方舆论中还在这个顺差基础上进一步延伸，给出来有关中美贸易差额的另外好几笔账——当然，每一笔账都显示对美贸易顺差并不像第一笔账那样大，而且是越算越小。

如何看待这些不同的算账结果，坊间已经有各路专家结合中美经济关系给出深度解释，用不着我在这里饶舌。但是，为什么会有不同的算账方法，不同算账方法之间是否有关联，却是一个需要讨论的问题。也就是说，不同算账方法不是孤立存在的，其背后有一套方法论；而且，这套方法论并不是中国人今天为了反击美国人的说辞发明的，而是国际经济领域长期研究逐步形成的。

本文以下拟对这套方法论做简单介绍。起点肯定是货物贸易进出口差额，但这里从方法论角度做梳理，和坊间讨论的算账延伸顺序有点不一样。

一、从货物贸易统计扩展到服务贸易统计

一谈到贸易量及其差额，常常直接引用海关统计，但海关统计基于海关出入境报关记录形成，主要限于货物进出口。事实上，就像我们一提到产品已经不限于货物而是要包括服务一样，国际贸易也包括货物贸易与服务贸易两部分。相应地，国际贸易统计应该涵盖货物贸易统计和服务贸易统计，讨论双边贸易平衡也应该用这两方面合起来的差额。但说起来容易，如何让服务贸易统计数据真正进入各层次管理和公众视野，实际过程还不是那么简单。

服务常常需要有一个载体，常常要求供应方直接交付给需求方（直接见面），这对于国际贸易而言几乎是一道天然障碍，故而过去曾经有“服务不可贸易”的说法。受此影响，相比货物贸易，国际服务贸易发展较晚，各国市场开放程度较小，需要制定专门的贸易规则（比如 WTO 有专门的《服务贸易总协定》），因此贸易规模也相对较小。

从统计而言，有海关这个行政管理环节做保证，货物进出口贸易统计数据生成比较容易，数据质量比较可靠；而服务贸易是无形的，交易形式多样，数据来源多元化且常常需要专门调查，数据搜集难度较大，数据质量也难以得到保证。受此影响，服务贸易统计开发一直相对比较滞后。

从当前国际贸易格局看，除了少数国家（比如一些以旅游等特定资源为基础者）之外，各国服务贸易发展状况与各国经济发展水平大体相匹配：发达国家在服务贸易方面具备优势，易于形成贸易顺差，而发展中国家则相反。由此就不难理解，落实到中美之间，尽管货物贸易中方有顺差，但服务贸易则呈现为逆差状态。如果将服务贸易叠加上去，

原来基于货物贸易的差额就会下降。

除此之外，如果考虑统计上对货物贸易与服务贸易之间界限的认定方式，还会进一步改进海关统计给我们形成的印象。第一是计价。根据海关统计，货物出口按离岸价计值，进口则按到岸价计值。在到岸价中，除了离岸价之外还包括了运输和保险费用，而这些附加费用在很大程度上属于服务贸易范畴。如果对其估价加以调整，进口也按离岸价计值，结果就会影响到货物贸易差额。第二是加工贸易的处理，尤其是来料加工。加工国只赚取加工费，但海关统计将来料价值和交货价值分别计入货物进口和出口，加工费自然会转化为加工国的货物贸易顺差。如果依据当前国际收支统计规则，将加工费作为服务贸易记录，就会将贸易差额从货物贸易转移到服务贸易，就中国的情况而言，结果就是大幅度减少货物贸易顺差、同时改善服务贸易逆差。这些例子进一步说明，将货物贸易与服务贸易综合起来考察贸易平衡状况是多么重要，如果只看货物贸易差额，则很容易忽略这些因素的影响。

二、把常住原则统计变换为所有权原则统计

战后国际经济发展一个很突出的特征是资本对贸易的替代。产品欲进入一个国家的市场，直接渠道是开展贸易，A 国将生产的产品卖给 B 国，另一种方式则是通过生产资本的转移，A 国到 B 国投资形成生产能力，生产出来的产品在当地市场出售。表面看来，B 国此时已经无须从 A 国进口（实现了所谓进口替代），甚至还会有这种产品的出口发生，但实质上其产品供应仍然掌握在 A 国手中，只是换了一种形式。此次中美贸易之争中，中方拿出在华美资企业的利益说事儿，道理就在于此。因为，将近四十年的引进外资，所谓以市场换技术，在中国国内已经形成庞大的外资经济，其中来自美国的投资名列前茅，在华美资不仅对中国重要对美国同样重要，如果要算账，不能忽略在华美资企业经营这一笔账。

问题是如何算账，如何将投资带来的贸易效应纳入投资母国与投资东道国之间的贸

易平衡之中。这就需要将原来基于常住的统计原则转变为基于所有权的统计原则：投资母国在东道国设立的生产企业，按照常住原则属于东道国的常住单位，与他国之间的贸易往来是东道国贸易统计的一部分，在东道国当地的购进销售不记录为国际贸易；但按照所有权原则，则要将此类企业视为“外国人”，在东道国当地的购进销售要记录为母国与东道国之间发生的国际贸易，与他国之间的贸易则与东道国无关。

经过如是统计原则转换之后，对外贸易统计数据可能会发生非常大的变化。以中美关系为例，美资在华企业经营规模远大于中资在美企业。中国当前对外货物贸易的 60% 与外资企业有关，美资企业在其中肯定占有相当显著的份额；同时这些企业在中国当地的市场占有率也很高，既有在中国当地的销售，同时也在中国当地形成了供应链。如果按照所有权原则做统计，那将是一幅完全不一样的图景。

但这样算账是有缺陷的。设立企业投入生产肯定不能仅依赖于资本这一种生产要素，还要包括劳动、土地等，后者常常是由东道国提供的；而且，这些外资企业未必都是外商独资，相当部分是与东道国合资设立（按照国际规范，外商投资占比超过 10% 即可作为外国直接投资企业统计）。所以，如果将外资企业在东道国的生产成果全部归到投资方名下，显然是不合适的。为解决这一问题，一种更简单的思路是将企业创造的价值按照收入分配结果做分解，仅将投资母国获取的部分——主要是投资收益，叠加于原来的贸易统计之上，作为基于所有权原则的贸易差额统计结果。中国当前对外投资收益总体看是逆差，即从国外得到的收益小于对国外支付的收益，具体到与美国的关系，则会因为投资数额的严重不对等而呈现更大幅度的逆差，所以叠加到原来的贸易统计上去，就会大幅削减对美贸易顺差。

三、在多边贸易关系中识别和测算双边贸易差额

接下来换一个思路，讨论在全球化背景下，双边贸易统计是如何受多边贸易关系影响，由此引起贸易统计的不同算账方法的。

起点仍然是海关货物贸易统计，除了给出贸易进出口总额数据以外，它还可以显示分国别贸易状况，按照进出口的对象国提供数据。这个说起来很容易的事情在国际贸易统计中却有三种原则可以遵循：购自 / 售予制（贸易对象国）、生产 / 消费制（实质上的对象国）、起运 / 运抵制（物理意义上的对象国）。如果采用不同统计原则，得到的双边贸易统计结果就会出现差异。中美贸易差额一直以来有争议，起因就是中国转口中国香港而后销往美国的商品如何处理：按照贸易对象国，不能计入中国对美出口，但美国强调按照实质上的对象国，把这些归到原产中国。原则上说，美国这种算法中国也可以接受（大家都遵循同一套原则就可以），但问题是转口香港产生的增值部分（被香港得到的部分）如何处理，却是一件让人头疼的事情：中国贸易统计无论如何也不会将这一部分作为对美贸易顺差，于是出现数据上的差别。

以上所述还只是一个三角关系，更复杂的问题在于，受经济全球化发展影响，由资本和市场引导的产业分工在全球各国布局，产品生产呈现出跨越多个国界的现象，中间品贸易飞速发展，各国之间形成了相互交织的复杂经济关系网络。比如，中国出口商品在国内生产过程中可能会包含大量从多国进口的原材料或元器件，而这些被出口的产品可能会经过其他国家加工后反过来出口到中国市场。在此背景下，以进出口总值为标准的传统贸易统计数据因为其中包含严重的重复计算问题，而无法正确地反映真实的世界贸易形势，更无法回答双边贸易平衡到底处于什么状态这样的局部问题。

落实到中国来看，中国出口中有一半左右为加工贸易（来料加工和进料加工），加工贸易生产所使用的原材料和零部件多数来自国外，且中国处于全球产业链的低端，从单位出口中获取的增加值远远低于其他发达国家甚至部分发展中国家，致使上述重复计算的现象尤其严重，传统贸易统计所造成的扭曲也更加显著，会严重夸大出口对中国经济的影响，并进一步夸大中国与其他国家（比如美国）的贸易失衡程度。

为解决上述难题，WTO 特别倡导在全球价值链上计算各国贸易之国内增加值的方法，来分摊被贸易产品的最终价值，显示各国获取的份额。然而，如何实现这一目标，在方法上和数据上均面临很大困难。当前的主流做法是：以投入产出表为依据，将各国国内生产过程与其国际贸易对象国嵌套起来，基于相应假定构造计量模型，推算一国国际贸易中所包含的国内增加值，以及与主要贸易对手国之间的关系。

显然，这已经不是一般公众层面能够直观理解的结果了，所得到的数据结果可能也难以作为处理国际关系的直接依据，但对于我们认识一国对外贸易的真实状况还是很有意义的。这里仅以中国科学院数学与系统科学院牵头的“全球价值链与国际贸易利益关系”课题（在商务部、海关总署、国家统计局和国家外汇管理局的统筹协调与数据支持下）的计算结果作为示意：2011 年，中国对美货物出口 1000 美元仅仅带动国内增加值 574 美元，按此计算，2010 年中国对美国货物出口 2833 亿美元，但其带来的国内增加值仅为 1595 亿美元。

从海关统计到对外经济统计

本文刊发于《中国统计》2018 年第 10 期。

促使我写此文的原因有两个。一个是愈演愈烈的中美贸易争端，双方争执和互制措施似乎都在海关管辖范围之内，与海关统计数据有关，但要想看清楚争端的实质，还需要扩展视野，在整个对外经济背景下做观察，基于更宽范围的对外经济统计数据做分析。另一个是应邀在今年海关统计专业培训班上讲了半天课，给我的题目就是将海关统计与对外经济统计以及更广泛的国民经济核算联系起来，以有助于从宏观经济角度对海关统计数据做出更有效的统计分析。前者涉及站在外面看海关统计，如何将海关统计数据用好；后者则相反，是站在海关统计立场上往外看，如何将海关统计数据用好。由此说明，将海关统计与一国对外经济统计联系起来，应该是一个有意义的话题。

一、海关统计主要统什么

查相关文献可知：海关是国家的进出关境监督管理机关，以进出境货物、运输工具、物品为对象，其任务归纳为四个方面：监督管理、征收关税、查缉走私、编制海关统计及其他。海关统计能够列入海关工作四大任务之一，其重要性显然不可小觑。为什么这么重要？因为事关一国对外货物进出口统计这一笔重要的大账；为什么要由海关承担此项统计？因为海关监管行政记录为进行货物进出口统计提供了无可替代的基础数据来源。

海关统计到底能够提供哪些统计数据？如何理解这些统计数据？以下依据当前中国海关统计规范作一些说明。

货物进出口总值是海关统计的基本指标，用以反映中国在一段时期内货物进口和出口的总规模，据此可计算进出口平衡差额。在所谓货物进口和出口数据背后，有以下要点不可不察。一是以“增减国内物质存量”为依据，其统计范围仅限于有形货物进出口，不包括无形服务进出口。二是以“实际进出关境”为原则，尽管通常称为“进出口商品总值，但其统计范围不限于商品贸易，还会包含捐赠、援助形式下发生的货物进出口，而且，一旦跨越关境，不管具体支付状况如何，这些货物就要全额记录；三是中国采用总贸易制，依据经济领土来定义关境，各种海关特殊监管区域和保税监管场所也在经济领土范围之内，但港澳台三个地区例外，视为关境之外的贸易伙伴地区；四是以价格乘以数量所得总值做统计，其中出口总值按离岸价格计价，进口总值按到岸价格计价，同时按照人民币和美元分别计价统计。

货物进出口总值可以按照很多标志提供分组数据，由此可以反映中国货物进出口的结构状况。以下是海关定期公布的主要分组数据，使用数据时也需注意把握其背后的原则。

第一是按商品类别分组，包含 22 类、98 章、8 千余个 8 位数商品编号，实际公布的数据会做进一步归类，通常可见 10 个大类的总值数据，其中食品与活动物、饮料及烟类、非食用原料（矿物除外）、矿物燃料润滑油及有关原料、动植物油脂及蜡这 5 个大类统称为初级产品；化学成品及有关产品、按原料分类的制成品、机械及运输设备、杂项制品、未分类的其他商品这 5 个大类统称为工业制成品。

第二是国别分组，按照交易伙伴国家和地区加以区分。需要注意的是，按照国际规则，进口主要按照原产国别（即生产、开采或加工制造该货物的国家）统计，出口主要按照最终目的国别（消费、使用或进一步加工制造该货物的国家）统计。与此对应的还有按启运国别分组的进口统计、按运抵国别分组的出口统计。

第三是贸易方式（或称贸易性质）分组，按照买卖双方转让商品所有权时所采用的交易方式提供分组进出口数据。目前中国海关统计包括 20 种方式，一般贸易是最基本的类别，除此之外还有：捐赠或援助性质（官方和民间）的货物进出口，与生产加工有关的补偿贸易、来料加工贸易、进料加工贸易、加工贸易进口设备、出料加工贸易等，附着于其他对外往来上的租赁贸易、对外承包工程货物、外商投资企业作为投资进口的货物与物品等，与保税监管场所、海关特殊监管区域等有关的进出境货物、物流货物、进口设备等，以及其他类别如寄售代销贸易、边境小额贸易、易货贸易、免税外汇商品和免税品等。

除此之外，海关统计还会着眼于国内管理需求，分别按照国内货源地和目的地、商品经营单位所在地、关别等提供分组数据；在一般贸易项下，还会按照进出口经营者的企业性质做区分，比如外商投资企业的进出口是可以单独列示的。

以上都是基于货物进出口总值的统计内容。事实上，价值是价格与数量的乘积，总值统计的背后理应有数量统计和价格统计。所以，在进出口总值和分类总值数据之外，海关统计还会分别重点商品公布其进出口数量和总值数据，还可以编制相应的进出口商品价格（单位价值）指数。

二、基于对外经济统计看海关统计

早期国际经济交往无疑主要是货物贸易，但伴随经济全球化程度加深，一国对外经济往来早已经超越单纯的货物贸易（从上述按贸易方式分组即可有所体现），而呈现出非常复杂的样貌。与此相伴随，对外经济统计不再是单纯的贸易统计，其中所涉可能不止一笔账，而是包含了更加丰富、更加复杂的内容。

全面的对外经济统计当属国际收支平衡表（BOP）。它将一国对外经济活动概括为三大类：一类是进出口贸易，包括货物进出口和服务进出口，以及少量无形资产交易；另一类是国际投资与金融往来，包括企业间直接投资往来和通过金融中介形成的间接投资往来；还有一类是国际的收入分配行为，包括因为劳动、投资产生的报酬和收益分配，也包括出于各种目的的无偿转移。这些内容被统一处理，分别纳入当期国际收支平衡表的经常账户、资本账户、金融账户，并按照价值流动方向，贷记收入或资金流入，借记支出或资金流出，在此基础上计算借贷差额，据此即可以分不同类别（账户）显示当期国际收支规模和平衡状况。其中的金融账户会累积起来形成存量，即一国对外持有的金融资产和负债，这些存量数据可以通过编制国际投资头寸表（IIP）获取。

将海关统计放在这个框架中做初步观察，不难看到，其所涉及的货物进出口统计只是 BOP 中的一个组成部分——进出口贸易，而且只与其中的货物进出口有直接对应关系。进一步对其中的具体记录方法做考察，还会发现，BOP 中记录的货物进出口，并不是海关货物进出口总值数据的直接搬用，其间还包含着若干调整：第一，它打破了海关统计严格遵循的“增减国内物质存量”和“实际进出关境”原则，在其中加入了货物所有权变更原则。如果一项货物没有支付全额货价，意味着其所有权没有发生实质性变更，因此不能作为货物进出口贸易记录。这一原则性改变，导致与来料加工、去料加工有关的货物贸易被移出货物进出口贸易，仅以加工费数额作为服务贸易统计，此外还涉及第三方贸易等内容的调整。第二，它对海关统计的计价原则有所修正，无论出口还是进口，均按照离岸价格计价，进口品到岸价与离岸价之间的差额部分，作为运输和保险服务贸易记录。将这两方面综合起来，可以说，在 BOP 视角下，一国对外经济关系光看货物进出口还不行；而且，并不是经过海关的就是货物进出口，要在整个对外经济框架下识别货物进出口贸易。

进一步看，关于货物进出口数据，BOP 给出的结果在某种程度上仍然不是对外经济统计的终点。从全球管理视角看，还有另外两类核算方法。第一是要直面外国直接投资给货物进出口带来的影响，方法是改变 BOP 以及海关统计所恪守的“经济领土 + 常住单位”原则（即通常所说的国土原则），代之以企业所有权（类似于国民原则）划分一国与他国之间的边界，然后确认货物进出口。如果一国地面上有较多外商投资企业（相比于该国在海外投资形成的企业），如果这些企业更多具有外向型特征，包含大量海外销售，那么在企业所有权原则之下测算的货物进出口总值及其平衡差额会非常不同于上述海关统计和BOP记录，当前中美贸易争端针对在华美资企业进出口的讨论，其核心要点即在于此。第二是在全球价值链上计算一国的货物进出口，它从根本上改变了海关统计对进出关境货物实施的总值记录原则，代之以贸易增加值核算，其结果越发与海关统计（以及BOP记录）渐行渐远。

行文至此，读者可能会形成一种印象：似乎这个海关统计并不如想象的那么重要。但这个印象也有些矫枉过正。确实，海关统计是依据海关管理记录汇总形成的数据，它仅限于货物进出口，不涉及其他对外经济往来；它有自己的记录和汇总原则，所提供的数据只代表一种统计方法。在此意义上说，不能将海关统计等同于一国对外经济统计，讨论对外经济关系不能仅仅拿海关统计数据说事儿。然而，还应该看到，无论对外经济活动具体发生的形式如何演化，贸易依然是一国对外经济关系的基础，在国际收支平衡表上，经常项目是整个国际收支的基础，而货物进出口则是经常账户的基础。进一步看，尽管针对货物进出口有不同的算账方法，但所有这些方法都是以海关统计为基础衍生出来的：BOP的货物进出口要在海关统计基础上加加减减，在华外商投资企业的进出口数据是海关统计依据进出口企业性质区分出来的，全球价值链上的贸易增加值统计也要有赖于海关登录企业的延伸调查。从这个意义上说，海关统计对于对外经济统计是不可缺少的必要前提，没有它还真不行。

三、海关统计还可以做得更多

海关的基本职能决定了它可以提供有关货物进出关境的一套最完备的行政记录。第一是其完备性，通过海关报关单及其他申报单证，每一笔进出口货物交易均被记录在案；第二是信息详尽，报关单分类填写，其中包含围绕一笔货物进出口所涉及的诸多维度的内容项目：货物本身的商品类别、实物计数、价格、运输方式等，收发货人以及经营者自身的企业性质、所在区域等，按贸易性质区分的不同贸易方式、原产国别 / 最终目的国别，有关税收及其减征的相关项目。以此为依据做统计加工，即可形成带有总体意义的统计数据。前面所列出的海关统计的基本内容，都是在此基础上加工出来的“产出”。

可以说，这一套行政记录是一个“金矿”。当前海关统计公开发布的统计数据，只是这一套行政记录的局部应用，是按照当前政府统计的一般要求而形成的通用信息。作为一座金矿，它的价值应该说还没有充分开发出来，尤其是超出通用层面、在特定研究目的下的开发应用。

在综合对外经济统计层面上，当前公布的通用信息仍然有潜力可挖。一个是国别分类，当前应国际国内各种需要，主要按照原产 / 最终目的国别、运自 / 运抵国别分类提供数据，但却没有购自 / 售予国别下的分组数据。实际上，购自 / 售予制下的进口和出口国别分组是最容易获取且最具确定性（和原产 / 最终目的国别分类数据相比）的，它与原产 / 最终目的国别分类数据对应比较，可以为认识对外进出口贸易提供很多信息。另一个是贸易方式分组。在大力引进外资的年代，“外商投资企业作为投资进口的设备和物品”是一个管理重点，故而作为单独的贸易方式做统计提供数据，同时还按照经营者性质提供外商投资企业的进出口总值数据；但伴随十余年前开启的“走出去”战略演进到最近的“一带一路”战略实施，中国对外投资通过中资企业在外运营已经逐渐形成规模，但海关似乎还没有立足中资企业提供“作为投资而出口的设备和物品”，以及通过这些企业形成的货物出口数据。此外，还可以在进出口数量和价格方面做进一步的统计工作。

在特定研究需求层面，我对相关情况了解不多，这里无法一一列举，可能涉及对各种交叉分组数据的需求，可能涉及按照更详细的标志做分组，还可能以此作为样本框延伸做调查（比如贸易增加值的测算，就得到海关支持，利用进口经营者记录延伸实施了

进口货物使用去向调查）。我曾经接触海关统计人员，他们非常愿意为各种特定需求提供数据支持。这就是说，在很多情况下，首先是相关研究者的研究设计，提出数据需求，然后才会有数据进一步加工生产，形成更有针对性的数据产品。

【参考文献】

1. 百度百科 : 报关单 ,https://baike.baidu.com/item/%E6%8A%A5%E5%85%B3%E5%8D%95/1609336.

2. 高敏雪：中美贸易差额背后的统计方法论，《中国统计》2018 年 6 期。

3. 海关统计资讯网 http://www.chinacustomsstat.com/aspx/1/Index.aspx.

4. 海关总署综合统计司，海关统计实务手册（2013）。

中国 ODI 统计调查与中国对外直接投资 15 年变迁

本文刊发于《中国统计》2018 年第 11 期。

9 月 22 日，商务部与国家统计局、国家外汇管理局联合召开新闻发布会，共同发布《2017 年度中国对外直接投资统计公报》，以此展示 2017 年中国对外直接投资的整体状况。拿到这部统计公报，我不禁心生感慨。感慨之一：自 2003 年启用的这套中国对外直接投资统计调查制度，我们（*我和我的同事李静萍教授*）是主要研发参与方，看到它多年运行持续“生产”出来的统计数据，我很有成就感；感慨之二：2003 年进行首次统计调查，形成 2002 年中国对外直接投资统计数据，如今 15 年过去了，中国对外直接投资无论规模还是覆盖范围都已今非昔比，看到其中的变化，无论作为中国对外经济的研究者还是中国人的一员，我都很有成就感。

有关对外直接投资统计设计，以及2002年中国对外直接投资状况，当年我们曾经有多种研究报告和相关成果。本文旨在对中国直接投资统计的基本概念、调查制度的基本架构和当前面临的挑战做简要解析，同时就十五年（2002—2017年）间中国对外直接投资的基本状况做简要比较，希望在有限篇幅内让读者对此有一个基本了解。

一、外国直接投资的基本概念

外国直接投资统计是在经济合作与发展组织（OECD）主导下开发的，其颁布的《外国直接投资基准定义》（第四版）得到其他国际组织（比如联合国贸易发展会议、国际货币基金组织）的认可，由此成为各国进行外国直接投资统计共同遵循的方法指南。以下简要给出其中的一些基本概念。

所谓外国直接投资（FDI）有两个关键词，一个是外国，一个是直接投资。既然是“外国”，肯定会涉及两个经济体（国家或地区）之间的投资。站在特定经济体角度来看，一方面是来自其他经济体的投资，属于外来投资（IDI）；另一方面就是对其他经济体的投资，属于对外投资（ODI）。中国改革开放以来长期受到重视的是利用外资，属于前者，本文的讨论对象则是后者，这是中国最近十余年才引起特别关注的现象。

直接投资是相对于间接投资而存在的。所谓外国直接投资，是指一经济体的经济实体（直接投资者，简称投资者）对另一经济体的经济实体（直接投资企业，简称直投企业）投入资金，以此从后者获取持久利益的行为。获取持久利益，意味着投资者与直投企业之间存在着长期关系，投资不仅仅在于获得即期收益回报，而在于对所投企业具有较大的控制力和影响力。如何实现对直投企业的控制力和影响力？投资者必须持有该企业足够的股份，获得足够的表决权或发言权。因此，直接投资与间接投资（尤其是证券投资）之间的区别，主要在于投资者对所投企业持有股份的多少，而不在于实现持有的方式。持有多少股份就算是直接投资？《外国直接投资基准定义》自第三版起一直以10%为识别标准。就是说，如果投资者在所投企业中占有10%及以上股份或等量表决权，该投资就属于直接投资；如果低于该比例，则归之于证券投资。

接下来看直接投资的实现方式。如果是初始投资（即投资者第一次投资），投资主要以两种方式实现：一是绿地投资，即新建一个企业；二是收购合并，对一个已存在企业的投资。无论哪一种方式，此时的投资都属于股本投资。一旦投资者与所投企业之间确立了直接投资关系，随着所投企业的持续经营活动，还会发生各种后续投资。第一种是投资者对该企业追加投资，即新增股本；第二种情况是利润再投资，是指直投企业之未分配利润中按照股权比例应该归属投资者的部分，相当于投资者先获取这部分利润转过来又投资于该企业；此外还有二者之间所发生的债务关系也要视为直接投资的一部分看待。就是说，所谓直接投资，包括发生在投资者和直投企业之间的三类交易：股本投资、利润再投资、债务工具投资。

除上述之外，还有两个问题值得关注。一个是反向投资，即直投企业可能反过来对其投资者企业实施投资（但股份占比应在10%以下，否则就属于IDI了）；另一个是特殊目的实体带来的问题，即投资者出于各种目的（避税或逃避监管），第一步不是投给体现最终目的地的直投企业，而是先投资于中间某国的一个公司作为跳板，由此会引起所谓最初投资和最终投资之间的错位。

二、中国对外直接投资统计调查的内容框架

以上来自《外国直接投资基准定义》的基本概念界定，为当初我们开发《中国对外直接投资统计调查制度》基本框架提供了依据。总体而言，通过此项统计调查，应顺序回答以下问题：

第一是投资额有多大，投资方式和具体内容是怎样的。首先要区分当期投资额（流量）和累积投资额（存量），显示中国对外直接投资规模，一个显示当期动态，一个显

示整体结果。进而要分别列示绿地投资和购并投资各自是多少，股本投资、利润再投资、债务工具投资各自是多少，以此反映投资的内容结构。

第二是谁在投，普遍性如何。这是针对具有 ODI 行为的国内直接投资者的调查结果。首先要显示有多少家企业发生了 ODI 行为，投资形成了多少家直投企业；然后按照投资者的行业所属、企业登记注册类型和所在地区区分，就可以给出国内投资者的分布结构。

第三是投在了哪些地方和哪些行业。这是着眼于投资去向进行的调查。一个是投资的国（地区）别分组，还可以合起来看投资的五大洲分布状况；另一个是投资的行业去向，给出投资的行业结构数据。这些都要按照当期投资和累积投资分别显示。

第四是直投企业经营状况如何。这是着眼于境外直接投资企业的调查，调查内容集中于经营规模、盈利情况、在当地纳税和吸纳就业情况等，很多是财务指标。

第五是直接投资透过直接投资企业对中国经济带来了什么影响。这部分调查的目的要将直接投资与国内经济联系起来。一个层面是境外直投企业对投资者的回报，主要是市场占有和利润分配状况；另一个层面则是这些企业对中国经济的影响，能够直接显示的主要是拉动出口、给国内带来的资源份额等。

当初设计的这套统计调查制度演化到现在，主要有两方面的改进。第一是当初的统计调查范围仅限于非金融类直接投资，2006 年起增加了金融类直接投资，实现了全行业统计；第二是增加了针对自由港的特殊目的实体（SPE）调查表，开始追踪对外直接投资的最终目的地。

此项调查的实施和数据发布方式也有可圈点之处。第一是调查渠道按照一个复合结构设计：第一是央属企业，直接对商务部填报，其余企业由各省商务厅组织调查填报。第二是比较早地采用了网上系统填报，企业通过一个电子钥匙登录在线填报，所有调查内容都由境内有 ODI 行为的企业负责填报。第三是具体调查和数据汇总工作由商务部合作司负责，最后统计结果由商务部会同国家统计局、国家外汇管理局联合发布，由此可以保证数据的部门共享和一致性。

三、中国对外直接投资的迅猛发展

以下我们用几组数据，简要展示中国对外直接投资在最近十五年间的巨大发展（见表 1）。

可以看到，无论是当年流量投资额还是期末累积投资额，无论是国内作为直接投资者的企业家数还是投资形成的直接投资企业家数，ODI 投资规模均有数十倍增长；中国在全球对外直接投资中的地位有了根本性变化，已经成为全球直接投资的主要来源国。

表 1　15 年间中国对外直接投资变化

	2002 年	2017 年
当年投资额（亿美元） 占全球 ODI 比例	27.1 0.56%	1395.0 (1582.9) （11.1%），排名第三
累积投资额（亿美元） 占全球 ODI 比例	299.2 0.58%	16062.5（18090.4） （15.9%），排名第二
国内投资者企业家数（个）	684	(25500)
直接投资企业家数（个）	1461	(39200)
主要行业投向 （按存量投资，前十个行业）	信息传输和计算机服务业、采矿业、批零贸易业、交通运输与仓储业、租赁与商务服务业、制造业、农林牧渔业、电力燃气水供应业、建筑业、房地产业。其中前四个行业超过十亿美元	租赁与商务服务业、批零贸易业、信息传输与软件业、（金融业、）采矿业、制造业、交通运输与仓储业、房地产业、建筑业、电力燃气水供应业、科学研究与技术服务业。其中前六个行业均超过千亿美元
主要国家 / 地区投向 （按存量投资，前十个国家 / 地区）	中国香港、开曼群岛、伊拉克、中国澳门、美国、英属维尔京群岛、澳大利亚、新加坡、赞比亚、秘鲁	中国香港、美国、澳大利亚、俄罗斯、德国、新加坡、日本、维尔京群岛、越南、加拿大
同期利用外资额（亿元） ODI/IDI	527 0.05	1360 1.16

注：2002 年数据仅限于非金融类直接投资；2017 年数据含两个口径，括号内为含金融类直接投资的统计结果。
数据来源：1. 商务部等，《2017 年度中国对外直接投资统计公报》，中国统计出版社，2018；2. 高敏雪等，“2002 年中国对外直接投资统计分析报告”，见《中国政府统计建设与应用专题报告》，中国人民大学出版社，2018；3. 联合国贸易与发展会议，世界投资报告 2018（中文版），南开大学出版社，2018。

直接投资的行业结构和地区结构发生了一定程度的改变。在前十行业中，制造业排位提前，采矿业排位下降，科学研究与技术服务业进入前列。在前十国家／地区中，美国排位提前，一些具有中转地性质的国家／地区消失或排位下降，德国、日本、澳大利亚、加拿大等发达国家成为中国直接投资的主要目的地国。

与吸引外资规模的对比关系发生了逆转，从一个微不足道的比例出发，在吸引外资仍然强劲的前提下，2017 年已经连续第三年实现反超。

如何衡量对外直接投资对中国经济的影响，这可能难以用一两个数字表述。一般而言，投资的目的是获取收益，所以直投企业的经营状况、对投资者的利润分配，都是其中的应有之义。但鉴于直接投资关注的是持久收益，故而除了当期实际获取的投资收益之外，还会结合不同时期经济发展的具体需求有更宽泛的目标关切。2002 年前后中国发展过程中存在自然资源瓶颈，因此比较注重通过对矿业实施直接投资来获取资源配额，当年的数据分析就特别提到从境外获取的石油资源、金属矿资源份额。2008 年金融危机之后，中国货物出口增长一度遭遇困难，故而比较注重直接投资对出口的拉动效应，2009 年我们曾经接受商务部委托就此作定量测算，根据 2006—2008 年的具体情况给出一些具有参数意义的测算结果，比如 1 美元对外投资存量带动的货物跨境出口额、1 美元对外投资存量拉动的延伸出口额等，得到商务部的认可和应用（具体见《走出去带动出口的机理与实际测算》，收于《追寻中国经济与世界的联系》，经济科学出版社，2010）。就当前而言，对外直接投资可能承担着更重要的使命，推动“一带一路”实施，促进共建国家的建设与发展，实现国内产能转移并与国际生产分工体系嫁接，都是统计分析需要密切关注的方面。

四、最后补充

一直以来，各国 FDI 统计尤其是 ODI 统计面临两个比较大的挑战。一个是最终目的地追踪，关键是如何能够搞清楚投资者通过特殊目的实体（SPE）实施投资的去向。

当前统计主要限于最初投资这个环节，一旦遭遇SPE这个马甲，就难以捕捉到投资最终落地的国家/地区及其行业所属（尤其是这些投资可能会与其他来源的投资混合起来，再拆分出去，这就进一步加大了统计难度），由此会影响分类数据（包括目的地分类和行业分类）的准确性。另一个是调查单位名录库的建设，核心问题是如何适时更新，将那些当年新晋ODI投资者（可能不仅限于企业，还有自然人）纳入其中，否则就会造成对外直接投资规模的低估。

中国ODI调查统计同样受此困扰。上面列表中，中国香港和一些自由港地区赫然在列投资前十目的地国家（地区），租赁与商务服务业置于投资前十行业之首，就是SPE存在并产生影响的明证。中国相关部门一直在为解决这些问题、提高数据质量和有用性而努力。据商务部合作司专家介绍，中国政府对企业境外投资有比较规范的核准备案制度和外汇交易系统，这就为调查名录库适时更新提供了基本保证；调查制度中增设了针对SPE的调查表，在包括商务部、财政部、国资委、外汇管理局、国家统计局合作机制支持下建立了一套明细台账，大胆尝试对最终目的地投资统计，几年运作下来已经取得重要进展，待条件成熟，中国将同时发布两种口径（最初目的地和最终目的地）的对外直接投资统计数据。

研发统计翻开新篇章

——《弗拉斯卡蒂手册》第 7 版解读之一

本文刊发于《中国统计》2017 年第 2 期。合作者王文静。

《弗拉斯卡蒂手册》（以下简称手册）是经济合作与发展组织（OECD）开发的关于研究与试验发展（以下简称 R&D/研发）测度的指导性文献。自 1963 年首次发布以来，该手册一直在根据发展和需要做出更新修订，到 2002 年陆续发布了 6 个版本。在此过程中，该手册逐步被各国研发投入统计实践所遵循，其应用范围已经超越 OECD 成员国，成为 R&D 测量方面的国际标准。在此背景下，OECD 于 2015 年发布《弗拉斯卡蒂手册》第 7 修订版（以下简称第 7 版），其意义特别值得关注。

一、基本内容变化综述

关于第 7 版，修订者认为，"这一版本是迄今为止对原始手册进行最实质性修改的版本，为如何处理当今经济日趋复杂的研究和创新情景，探明不同经济部门起决定作用的特征，提供了翔实的基本原则和实践建议”（见第七版序言）。

透过章节设置的比较，可以直观显示第 7 版较上一版的基本内容变化。如表 1 中所示。第 7 版将除第 1 章“简介”之外的正文内容划分为三大部分。

表 1 新旧版《弗拉斯卡蒂手册》章节结构对比

第六版	第七版
第 1 章 本手册的目标和范围	第 1 章 R&D 统计和弗拉斯卡蒂手册简介
第 2 章 基本定义与常规	第一部分 R&D 定义与测度：总指南
第 3 章 机构分类	第 2 章 识别 R&D 的概念及定义
第 4 章 功能分类	第 3 章 R&D 统计的机构部门与分类
第 5 章 R&D 人员的测度	第 4 章 R&D 经费测度：资金执行与来源
第 6 章 R&D 经费的测度	第 5 章 R&D 人员测度：雇用人员及外部贡献者
第 7 章 调查方法与程序	第 6 章 R&D 测度方法及程序
	第二部分 R&D 测度：部门指南
	第 7 章 企业 R&D
	第 8 章 政府 R&D
	第 9 章 高等教育 R&D
	第 10 章 私人非营利 R&D
	第 11 章 R&D 全球化的测度
	第三部分 政府支持 R&D 测度
第 8 章 依据社会经济目标的政府 R&D 预算拨款与决算	第 12 章 政府 R&D 预算
	第 13 章 政府 R&D 税收减免的测度
附录 1 本手册的简史和来源	附录 1 当前手册的简要历史和起源
附录 2 高等教育部门 R&D 数据的获取	附录 2 术语表
附录 3 联合国国民经济核算体系中 R&D 的处理方法	
附录 4 与卫生、信息通信技术以及生物技术相关的 R&D	
附录 5 获取区域 R&D 数据的方法	
附录 6 其他国际组织的科技指标工作	
附录 7 其他科技指标	
附录 8 估算和预测 R&D 资源的最新实用方法	
附录 9 R&D 经费缩减指数与货币换算指数	
附录 10 国防与航天工业大型 R&D 项目分类的补充指南	
附录 11 本手册 R&D 人员职业分类与 ISCO-88 分类的对应关系	

第一部分是面向全部 R&D 实施部门的“总指南”，直接延续了第 6 版的主体内容，尽管其中也包含一些变化，比如颠倒了 R&D 经费测度与人员测度两章的顺序，功能分类被纳入概念定义之中讨论不再单独设章等。

企业、政府、高等教育与私人非营利机构是实施 R&D 活动的四个执行部门，他们各具特征，进行 R&D 统计时面临的典型问题也不尽相同。除此之外，在全球化背景下，“国外”在某种程度上会像一个准执行部门参与该国的 R&D 活动。为了使手册能够更有针对性地指导各部门的 R&D 统计工作，并显示与国外之间的复杂联系，第 7 版专门设置“部门指南”作为第二部分，分别上述部门设章对其范围、分类、指标测度做专门讨论。其中有关高等教育一章可以视为第 6 版附录 2“高等教育部门 R&D 数据的获取”的扩展，其余各章则属于新设，尤其是“全球化 R&D 测度”一章，从多层面讨论 R&D 活动的国际化特征，是第 7 版提出的一项全新议题。

鉴于 R&D 活动产出的不确定性，各国政府常常充当 R&D 活动的直接推动者。推动方式有两种。一是直接出资，在财政预算中以各种渠道列示，形成 R&D 各个执行部门的经费来源。二是出台政策工具，通过税收优惠激励各执行部门尤其是企业部门的 R&D 活动。第 6 版所涉内容仅限于政府 R&D 出资和预算拨款，第 7 版则将测算内容进一步延伸到税收优惠，二者组成第三部分，专门显示“政府支持 R&D 的测度”。

此外，第 7 版简化了原来有关附录的列示，仅保留了“本手册的简要历史和起源”。其中，有些附录已经进入正文，比如附录 2“高等教育部门 R&D 数据的获取”已经扩展形成第 9 章的内容；附录 3“联合国国民经济核算体系中 R&D 的处理方法”随着《国民账户体系（2008）》（以下简称 SNA-2008）正式将研发资本化纳入正式核算，对手册的影响已经纳入各有关章节正文加以论述。余下的各个附录仍然非常有意义，但为使其相关内容能够保持及时更新，第 7 版采用在线形式处理，不再显示于书面文本。

总结以上，从基本内容而言，第 7 版较之第 6 版既有延续又有扩展，延续主要体现在第一部分以及第三部分的第 12 章，扩展则体现在第二部分以及第三部分的第 13 章。如果仔细阅读文本，还可以发现：第一，即使是延续的部分，第 7 版也并非只是照抄原版，而是根据十余年来的情况变化对原有内容做了很多“优化”。第二，扩展内容与新增章节并不是完全对应的，针对执行部门设定的各章很大程度上是前面“总指南”的具体化，真正体现扩展的，主要是全球化 R&D 以及 R&D 税收优惠减免两个专题，此外，来自 SNA-2008 的研发资本化处理给手册原有内容、方法带来了较大冲击，尽管没有专门设章，却是需要特别关注的专题。鉴于以上，以下将分别就优化和扩展两个层次对第 7 版修订带来的变化做具体讨论。

二、已有内容的优化

第 2 章到第 5 章是有关 R&D 活动统计的“总指南”，也是从第 6 版到第 7 版延续下来的核心内容。总体看，有关 R&D 定义、范围、分类、基本测度指标和数据搜集方法，第 7 版没有发生实质性变化。但是，伴随科技和经济社会发展，可观测的 R&D 活动仍然有新进展，可能出现新的形式、发生在新的领域，这些变化都可能会对已有定义的覆盖范围、分类标准以及指标测度方法带来一定影响，同时也会对 R&D 活动的统计调查过程提出新要求。为保持手册作为方法指南的适用性，就必须根据这些变化对相关内容进行调整与优化。以下分别从三个方面做简要说明。

1. 基本定义、分类与案例的优化。研究与开发（R&D）作为统领该手册的核心概念，其定义一直保持大体稳定，以便保持历史数据的连续性，这是第 7 版特别强调的要点（第 1.12 段）。在此前提下，第 7 版对 R&D 基本概念的定义只在表述方式上有所修改调整，目的是使之更加凝练，比如将“系统性”与“创造性”并列，R&D 活动被定义为“为增加知识存量以及用已有知识设计新的应用而进行的创造性、系统性工作”，同时在识别“什么是 R&D”及“什么不是 R&D”方面给予了更多关注，以期更清楚地给出划分边界。

为此第 7 版完成了以下工作：第一，将原本分散在不同章节、有关概念和识别的讨论统一整合为一章（第 2 章），围绕 R&D 基本概念定义、活动分类、与非 R&D 活动之间的界限做系统讨论。第二，将原来零散分布的判定依据进行整合，归纳出识别 R&D

活动的五个标准——新颖性、创造性、不确定性、系统性以及可转移/可复制，理论上说，只有同时满足以上五个标准的活动才是 R&D 活动（见第 2.13 段）。此外还提出了区分三类 R&D 活动（基础研究、应用研究与试验发展）的核心标准——研究成果的预期使用，以及两个辅助问题：项目需要多长时间产生能够应用的研究成果，R&D 项目研究成果的潜在应用领域的范围有多广泛（见第 2.37 段）。第三，加强了案例展示，一方面为理解概念定义、进行具体识别提供便利，同时在一定程度上还可以反映 R&D 活动的新动向、新进展以及与其他活动划分中遇到的新问题。其中特别值得关注的变化是试验发展在人文社科领域的扩展，通过案例列举，展示了人文社科领域（尤其是人文科学和艺术科学领域）的各种试验发展活动（见第 2.41 段），以此修改了第 6 版认为“人文社科领域的试验发展活动没有意义”的观点。

2.R&D 人员测度的优化。第 7 版增加了一组 R&D 人员分类——内部人员与外部人员，据此可将人员成本与对应的经费类别联系起来。内、外部人员的划分标准是雇用类别，内部人员被统计单位雇用，在单位内部开展 R&D 活动，而外部人员虽对单位内部 R&D 有贡献，但与统计单位无雇佣关系。在经费测度中，内部人员的人员成本归入经常性支出中的劳动力成本，而外部人员成本归入其他日常性支出。

博士/硕士研究生是一类较为特殊的 R&D 人员，第 7 版之前各国在 R&D 统计中对其薪酬的处理并不统一。为了规范该类人员实施 R&D 活动的人员成本统计，增强国际可比性，第 7 版首次针对博士/硕士研究生的分类以及薪酬处理办法提出了探索性指导。具体将博士/硕士研究生划分为三类，第一类是由 R&D 实施单位支付报酬（一般为工资或补助金的形式）的研究生，他们属于 R&D 内部人员，其人员成本应计入经常性支出中的劳动力成本；第二类是从外部获得资金或没有研究资金的博士生，他们是 R&D 外部人员，人员成本计入其他日常支出；第三类是无论是否接受资助，只进行独立研究的博士生，这类研究生不应纳入 R&D 人员。

全时当量（FTE）是测度 R&D 人员的核心指标之一。计算该指标需要分劈 R&D 人员投入到 R&D 活动及其他活动上的时间，这在实际统计工作中可能无法直接收集。为了解决这一问题，第 7 版给出了一个在一国范围内实施 R&D 的总全时当量的估算方法，即：总全时当量 = 全职 R&D 人员数 + 非全职人员 R&D 工时数 / 一国全职工作人员的标准或法定年度工时数。

最后，第 7 版还新增了 R&D 人员流动测度的建议。观测与掌握 R&D 人员流动情况能够预测 R&D 人员需求，实现人员优化配置。可设置的测度指标有流入人员、流出人员、离退休人员等，还可按学历、年龄进行分类。

3. 统计调查程序的进一步规范。为了提高 R&D 数据质量，增强数据的国际可比性，第 7 版给出了更规范化的 R&D 统计调查程序。从确定统计单元开始，后续步骤为调查设计、数据收集、数据整合、数据资料的编辑与插补、变量输出、数据质量评估。第 7 版还总结了调查实践各环节遇到的问题，例如“如何维持一定的回答率”“如何减轻被调查者负担”“如何合理使用行政数据源”等。通过在手册中提供解决这些问题的方案与建议，可有助于各国生成标准化的 R&D 统计数据。

调查设计环节是整个统计调查过程的核心。第 7 版指出，R&D 统计的调查设计包括抽样方案、数据收集方案以及行政数据调查方案三个主要部分。在抽样方案设计时需注意，相对全社会其他活动而言，R&D 活动只集中在少部分机构单位，需要对样本进行分层处理。对在总体 R&D 活动中占有较高比例的大型单位，应构建独立抽样层，采用全部调查方式；对规模较小的其他单位则采取随机抽样。为了确保调查问卷能够真实反映调查目的，应当在开展正式调查前进行预调查，并对预调查的结果进行充分分析，通过准确评估问卷的合理性、逻辑性、回答率等情况调整正式调查安排。第 7 版特别强调了数据编辑与插补过程的自动性、可重复性。自动化处理（通常通过计算机技术辅助支持）能够提高数据编辑与插补的精确度，有效监测和修正编辑错误。数据插补时应采用客观、合理的插补方法，避免主观填充数据的行为。为了加强数据质量，新版手册提供了一系列数据质量测度方法供各国选择使用。

研发统计内容的新扩展

——《弗拉斯卡蒂手册》第 7 版解读之二

本文刊发于《中国统计》2017 年第 3 期。

书接上一篇，《弗拉斯卡蒂手册》第 7 版较前一版的变化不仅限于优化已有内容，更在诸多方面有内容扩展。综合起来看，内容扩展主要体现在以下方面：一是针对政府对 R&D 活动的支持，将原来仅统计政府直接出资扩展到对税收减免成本的测度。二是对 SNA-2008 实现研发资本化处理做出回应，在原来经费支出统计基础上，试图按照 SNA 的要求提供更多维度的测度结果。三是关注 R&D 活动的全球价值链中的分布和影响，将原来仅限于将国外作为 R&D 经费的来源地和目的地，扩展到对人员、资金、服务国际流动的多维测度。第 7 版文本对这些内容的讨论还不充分，相关认识也不甚成熟，但却为后续讨论提供了基础。以下结合相关文献对这三方面扩展做简要讨论。

一、从政府直接出资统计到税收减免成本测度

研发活动具有周期长、产出不确定性大的特点，很大程度上会阻碍单个机构开展 R&D 活动的积极性。为此，国家层面推进研究与开发，政府的参与必不可少。除了政府部门所属各单位直接实施 R&D 活动以外，政府的作用更多体现在为企业、高等教育机构、非营利机构提供助力：一方面是直接出资予以支持，另一方面是通过政策工具——主要是税收优惠——给予激励。

如何测度政府部门的上述支持作用？二者相比，财政预算决算比较容易统计，并可以与 R&D 经费支出形成对应关系，而针对 R&D 发生的税收优惠则难以量化。第 6 版主要限于政府直接出资的测度方法，而第 7 版则进一步延伸到税收优惠的测度方法。综合起来看，根据第 7 版，政府对 R&D 的支持作用按照以下三个层面进行测度：（1）从 R&D 活动执行单位角度，识别其资金来源，显示由政府提供的经费数额，这是关于政府出资额的基本测度方法，具体见第 8 章。（2）从政府财政预算角度，识别针对 R&D 活动的预算拨款，这是关于政府出资额的补充测度方法，具体见第 12 章。（3）从税收优惠角度，识别针对 R&D 活动在企业经营各个环节实现的税收优惠，尝试测算政府为激励企业 R&D 活动而付出的成本（反过来可以看作企业获得的 R&D 补贴），这是对直接出资测算的进一步补充，具体见第 13 章。三者之间关系为：前两者测度目标相同，都是政府对实施 R&D 活动的直接出资，但由于数据来源不同，各自都有产生数据误差的深层原因，因此测算结果常常有较大差异；后两者虽然都涉及政府预算管理——一个导致预算支出发生，一个导致预算收入减少，但税收减免并不出现在政府预算中，所以二者之间并不具备可加性。

作为第 7 版第一次出现的内容，第 13 章具体讨论了 R&D 支出税收减免（简称 GTARD）这一指标的测度方法。首先要界定指标范围，关键点在于厘清税收政策目的与 R&D 之间的关系，只有与 R&D 活动有关的税收减免方能包括在内。比如，就业税收补

贴政策会使所有雇主受益，并非针对雇用 R&D 员工的雇主的特定补贴，因此不应计入 GTARD。其次还需明确税收工具，参考 OECD 对税收的分类，基本税收工具有企业税、工资税、劳动税、财产税，商品和服务税以及社会保障资金等，所有这些环节与 R&D 有关的税收减免都应包含在内。鉴于税收减免属于“没有发生的税收”，如何实际估算 GTARD，当前仍然面临很多困难，估算过程中会用到大量约定与假设，第 7 版对此做了初步讨论，并制定了国际报告的共同基准，希望增强该领域数据的国际可比性。

二、适应 SNA 需求，服务于 R&D 资本化核算

国民账户体系（SNA）的职能之一就是在不同统计框架之间提供协调，R&D 统计就属于“不同统计框架体系”中的成员。从第 6 版即可看到 SNA 的影响。比如，研发活动的部门分类就是在 SNA 的机构部门分类基础上加以灵活运用实现的，保留了企业、政府、非营利机构（以及国外）的基本框架，但将其中包含的高等教育机构分离出来作为一个独立的部门，将住户部门合并到非营利机构部门；又如，在汇总全国层面 R&D 经费总量时区分了“国内”和“国民”两个口径，并明确以国内 R&D 总经费（GERD）作为基本测度指标。到第 7 版，手册与 SNA 之间的关系因为研发资本化核算而有了显著加强。

研发资本化核算是 SNA-2008 版的新变化：将其纳入正式核算，不再作为卫星账户处理。所谓研发资本化，是将 R&D 活动作为知识生产活动，先核算其产出、进而将这些产出作为资本形成（替代原来作为中间消耗或最终消费）处理来体现知识积累、最后通过资产核算体现知识存量的整个过程。这一变化首先意味着 SNA 接受了 R&D 统计的基本定义和范围以及统计结果，即：将 R&D 视为增加新知识的活动，将知识产生（而不是专利或其他实体成果形式）作为 R&D 活动的成果，以 R&D 经费支出数据作为调整核算一系列总量的起点。反过来，由于 SNA 在 R&D 处理方式上的变化，R&D 统计又需要做出回应，以满足 SNA 关于研发资本化核算的数据需求。可以说，第 7 版的许

多修订都与此类“回应”有关：一方面取消了第 6 版以此为主题的附录，另一方面在正文中显著加强了与此有关的讨论，有多处内容变化。以下对这些变化做简要归纳。

第一，强化了关于机构单位的概念论述，将市场性、非市场性活动区分引入部门分类。第 7 版沿用 SNA 的定义，对参与 R&D 活动的机构单位及其性质有比较详细的论述。在从机构单位到部门分类的决策树中，采用了与 SNA 一致的思路：首个决策单元是识别该机构单位是否为市场生产者（即是否以具有显著经济意义的价格出售其产出），第二个识别标志为是否为政府所控制，然后才是是否从事高等教育活动。对比之下，第 6 版的首个决策单元是识别该单位是否为高等教育机构，第二个识别标志才是市场或非市场性质。显然，经过这样修改之后，不仅可以更好地刻画 R&D 各部门的性质，更重要的是，可以使 R&D 统计提供的数据更好地满足 SNA 的需要。因为，在 R&D 资本化核算过程中，要基于 R&D 支出统计数据，完成从“支出”到“总产出”的口径转化；而对应总产出，市场生产者与非市场生产者有不同核算方法和内容构成，相应的转化方法也有区别。

第二，将 R&D 资金来源按性质区分为交换性与转移性两类。第 6 版只笼统追踪各执行部门实施 R&D 活动的资金来源于哪个部门，第 7 版则进一步引入了资金来源的性质区分——交换性资金与转移性资金。根据第 7 版的定义，所谓交换性资金，是“为换取 R&D 执行并获得相关研究成果而由一个统计单位（出资单位）流向另一个统计单位（执行单位）的资金流”，以 R&D 购买（即执行单位的销售）最为典型，还包括政府通过购买合同资助 R&D 项目以及 R&D 外包等形式下发生的资金流；与之相对的转移性资金是一种“不需要任何商品或服务作为回报的资金流，出资人在其资助的 R&D 产出中没有任何特殊权利”，常见的转移性资金流包括政府补助金、债务减免、慈善事业等（见第 4.109–4.117 段）。如果熟悉 SNA 就不难理解，这样一种区分完全来自 SNA。之所以要对 R&D 资金来源做如是区分，原因在于：基于交换性资金的不同来源，才能确定 R&D 产出应该记录为哪个部门的购买、进而记录为资本形成（投资），转移性资金则与此没有直接关联。

第三，细化了需要报告的 R&D 支出的类别。这仍然是因为 R&D 资本化核算引起的需求。从 R&D 内部支出统计到 SNA 总产出核算，基本步骤是：以 R&D 经常性支出为起点，但 R&D 资本性支出要替换为当期用于 R&D 的固定资产折旧和无形资产摊销；在具体实现过程中还要考虑与 SNA 基本概念定义、相关核算有关的其他问题。为此，R&D 统计应尽可能在以下方面提供更详细的分组信息：（1）单独列示土地购置支出，作为扣除项备用，因为它在 SNA 中属于非生产资产，不在生产资产以及固定资产折旧核算之内。（2）单独列示资本化的计算机软件购置支出，作为扣除项备用，因为它在 SNA 中是与 R&D 并列的项目，不能重复计入。（3）最好将房屋建筑中的机器设备剥离出来计入机器设备类别之中，以防低估机器设备价值；同时最好能够分类提供机器设备支出，比如区分为信息与通信设备、交通运输设备、其他机器设备，以备 SNA 针对不同类别固定资产的使用寿命采用不同折旧率通过永续盘存法估计其资本服务。（4）在经常性支出中，需要识别出劳动力成本，无论这些成本属于“R&D 内部人员劳动力成本”还是包含在“其他经常性支出”之中的，并要将发生于“R&D 外部人员”上的成本与外部咨询服务购买区别开来；如果可能，还应该将外购服务支出与外购材料区分开来。上述区分均与 SNA 在 R&D 总产出核算过程中的行业归属、增加值范围有关。

此外，第 7 版增加了有关估价原则的说明，明确 R&D 支出采用市场价格估价，对应的是作为买方的购买者价格，其中包含各种产品税以及不可抵扣的增值税。这样就可以将 R&D 支出统计估价与 SNA 关于货物和服务使用（中间消耗、最终消费或资本形成）的估价原则一致起来。

三、探索 R&D 全球化的统计测度方法

经济全球化是指在全球各国之间形成的，涉及资源配置、产品生产和流通的多层次、多形式融合的趋势。在此过程中，R&D 也被全球化了，成为全球化价值链上的一个组

成部分，涉及资金、实施、转移和使用等多个方面。基于此认识，对一国R&D统计而言，第6版笼统地将“国外”作为该国R&D资金的一个来源或一个目的地的处理方法已经不够了，为此第7版专设第11章，试图结合全球化特征系统讨论一国与国外之间围绕R&D所发生的种种关系，以此理顺基于R&D资金来源进行测度的思路，并试图提供更丰富的信息。

为达上述目标，第7版首先基于SNA原理明确了有关“国外”的定义，以“rest of the world”替代了第6版比较笼统的“abroad”。作为一个准机构部门，它由所有与该国常住单位发生交易但又不构成该国常住单位的非常住单位构成，各种国际组织和超国家组织也包括在其中。进而，第7版将国内实施R&D的四大机构部门分为两个部分，重点是企业部门，然后延伸到非企业部门，即政府、高等教育、非营利机构三个部门，具体讨论R&D资金来源引起的与国外之间的资金流统计测度方法。

企业部门由于跨国公司的全球运作呈现出异常复杂的形态，同时也是全球化R&D的主要载体，由此给R&D活动及其资金来源的识别和测度带来巨大困难。第7版结合一系列相关国际规范（除了SNA-2008之外，还有《经济全球化指标手册》《外国直接投资基准定义》《国际收支与国际投资头寸》《国际服务贸易统计手册》等），首先描述跨国公司的性质，进而讨论按照股权结构所形成的公司内各成员企业之间关系如何在宏观统计中转化为编制国的对外关系；在此基础上建议R&D统计应逐步建立以下三层测度，以便为认识全球化R&D提供多维度信息。（1）跨境R&D资金流统计，是对原来R&D资金来源统计方法的明确与拓展，即：要从常住企业入手收集全部来自国外的资金数据、提供给国外的资金数据，无论这些企业是跨国公司还是非跨国公司，对应的国外非常住单位是否属于该企业的附属单位或母公司，但应尽可能地将附属关系下的资金流与非附属关系下的资金流分开。（2）以跨国公司为重点的R&D统计，力图从R&D实施人员与经费统计到资金来源统计提供全过程测度，以期能够更全面地展示新知识生产全球布局的图景。其中包含两个方向的统计：一是立足编表国母公司（及国内成员企业），显示其实施R&D的人员和经费支出，进而显示其资金来源——来自国内附属企业或非附属企业、国外附属企业或非附属企业。二是立足编表国受国外控制的附属公司，显示其实施 R&D 的人员和经费支出，进而显示其资金来源——来自国内附属企业或非附属企业、国外母公司或附属企业或非附属企业。如果可能，此类数据还应该按照行业等分类提供。（3）R&D 服务贸易统计，是对应《国际收支与国际投资关系》和《国际服务贸易统计》的与 R&D 有关的对外交易统计。此类交易对象的内容比较混杂，既有 R&D 概念下的对外交易，也有基于专利等已完成 R&D 成果的交易。R&D 服务贸易测度以市场估价和权责发生制为基本原则，以此可与前面所述经费支出和资金来源测度指标相区分。由于相当一部分 R&D 服务贸易发生在跨国公司内部（母公司与成员企业、不同成员企业之间），由此可能会导致价格扭曲从而形成跨国转移，这是各种跨境转移中最值得关注的一种形式。

与企业相比，政府、高等教育、非营利机构三个部门具有共性，其与国外之间的资金流形式比较简单。第 7 版给出的新建议包括：（1）应尽可能地将对应的国外部门做进一步划分，区分企业部门、政府部门、高等教育部门、非营利机构部门。（2）应尽可能地将资金流按照性质做区分，识别其中的交换性资金、转移性资金以及回报类资金。

为实施创新型国家统计监测奠定基础

——写在《研究与试验发展（R&D）投入统计规范》发布之际

本文是在《研究与试验发展（R&D）投入统计规范》发布之际，受国家统计局社会科技文化产业司之约撰写，刊发于国家统计局官方网站 2019 年 5 月 8 日，后被人民网转发。

解析“十九大”以来倡导的高质量发展战略，创新发展是其中的第一要义。要实施创新发展，离不开一套完备的科技创新统计数据，由此需要针对科技统计做扎实的基础工作。在此背景下看这部《研究与试验发展（R&D）投入统计规范》（以下简称“新规范”）的发布，其重要意义不言而喻。数年前，我曾带领团队全程参与此部规范的研制，值此发布之际，不免生出许多感慨。以下我结合上一版《科技投入统计规程》（以下简称“老规程”）、R&D 投入统计国际标准演进以及中国科技统计这些年的改革与发展，对这部新规范的内容和修订要点做简要介绍。

一、突出了“R&D”这个重点

新旧对比，一眼就能发现，主题词变了，原来的“科技投入统计”变成了“R&D投入统计”。主题词的变化代表统计对象的变化。科技投入统计中的“科技”是一种比较笼统、宽泛的说法，而现在R&D投入统计中的“R&D”则是一种特指，是经过严格定义的“研究与试验发展活动”，其他诸如科技服务活动、科技支持活动都不在其中。显然，从“老规程”到“新规范”，首要变化就是更加清晰地界定了统计对象。

科学技术作为统计对象，至少要分解为三个方面：一是投入，花费了多少人力物力。二是过程，发生了多少科技活动。三是产出，形成了多少成果，可能是论文、研究报告，也可能是各种专利、发明。照理，这三个方面都应该是科技统计的范畴，但事实上只有投入能够做到客观度量和汇总，故而统计一般以投入为重点。这就解释了为什么无论“老规程”还是“新规范”，主题词中都包含“投入”这个限定语。

放在经济社会发展这个大背景下来看，当前科技统计大体有三个关注点。第一是这里所说的R&D投入统计；第二是创新统计，对象是在经济社会活动过程中所实现的创新，其中包括直接依托R&D活动而发生的技术创新，同时还包括其他诸如营销创新、组织创新等；第三是知识产权统计，即把科学研究和创新的发现发明作为知识产权加以统计，同时还延伸到知识产权交易，前者如专利统计，后者如技术交易统计。可以看到，上述三者之间有一个先后关系，R&D投入是基础，是创新的源泉，更决定了知识产权的产生和后续交易。由此我们可以说，从“科技投入统计”到“R&D投入统计”，新规范的出发点就是要夯实R&D投入统计的基础。

二、实现了与国际标准的衔接

研究与试验发展（R&D）这个词是舶来品，为统一全球R&D统计测度和调查实施标准，经合组织（OECD）主导制定了R&D投入统计规范，即所谓《弗拉斯卡蒂手册》，并被世界各国普遍接受成为国际标准。这部手册自从1960年代发布之后，历经修订，现在已经更新到第7版。有关这部手册第7版的内容和变化，我曾经撰文介绍（分两期刊于《中国统计》2017年第2、3期），这里主要就此次发布的新规范与国际标准之间的关系谈一点自己的体会。

中国在20世纪80年代引入了联合国教科文组织有关分类标准，建立了科技活动统计，直到1991年才引入R&D概念并发布相关数据，R&D投入统计一直依托科技统计框架进行。受此影响，2000年制定的“老规程”仍然将统计对象界定为“科技活动”，具体包括三个部分：科学研究与试验发展活动、科学研究与试验发展成果应用、科技服务。如果仔细考察其中的文字可以发现，上述三者（尤其是前两者）之间的界限还是比较模糊的。所以，今天我们评价“老规程”与国际标准之间的关系，需要用几句话做说明：第一，“老规程”中有关R&D活动内容对应的是《弗拉斯卡蒂手册》第5版；第二，“老规程”对标的国际标准，除了《弗拉斯卡蒂手册》还有联合国相关标准；第三，“老规程”制定过程中同时考虑了当时中国科技发展实际情况。

在“老规程”发布之后的近20年间，中国科技统计有了很大的发展，其中就包括统计中心逐渐转向R&D投入统计，以此为重点进行统计基础建设。正是因为有了这些基础建设，我们今天才有必要、也才有可能正式以“R&D投入统计”进行新一版规范的修订，实现与国际标准的衔接。

与此同时，国际规范也在进化，一个可见的标志就是《弗拉斯卡蒂手册》第7版问世。由此就需要回答一个问题：此次发布的“新规范”与更新后的国际规范是什么关系，对应程度如何？较之此前版本，手册第7版确实有较大变化。但是，仔细阅读这部新标准可以发现，就R&D活动的定义和识别、R&D投入统计的主要指标和主要分组而言，第7版尽管有很多文字上的完善，核心内容基本上可以用“萧规曹随”来形容；最显著的变化主要体现在纵深细化方面，其中包括：如何在R&D投入统计中为SNA（国民经济核算）实现研发资本化处理提供服务，如何应对全球化背景下的R&D活动识别和投入统计问题，如何就政府对研发活动提供的政策支持作更全面的统计。

基于上述认识再看“新规范”与国际标准的关系，也需要两句话来说明：第一，“新规范”在 R&D 投入基本指标和基本分组方面，与 OECD 手册第 7 版已经实现高度衔接；第二，手册第 7 版延伸出去的上述问题，尚未全部体现在“新规范”中。

三、统领中国 R&D 投入统计制度体系

R&D 投入统计的具体实施是一项系统工程。R&D 活动发生在不同领域，不同领域的 R&D 活动各具不同性质，R&D 投入发生的具体形式也大有不同。在专门的科研院所（比如中国科学院），R&D 是其主要活动；高等教育机构（比如中国人民大学）也会从事 R&D 活动，但却是与教育和人才培养活动相伴相生的；伴随科学技术与生产过程的密切关联，企业日益成为 R&D 活动的主力军，大型工业企业会建立自己的研发团队，还出现了大量以 R&D 为主要活动的科技型企业。所以，进行 R&D 投入统计绝不是一张调查表就能解决的，而是要与不同领域的特点结合起来，分别由不同部门组织实施。

在此背景下，要实现有效率的 R&D 投入统计，最终汇总为全国 R&D 投入统计数据，必须体现两个原则。第一需要“统”：给出统一的概念定义、统一的指标和分类、统一的统计原则和分工；第二需要“分”：分别不同领域依据各自特点，由各实施部门制定具体的统计调查制度和统计汇总方法。中国 R&D 投入统计近 20 年来的发展正是基于这一思路进行的，目标是一套三层架构的统计制度体系：最上面是 R&D 投入统计规范，中间是 R&D 投入综合统计制度，最后具体化为各个部门的统计调查制度。

显然，此次发布的“新规范”，其基本定位就是为这套统计制度体系提供“上位法”（借用法律界用语），它不会涉及具体调查方案，而是要对整个 R&D 投入统计工作提出需要遵循的基本规范。除了上面一再提到的 R&D 投入基本概念定义、基本指标和分类设计之外，它还要设定统计实施过程中的基本原则、各相关部门的职责分工，对工作流程与数据质量控制方法、数据汇总和发布渠道做出规定。其中需要关注的有：（1）

项目（或课题）是进行 R&D 活动的基本组织形式，因此 R&D 投入统计就是以“项目”为单位进行实际操作的。（2）R&D 投入统计要执行法人单位在地统计原则，这就与其他政府统计诸如工业统计等保持了一致。（3）R&D 投入指标的数据生成方式有两种，一个是统计调查单位直接填报，另一个是基于科技投入统计指标按 R&D 活动占科技活动的比例及相关依据进行推算。（4）各级有关部门不得修改调查单位填报的原始数据，每一层级都要建立数据审核与评估制度，必须先进行数据评估然后才能发布数据。

四、结语：规范发布之后

对中国 R&D 统计以及关注中国 R&D 投入统计数据的用户而言，此次“新规范”发布肯定是一个重要节点。但我觉得对此要有一个更全面的认识。

第一，中国 R&D 投入统计（以及更广泛意义上的科技统计）一直处于渐进改革之中。可以说，“新规范”的发布在很大程度上是将既往改革所取得的成果固定下来，周告公众，而不是说从发布之日起才会将这些变化付诸实施。相应地，中国 R&D 投入数据也不会因为此次规范发布而有大幅度的调整。

第二，未来 R&D 投入统计的改革还会继续。有些是要落实这部“新规范”提出的目标和要求，同时还会根据现实发展做出新的探索。比如，如何利用企业财务资料提取、生成 R&D 投入相关指标数据，如何更全面获取政府财政通过补贴、税收减免对 R&D 活动的支持，如何解决全球化背景下 R&D 投入资金来源的识别问题等。据我所知，至少有一些已经列入国家统计局推进相关工作的议程之中。我们拭目以待！

《R&D 投入统计规范》的前前后后

本文刊发于《中国统计》2019 年第 6 期。

最近国家统计局正式发布了《研究与试验发展（R&D）投入统计规范》。这部经过两年研制、三年等待的“新规范”终于取代了已经使用近 20 年的《科技投入统计规程（2000）》，从而为研发投入统计工作提供了新的方法制度依据。话说当年我曾带领一个小团队全程参与此项规范的研制，而今当然喜见这个结果。为了给这个项目“站好最后一班岗”，我应邀专门撰写了一篇解读文章《为实施创新型国家统计监测奠定统计基础》。此文发布之后，我感觉还有些话说，故而想借《中国统计》这个平台，简要介绍围绕研发投入统计此前发生过的事情、实际统计会面临的难题、未来将要延伸的内容，给大家做参考。

一、研发投入统计的重要性

科技对于发展的重要性，无论怎么强调也不过分。历史大视角看，数次工业革命都是以科学技术的重大进展为先导；延续到当下，信息革命给各国带来的巨大机遇和挑战，更是以抢占科学技术制高点为前提的。“中国制造 2025”“德国工业 4.0”都体现了要将高技术产业发展作为国家战略的动向；当前中美贸易之争的实质就是中国不再仅仅出口低端制造业产品，而是在高端制造方面与美国形成了竞争之势，而高端制造背后就是科技竞争力叠加于产业竞争力的结果。最近看到一个以数字经济为主题的演讲，谈到以互联网、区块链等为特征的数字经济，完全是从科学技术、从知识、从创新出发而实现由“奇点”到“大爆炸”的（见朱嘉明清华大学演讲《数字经济五十年——从奇点到大爆炸》）。这些都在彰显出科学技术对于一个国家未来发展的重要性，可以说关系到国运！在此背景下就不难理解，四十年前改革开放之初邓小平为什么要提出“科学技术是第一生产力”，为什么党的十九大以来倡导的高质量发展战略，要将以科技为背景的创新发展列为其中的第一要义。而要实施创新发展，肯定离不开一套完备的科技创新统计数据，这样，科技创新统计的重要性就显现出来了。

那么，研发（R&D）与科技、创新之间是什么关系？有专家对此做过梳理（参见李胤《关于研发、科技和创新的那些事儿》，《中国统计》2014 年 8 期），认为科学技术是一个宽泛的概念，如果将科学技术及其扩散看作是一个链条，其范围扩展顺序是研究与试验发展（即研发）、科学技术、创新。其中，研发是增进人类知识、创造新应用的活动，科技活动则不仅包括知识的产生，还延伸到知识的发展、传播和应用，创新活动延伸的范围更远，体现了知识与市场、与经济过程的结合，是在创新目标下发生的科学、技术、组织、金融、商业等各种活动的总称。不难看出，研发活动处在这个链条的前端，不仅是整个科技活动的核心，也是创新活动的基础（见图 1）。此次之所以针对研发活动专门制定统计规范，其出发点就是要夯实 R&D 统计这个基础。

接下来还要说明，为什么是研发“投入”统计？理论上说，研发（以及广义的科学

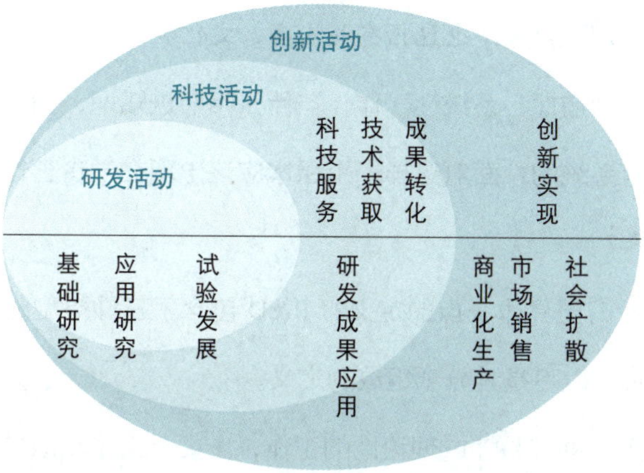

图1 研发活动、科技活动、创新活动之间关系示意图

注：转引自李胤《关于研发、科技和创新的那些事儿》，《中国统计》2014年8期。

技术）作为统计对象，至少要分解为三个方面：一是投入，花费了多少人力物力。二是过程，发生了多少活动。三是产出，就是积累了多少知识，这三个方面都应该是研发统计的应有之义。但事实上只有投入能够做到客观度量和汇总；对于产出，即使可以统计发表了多少篇论文、申请了多少项专利，但实际上还是无法真正量化所增进的知识。故而从统计来说，一般是以投入为重点，在“投入代产出”的前提下，用投入统计数据作为整个研发活动及其成果的表征。

二、实现研发投入统计的关键节点

将研发投入统计这个词拆分一下，可得三个关键词，每一个关键词对应不同的问题：研发是统计对象，投入是要生成的指标，统计代表工作过程和方式。进行研发投入统计存在两大难处，一个是研发活动的识别，一个是研发投入覆盖内容的识别，两者相比，前者难度更大。

有什么难的？先上定义给你看看。

按照经合组织《弗拉斯卡蒂手册》（第七版）（以下简称《手册》）的定义，研发活动“是指为增加知识存量（也包括有关人类、文化和社会的知识）以及设计已有知识的新应用而进行的创造性、系统性工作。”什么叫增进知识、创造知识新应用？怎么才算是创造性的、有系统的？面对这样一个原本应该出现在学者著作中的抽象定义，在统计上应该如何操作？

你会问：有没有更具体一点的定义？R&D 包含了三种类型的活动：基础研究、应用研究和试验发展，以下是其分项组成的定义。

基础研究“是一种实验性或理论性的工作，主要是为了获取关于现象和可观察事实的基本原理的新知识，不预设任何特定的应用或使用目的”。应用研究“是指为了获取新知识而进行的初始性研究，但它主要针对某一特定的实际目的或目标”。试验发展则“是利用从科学研究、实际经验中获取的知识和产生的额外知识，以形成新的产品、工艺（流程），或改进现有产品、工艺（流程），而进行的系统性工作”。

你看，这些定义对于研发活动的识别，其可操作性似乎也没有提高多少，反而还增加了进一步的麻烦：如何在这三类研发活动之间做出区分。

确实，研发活动常常是与相关活动混合发生的，这就给识别带来难度：如何在增进知识与传播知识之间做出区分，如何将研发活动与高等教育活动做出区分，如何将研发活动与企业技术革新活动做出区分，其间都没有清晰的界限。为了提高识别精准度，《手册》没少花心思，其中用大量篇幅针对不同领域给出很多具体例子。以下我引用两个文字比较短的例子。一个是有关研发活动识别的：“温度或大气压力的日常记录工作，不属于 R&D，而是标准程序；研究测量温度的新方法是 R&D，因为它是对天气预测新模型的研究与开发。”另一个是有关三类研发活动之间区别的：“研究免疫球蛋白序列分类的新方法是基础研究。为了区分不同疾病抗体的研究属于应用研究。基于抗体结构知识为某种疾病设计一种合成抗体，对病人进行合成抗体临床疗效的测试，属于试验发展。”这些例子放在一起确实可以为识别提供帮助，但如果你面对的就是某一项活动，你是否能够一眼看上去就能做出判断？而且，如果你不是专门研究这个问题的专家，而是某企业或高校的普通统计人员，是否能够识别出来？如果不辅之以相应措施，我觉得可能还比较“悬”。

以上涉及研发活动的识别，接下来看研发投入的定义和识别。投入是一个笼统的词语，研发统计中的投入是有具体定义的，这里仅就经费投入做说明。一般而言，研发活动并不是一个经济单位的全部活动，所以，研发经费统计首当其冲要解决的问题，就是要识别哪些属于研发活动的经费支出，避免多计（将非研发活动经费纳入其中）和少计（漏掉研发活动经费支出）。在此前提下，还要在以下方面做出区别：一是仅限当期投入统计，不显示各期累计数。二是仅限当期实际支出数统计，背后是收付实现制原则，以此与权责发生制下的“成本”相区别。三是仅统计为实施研发活动而发生的经费支出，区别于各相关单位的经费拨付，后者仅作为研发经费的资金来源做统计。四是按照经费支出的性质区分经常性支出和资本性支出两个部分进行统计，后者如购置设备或专利，会形成该单位的资产，前者则是指其余可归结为当期成本费用的支出，比如研发人员的劳动报酬。前面几个区别涉及经费指标的性质和口径定义，最后一个则代表经费支出的不同组成，由此决定了在具体操作过程中要面临很多“识别”问题。

当前发布的《研发投入统计规范》沿用了国际文献的概念定义和指标设计，但作为原则性规范文本，并没有针对这些具体识别问题花费过多笔墨。然而，在后续具体研发投入统计调查和数据加工汇总过程中，无论是国家统计局还是科技部、教育部，都会包含以下两项必不可少的工作：一个是每年的统计人员培训，目的是在调查环节提高填报内容的有效性；另一个是经电子系统填报后由各级统计机构针对填报的科研项目做具体甄别，目的是进一步提高研发活动识别的精度，保证最终汇总数据的准确性。

三、研发投入统计内容的进一步延伸

以上所讨论的是研发统计的基本内容。事实上，研发统计的内容还在进一步扩展，仔细阅读经合组织作为国际标准最新发布的《弗拉斯卡蒂手册》就可以看到这一点。两年前我曾经以“研发统计内容的新扩展”为题撰文介绍其内容变化（见《中国统计》2017年第3期），这里仅择要介绍。需要说明的是，当前这些方面的进展仍然处于探索之中，不但各国统计实务的落实程度还很有限，就连作为制度规范的手册本身，相关问题的阐释也有待进一步明确，可以说，这些内容代表了未来改进的方向。

第一个扩展涉及政府对R&D活动的支持。政府支持是一国推进研发活动过程中不可缺少的，但如何显示政府提供了多大支持，却是研发统计一直没有解决的问题。按照既有统计框架，只在研发资金来源分组中包含一个分组项目“来自政府资金”。这里存在两个问题，一是只包含了政府直接出资（作为补贴或其他形式）形式的支持，却无法显示政府针对具有高密度研发活动企业通过税收减免所提供的支持。二是有关直接出资部分的统计，基于研发实施单位自下而上填报得到的汇总数据常常得不到财政部门的认同（后者认为这些数据或多或少低估了政府的作用）。故而，新一版手册明确提出，要将统计内容从政府直接出资扩展到税收减免成本的测度，同时引入政府财政决算统计作为原来自下而上汇总统计的补充。

第二个扩展是希望更好地服务于国民经济核算（SNA-2008）研发资本化处理。应该说，将知识视为资本、将研发投入作为投资处理，是经合组织一直以来所倡导的，SNA-2008正式包含研发资本化处理的内容，代表着对经合组织观点的认可。但反过来看，当前研发统计尚不能满足国民经济核算实现研发资本化处理的需求，如何实现两者之间的数据对接仍然是一个有待解决的问题。新一版手册强调，要按照市场与非市场对研发实施单位做分类，将R&D资金来源按性质区分为交换性与转移性两类，细化研发支出的分类数据，这些都可视为是对研发资本化核算需求的反应。

第三个扩展是关注R&D活动在全球价值链中的分布和影响。与经济全球化过程同步，研发投入的资金来源，甚至研发活动本身也越来越具有了全球化特征。此前仅限于将国外作为R&D经费的来源地和目的地，新版手册则试图将统计内容扩展到对人员、资金、服务国际流动的多维测度，尤其是在企业层面的观察，要求各国分别就研发资金跨境流动、跨国公司在全球的研发活动、服务贸易中包含的研发活动等做出统计监测。

四、中国研发投入统计进步在路上

中国在上世纪 80 年代才建立起科技活动统计，直到 1991 年才引入 R&D 概念并发布相关数据。但此后几十年间，中国 R&D 投入统计一直在改革完善，进步很快，与国际规范衔接度也比较高。此次《研发投入统计规范》的发布，相当于是对既往研发投入统计的改革成果做了一次全面总结，在制度上落实下来。在此基础上，中国研发投入统计的后续改革将会继续。有些与前面所提到的国际标准要求发生变化有关。比如，如何改进与财政支持有关的统计内容，在中国具有紧迫性；如何针对跨国公司全球运作捕捉研发活动的国际双向存在和资金双向流动，也非常有现实性。另外还有一些中国特有的问题，比如如何利用企业一套表制度，在研发投入调查环节将企业财务数据利用起来。

最后再唠叨几句我对这个领域的介入和工作状况。2014 年接受国家统计局社科文司委托，承担《研发投入统计规范》的研发，其间经历了既有国内外文献的搜集研读、科技部等多部门的全面调研、规范文本的起草和 N 次讨论修改，历时两年完成。在这个项目工作基础上，我们还完成了两篇份量比较重的研究论文，一篇是企业研发投入统计与企业会计核算的比较（《企业研发支出：政府统计与企业会计核算方法比较研究》，《统计研究》2016 年第 10 期），一篇是讨论在 GDP 核算平台上实现研发资本化处理的核算机理（《研发资本化与 GDP 调整的整体认识与建议》，《统计研究》，2017 年第 4 期）。此外，还和社科文司专家一起，撰写会议论文《中国研发投入统计基本状况及相关问题》，参加了由国际官方统计协会和经合组织联合举办的第 16 届国际官方统计大会（2018）；我作为咨询专家参与了科技部主持下的《弗拉斯卡蒂手册》（第七版）中文翻译，在翻译过程中，对这一新版本的内容有了更全面的认识；王文静博士将此作为主攻研究方向，最后形成以《产学合作知识存量测算及其创新效应研究》为题的博士论文，已经通过论文答辩。总结这些，我不禁感慨：这真是一次非常愉快、非常高效的合作，为“政－学－研”合作提供了一个成功的案例。后续我还会持续关注这方面的研究进展和统计实务变化，关注中国在研发创新方面的进步。

被“移植”使用的综合交通运输统计框架

本文刊发于《中国统计》2020年第9期。

2014年，我带学生参与交通运输部科研项目，负责“综合交通运输统计总体内容架构”的研究设计。项目研究成果得到委托方的高度肯定，相关内容和建议被纳入交通运输部《“十三五”综合交通运输发展纲要》之中，所研制的一套指标体系已经作为未来交通运输综合统计指标开发建设的基本依据，完整的研究报告后来编入《中国政府统计建设与应用专题研究报告》（高敏雪著，中国人民大学出版社，2018）一书中。

今天为什么旧事重提？只因为今年毕业的博士在其以数字经济为主题的博士学位论文中，移植使用了我当年针对交通运输统计框架提出的设计思路。这让我感觉到：这项专题研究设计或许在研究方法和内容框架设计上还真有一点借鉴意义，故而今天说给交通运输统计之外的人听一听。

一、所谓综合交通运输

交通运输常常被视为国民经济中专门提供交通运输服务的一个行业。这样理解当然没有问题，但如果将视野扩展开来，进一步考虑：交通运输服务是怎样提供的，以及通过交通运输对经济社会发展带来了哪些影响，那就会超越行业概念，其结果不是一个简单的客货运量或者交通运输业增加值指标所能概括得了的。实际上，交通运输是一个复杂的现象，交通运输管理肩负着经济、社会等多项职能，这就决定了行政管理视角下的综合交通运输统计，有别于行业视角下的交通运输业统计，本身是一个比较复杂的数据生产系统。

为了深入理解综合交通运输这个统计对象，我们当年曾经分为三层予以解构。

第一层是揭示交通运输活动的基本特点及其过程。

交通运输泛指运用运载工具在交通网络上流动，从而实现人、货空间位置移动的过程。为达成这一目标，首先要有运载工具，即各种车、船、机，承载被运输的人或货物；同时要有相应的运输线路，支持运输工具的运行，有专门修建的铁路、公路，有些则是天然存在但也需要一定的人工辅助，如河道或空中航线。除此之外，还需要有车站、码头、机场等各类站点设施，通过这些站点，交通运输活动才成为一幅网络，与整个经济社会运行过程密切联系起来。可以说，运载工具、线路、站点，三位一体，构成交通运输活动的基本要素。其中，线路和站点作为基础设施，为运载工具提供着交通服务；运载工具依托于线路、站点等基础设施，实现人员、货物的空间位置移动，这就是运输服务。将交通运输视为一个从投入到产出的生产过程，交通量、运输量就是其服务产出。

这一切是怎么实现的，以及如何进一步维护和扩大？首先要投资，筹集资金用于基础设施的建设施工、运载工具的购置，而且要不断投资，以便提高交通运输网络的覆盖程度，以更快的速度、更安全的方式、更低廉的成本提供交通运输服务。其次要持续进行研究与开发，通过科学研究活动不断提升交通运输设施和运载工具所含技术水平，以此提高交通运输的能力和利用效率。此外，还会涉及土地、能源等资源投入的支持。

第二层是认识交通运输活动的实际运作方式。

总体来看，交通运输是一个以市场运作为主、基本公共服务与之并存互融的领域。

一方面，整个交通运输的组织运作需要按照市场规则、依赖于现代市场体系而进行。首先是交通市场和运输市场，在此之下可进一步区分为基于不同交通运输设施的市场和不同运输方式的市场（公路、铁路、水路、航空、管道），不同区域的市场（比如京津冀、长三角及其细分），不同运输对象的市场（客运和货运及其细分），等等。每个市场上都有相应的供应者与需求者，各个市场之间既有合作关系又有竞争关系，通过市场价格，引导供需双方各自的经济决策，最终达到供求平衡。另一方面，政府作为公共服务责任人，有责任提供公共性基础交通设施和基本交通服务；同时有责任立足社会均衡发展目标，帮助落后地区和弱势群体能够获取基本交通运输服务；还有责任对整个交通运输实施规范和管理，保证其符合国家整体可持续发展目标。公共服务与市场之间不是完全隔离的，政府会借助于市场架构，通过公共投资、免费或差别定价、补贴等方式，实现公共交通基础设施建设、提供基本公共服务的目的，通过经济手段、行政手段实现对市场的管理和规范。

第三层是扩展开来显示交通运输在经济社会发展进程中的基本功能。

人、货的空间位置移动，会牵涉到经济生活的方方面面。从经济视角可以分层观察交通运输对经济发展的影响。第一，交通运输所实现的“货畅其流”，以及不断降低的成本、不断缩短的时间，可以将产品供应与需求关联在一起，扩展市场覆盖的范围，使专业化分工提升到区域之间以及全球各国之间，由此改善资源配置效率、提高整体生产力水平。第二，交通运输作为一个产业，本身直接构成一国经济活动的组成部分，其服务产出和价值创造会直接包含在 GDP 之中，直接对经济增长产生影响。第三，交通运输基础设施建设和运载工具购置都属于固定资产投资，在其后面拖着从建筑、设备制造向前延伸的长长的产业链条，所以交通运输建设投资常常是宏观经济管理用来拉动经济增长的“抓手”。

从社会视角看，交通运输对社会发展具有多层次的外部效应。第一，交通运输业具有较大的就业吸附效应，对拉动就业、提高居民生活水平具有显著作用。第二，交通运输极大地促进了区域间的联系，有助于将边缘地区与发达地区的市场关联起来，通过货物和人的流动，为减少贫困、降低区域间发展不平衡程度提供强大助力。第三，交通运输是一个科技含量比较高的领域，基础设施、运载工具的升级换代，都需要研究与开发及相关科技创新活动的支持，并会将相关研发成果传递到其他领域。第四，交通运输是一类具有安全风险的活动方式，各种类型的交通安全事故会通过财产损失、人员伤亡对社会发展产生负面影响。

还可以从可持续发展角度来看交通运输，其对资源环境具有不可忽略的影响。交通运输设施建设需要占用土地资源，影响生态环境；交通运输活动中要消耗大量能源，在燃烧过程中会产生二氧化碳排放；水路交通需要就地利用水资源（尤其是内陆水），并对水环境产生一定影响。为了减轻上述针对资源消耗、废弃物排放以及生态系统扰动而形成的外部负效应，交通运输领域要开展各种以节约资源、减少排放、保护或恢复生态的环境保护活动。

综合上述，放在一张图里，就可以对交通运输活动过程及其影响有一个整体性了解（图 1）。

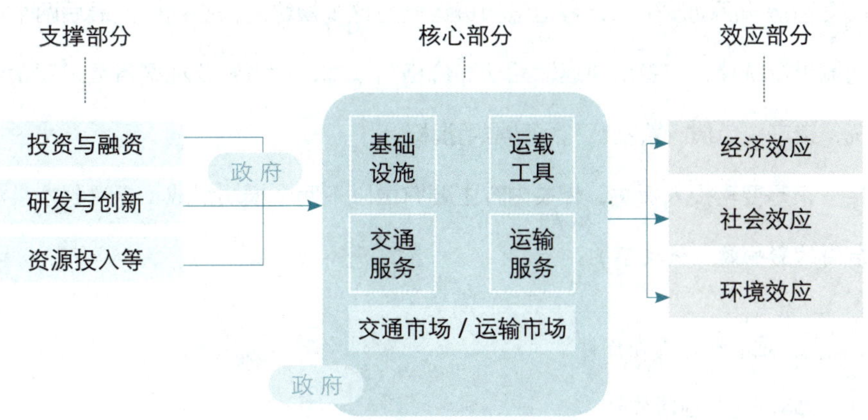

图 1 综合交通运输活动组织及影响结构关系图

二、综合交通运输统计基本内容框架

我之所以用那么大篇幅不厌其烦地讲交通运输活动过程及其影响，目的是想通过对统计对象的详细解构，为综合交通运输统计的内容架构提供依据。以下沿着这个架构简要勾勒综合交通运输统计各个板块的内容，提示在各个板块之下的核心指标（更详细的论证建议你去看我在前言里提到的那本书）。

首先是核心板块，展开来包含以下统计内容模块：

◎ 交通运输基础设施统计

◎ 运载工具统计

◎ 交通量统计

◎ 运输量统计

◎ 运价和运输成本统计

◎ 交通运输经营者统计

前两个模块合起来是运力统计，显示一时期期末拥有量以及期内变化量，各类线路长度、运载工具数量是核心指标。中间两个模块是交通运输服务的业务量统计，显示一时期内交通运输活动发生量，客运量和货运量是这个模块的核心指标。最后两个模块是交通运输市场统计，前者反映运输活动的价格与成本，后者则要观察各类运营企业的经营状况，资产、负债、营收、利润是常用指标。

接下来是要素投入板块，相关内容主要有由以下两个模块组成（资源投入模块被合并到后面的影响效应板块了）：

◎ 固定资产投资统计

◎ 研发与创新统计

固定资产投资统计的对象主要是交通运输基础设施，同时还可以延伸到运载工具购置，核心指标是固定资产投资额，反映当期完成的固定资产投资和建设进度。研发与创新统计包括研发统计和创新统计两部分，前者着眼于经费和人员投入，后者着重统计创新活动的发生和成果，研发（R&D）支出是其中的常用指标。

最后是影响效应板块，按照经济发展影响、社会发展影响、环境影响三方面列示。具体包含以下五个模块：

◎ 交通运输业生产统计
◎ 就业和人力资本统计
◎ 出行和货运成本调查
◎ 安全统计
◎ 资源投入和环境统计

交通运输业生产统计是将交通运输业作为一个独立的国民经济产业，核算其总产出和增加值，以此显示对于 GDP 的直接贡献。就业和人力资本统计也是着眼于交通运输业，以就业人数统计显示交通运输业吸纳就业的总规模。出行和运输成本调查是从交通运输服务需求者角度进行的调查，以便分析出行成本对居民消费、运输成本对生产者成本的影响。安全统计针对交通运输事故及其损失进行。资源投入统计集中于土地占用和能源消耗两方面，环境统计包括污染物排放和环境保护支出两部分内容。

看到这里，读者未免会说：怎么这么复杂啊！我很遗憾地说：以上只是就基本内容做介绍，如果将这些统计内容置于不同对象范围内加以实施，结果会更复杂。首先要区分公路、水路、铁路、航空等不同运输方式，把上述统计内容具体化。不同运输方式在技术上、管理上、服务对象上均表现出不同的特征，所以，你看到的道路统计与铁路统计、航空统计在范围、内容、指标名称上可能大有不同。其次是按照不同区域分别做统计，这个说起来容易，但实现起来难度很大。为什么？你可以看到，交通运输基本上是一种“线”状结构，其目的就是要实现不同区域在物理上的“联”和“通”，而区域统计则是要打断既有的“线”状结构，按照“块”状结构重新组织。结果，有关交通量、运输量以及交通运输市场和运营状况方面，区域统计会极大地受制于跨区域交通运输活动的影响。比如，在甲地注册的车辆，在乙地装货，经丙地，最后运往丁地卸货，请问怎么算甲乙丙丁四地的货运量以及全国的货运量？

除了上述一般性分类统计之外，为适应管理需要，还有一些重点关注内容需要在具体统计过程中加以体现。比如：政府是怎么参与交通运输市场并实施管理的，交通运输发展过程中的信息化建设和实现程度怎么样，跨国交通运输活动发展是什么状况，各种交通运输方式之间如何合作实现联合运输活动，基本公共交通运输服务以及面对特定群体提供的公益性交通服务状况如何，都必须有专门的统计予以显示。

以上都属于描述性统计，在此基础上还应该继续开发，形成各种带有分析评价性指标，比如运输指数、运价指数、固定资产投资拉动指数、交通运输业对 GDP 贡献率等。

三、如何移植到数字经济研究中

在啰啰嗦嗦介绍了交通运输统计的内容之后，我要说明一下这位博士是怎么将这一框架移植到数字经济研究之中的。

数字经济的运行基础是通信网。各个用户单位借助终端设备接入通信网，进而相互之间发生关联和信息流动，生成了各种活动和交易。这些信息、活动和交易进一步带来了不同意义上的后续效应和影响。你看，这一番表述是不是与上面所说的交通运输运行逻辑很相似？

具体来说，通信网是基础设施，各种系统和应用软件是工具，终端设备则是一个个接入点；各类用户在系统上运行的结果，一方面是形成了信息流（就像交通量），另一方面则是形成了各类电子商务和数字内容（这个有点像客货运输量）；这些内容合起来就是数字经济的核心板块。为了建设这个运行系统，需要有要素投入的支撑：投资，研发，以及相应的资源投入，一样都不能少。最后是影响效应板块：数字经济是经济发展的重要组成部分，其对 GDP 的贡献会越来越大，在各个层面上有巨大的就业吸附效应；

通过数字经济，改变了人们的经济交易方式、信息获取方式甚至社交方式，由此产生了很强的社会效应，并进一步引发资源环境层面的影响。

基于上述种种比较分析，此篇博论构造了数字经济的统计框架，进而选取相应指标对中国数字经济发展进行了描述和评价。如果谁对此感兴趣，可以查阅这篇论文：《中国数字经济的测度与影响研究》，作者王思瑶。

最后我想强调一下，交通与通讯在功能上、运作模式上确实很相似，常常会放在一起说（早期的行业分类里，交通与通讯合起来是一个门类）。所以，从交通运输到数字经济的借鉴比较容易实现。接下来的问题是：在其他领域是否也有借鉴意义？或许不能直接通过关键词替换就能达于借鉴目标，但研究问题的思路、方法、步骤是不是会给你带来一些启发？

一个政府统计调查项目是如何运作的

本文刊发于《中国统计》2021年第9期。

最近，国家统计局发布了新一版《国家统计质量保证框架（2021）》，相关负责人在解读这一动态时提到，与此同时还基于原来的《国家调查队统计流程规范》研究制定了《统计业务流程规范（2021）》，作为《国家统计质量保证框架（2021）》的配套文件。

《国家统计质量保证框架》是一个大题目，此处先按下不表。本文主要借助于统计业务流程这个话题，结合国际规范和中国实践，简要介绍一个政府统计调查项目的运作过程。

一、政府统计调查项目概述

从管理视角看，一项调查就是一个项目，包含从最初设计到最后数据产出的全过程。

过去很长一段时间里，相关文献将政府统计工作概括为统计设计、统计调查、统计整理、统计分析四个阶段，其中的统计调查是一种狭义理解，仅限于数据搜集。以现代观点而言，政府统计工作是按照统计调查项目来组织的，每一个统计调查项目均包含特定的调查目的、调查对象，通过一定调查方法进行基础数据搜集，继而对其做加工处理，最后输出综合统计数据，并传播到相关用户。各项统计调查项目合在一起，构成政府统计的全部工作内容。

和一般的商业调查、社会调查相比，政府统计调查项目具有一些明显的特点。第一是规模大，要求高，内容丰富。政府实施的统计调查项目，通常不是仅为了某单一目的而设，而是要针对国计民生某个方面系统搜集相关数据，对象复杂多元，而且要求对全国以及省市地方具有代表性。第二是连续性，反复进行，同时会有动态调整。大部分政府统计调查项目是持续存在的，要按照一定周期开展调查、定期提供统计数据，同时还要与国家经济社会发展进程相关联，适时调整既有统计调查项目，必要时则要开设新的统计调查项目。上述特点决定了政府统计调查项目具有显著的综合性和复杂性，为达到预期目标，必须辅之以有效的组织实施管理。

政府统计包含多个统计调查项目，组合起来形成了政府统计调查体系。在这个体系中，每个调查项目有其特定的目标，但每个调查项目又都不是孤立存在的，而是要与其他调查项目之间形成关联、保持某种方式的衔接。从政府统计的内部分工看，每个调查项目不一定由单个部门完成，尤其是大型的调查，其内容设计、方法设计、数据收集、信息技术服务、数据编辑加工、数据发布与传播等不同环节常常要由不同部门的专家和工作人员参与，在分工合作前提下开展工作。综合起来看，各调查项目主题多元、对象多元、方法多元、数据产出多元、对应的数据用户多元，同时对应不同部门的交叉分工。为此政府统计需要对统计调查项目实施系统管理，不仅是单个项目、单个部门的管理，而是要进行多项目、多部门的系统管理。

如何进行有效的统计调查项目组织？如何进行多项目的系统管理？如何在分工前提下保证有效合作并提升各个调查项目的效率？标准化是一个重要的手段。通过标准化，不同调查项目、调查项目的不同环节均按照同样的方式设计、定义、实施，以同样的程序完成相应工作，以此可以保证单个调查项目的方法科学性和动态连续性，同时保证不同调查项目之间的统一、可比和衔接。下面要专门介绍的通用统计业务流程，就是实现标准化的主要举措和手段。

二、通用统计业务流程规范的开发及其在中国的应用

《通用统计业务流程模型》（简称 GSBPM）是由国际组织开发、随后在各国得到应用的一套统计规范，核心功能就是描述和定义了生成政府统计数据所需的一组业务流程。具体而言，第一，GSBPM 包括一套标准的框架和经过协调的术语，可用以帮助各统计机构实现其统计生产流程的现代化；第二，在具体项目管理中，GSBPM 可作为模板，用于协调内部统计计算的基础架构，为流程质量评估和改进提供框架。

GSBPM 最初的开发者是由联合国欧洲经济委员会、欧盟统计局、经济合作与发展组织联合组成的统计元数据联合小组（METIS），基础是新西兰统计局使用的业务流程模式。经过几次草案和公众协商，《GSBPM》第 4.0 版于 2009 年 4 月发布，随后被世界各国官方统计界广泛采用。

2013 年 12 月新一版 GSBPM（5.0 版）发布，后经过广泛讨论，根据实际实施中的意见反馈进行修改，形成 GSBPM 的当前版本（5.1 版），2018 年作为最终版本发布。可以预见，未来该版本还会更新，以便能够及时反映在实践中实施该模型的更多经验，显示统计生产性质变化带来的演变。

中国国家统计局及时引入了统计业务流程管理理念，参照 GSBPM（4.0 版）结合中国实际，制定了《国家调查队统计流程规范》（2012），目的是“统一规范国家调查队业务流程和承担的调查项目，提高国家调查的科学化、标准化和规范化水平，提升调查队系统的政府统计能力”，相关内容同时体现在《国家统计质量管理框架》和《统计调查项目、改革方案、发展规划执行情况评估办法》之中，其中心思想就是强调统计调查

项目的全过程管理。

2021 年，中国国家统计局“认真研究新版 GSBPM 的修订情况，结合统计业务工作实际，基于《国家调查队统计流程规范》研究制定了《统计业务流程规范（2021）》”。新一版规范根据统计局系统业务工作特点，在各流程环节中增加了相应内容，可以更好地用于指导统计系统的业务工作。具体而言，是将流程环节重新整合，从原有的 11 个环节、48 个节点修改为 10 个环节、46 个节点；另外，还在确定需求、调查设计、数据采集等环节增加了对大数据资源、网络调查、电子记账、无人机遥感测量等新数据源和新调查方法的有关规范。（以上参见“国家统计局总统计师曾玉平解读《国家统计质量保证框架（2021）》”）。

三、一个政府统计调查项目的基本流程

从政府统计建设本身而言，制定通用统计业务流程规范的目的，是为了规范政府统计各类调查项目，通过统计生产全过程的标准化管理提升政府统计工作效率和质量，加强不同项目之间、不同部门之间的合作和协调，提高政府统计工作的现代化水平。进一步看，通过这样一套业务流程的全面展示，还可以产生另外一个效果：我们可以将其视为对政府统计生产过程的描述，据此可以了解一个政府统计调查项目是如何组织、运作的，在运作过程中需要把握的关键要素有哪些。

表 1 以对比的方式列示了国际组织的《通用统计业务流程模型》（GSBPM）和中国的《统计业务流程规范》针对一个统计调查项目所设定的不同阶段（环节）。尽管在具体表述上两者有一些差别，但总体而言，一个政府统计调查项目的运作过程可以大体分为三部分。

第一部分是前期论证与设计。首先要从需求角度对统计调查项目的必要性进行论证。面对的问题包括：需要什么样的统计数据，谁需要这些数据，目的是什么，是否应该由政府统计提供，是否已经有类似的统计数据，如果生产新的统计数据，其利弊、收益和

成本是什么，等等。通过这个阶段，决定是否新增某特定统计调查项目，或者是否继续某个已存在的统计调查项目；如果确定该项目上马，其具体目标是什么。统计部门常常要面对各种数据需求，但并非所有需求都应通过启动一项专门调查来满足。对于政府统

表 1 统计生产的业务流程

《通用统计业务流程模型》（2019）		《统计业务流程规范》（2021）	
阶段 1 确定需求	识别信息需求；商议并确定需求；建立产出目标；确认概念；审核数据可用性；准备业务案例	环节 1 确定需求	目标确定；资源梳理；项目论证；环境评估；经费预算
阶段 2 设计	产出设计；变量描述设计；数据收集方法设计；框架和抽样方法设计；统计处理方法设计；生产系统和工作流程设计	环节 2 调查设计	最终成果设计；调查内容设计；调查方法设计；数据采集方法设计；数据处理方法设计；数据评估设计；数据使用发布与存储设计
		环节 3 审批备案	项目初核；项目复核；项目公布；项目检查和监督管理
阶段 3 搭建	建立或续用收集工具；建立或续用处理分析组件；建立或续用传播组件；设置工作流程；测试生产系统；测试统计业务流程；最终确定生产系统	环节 4 任务部署	保障措施落实；调查工作准备；调查工作布置；业务培训
阶段 4 收集数据	创建框架并选择样本；设置收集站；运作收集；完成收集	环节 5 数据采集	数据采集；信息收集；数据录入；数据初审；数据上报
阶段 5 处理	整合数据；分类与编码；审查编校；编辑与修正；派生新变量和统计单位；计算权重；汇总计算；完成数据文件	环节 6 数据处理	数据审验；数据整合；数据分析；数据加工汇总
阶段 6 分析	准备输出草稿；验证输出；检查和解释；运用披露控制；完成输出	环节 7 数据评估	抽样调查误差评估；非抽样调查误差评估；数据逻辑性评估；数据反馈
阶段 7 传播	更新输出系统；形成传播产品；管理传播产品的发布；推广传播产品；管理用户支持	环节 8 数据公布与传播	最终产品生成；数据公布管理；数据解读与舆情应对；数据查询系统维护更新；微观数据开放
		环节 9 统计分析	统计分析选题；资料准备；分析报告撰写
阶段 8 评估	收集评估输入；实施评估；协定行动计划	环节 10 项目评估	评估方案制定；执行情况搜集；执行情况评估；评估报告撰写

资料来源：Generic Statistical Business Process Model（GSBPM），Version 5.1，January 2019；《统计业务流程规范》（2021）。

计而言，这个需求应该足够重大，应该具有长期性，应该具有公共属性，同时要有相应的资源保障，否则就不能专门立项。

一旦确定要启动一项统计调查（统计调查项目立项），随之而来的是一系列的设计工作。面对的问题包括：对谁做调查，调查什么，怎么调查，后续数据如何加工，最终形成什么数据产品，如何发布和传播这些数据产品，可以说，设计内容要覆盖后续整个统计业务流程的各个阶段。如果用规范的语言表述，如表 1 所列，涉及统计调查成果设计、调查内容设计、调查方法和数据采集方法设计、数据处理方法设计、数据产品及其发布传播方式设计等。统计设计是一项复杂的技术性工作，目标是将预设的数据需求转化为一套政府统计工作流程。一个统计调查项目最终是否能够达到最初的目标，在很大程度上取决于统计设计是否科学、是否切合实际。为此，在统计设计阶段会有相关机构、不同领域的专家参与和合作，需要大量调研以及小范围试点，反复论证，最终形成一套统计调查方案。

第二部分覆盖整个统计数据生产过程。首先是调查的前期准备，需要将统计设计的方方面面落实到位。一方面是软硬件的准备，随着信息技术逐步介入统计工作过程，相关设备、软件、系统开发以及测试工作成为一个统计调查项目启动的必要环节；另一方面是人员的准备，调查队伍的组建以及业务培训必不可少，不仅是调查内容的培训，还有信息技术方面的培训，有时培训还可能延及被调查者。此外还有统计工作组织方面的准备，要有相应的机构、人员、制度等作为统计调查项目的组织保障。

基础数据收集是统计数据生产过程的第一步，在源头上决定了一个统计调查项目的质量。要依据事先设计的调查内容（表或者问卷或者其他形式）和数据采集方法，面对基于调查方法设计所确定的调查对象，进行基础数据采集工作。在此阶段，调查者会以不同方式与被调查者对接，以获取相关信息，并实现数据录入。比如，访员要直接对应被调查者，电话调查要接通被调查者的电话，联网直报方式下要吸引被调查者在系统中提交相关数据，行政记录要从相关部门获取。从管理角度看，主要工作就是数据收集过程的组织、监督，解决收集过程中出现的问题，保证数据收集过程的进度和质量。

接下来是数据审核、加工与分析评估，相关工作发生的政府统计各级机构，各个步骤之间环环相扣，最后形成综合统计数据。基层统计机构要按照审核关系完成数据录入后的初步审核，传输至上级统计机构；上一级统计机构要对接收到的数据进行验收、审核以及相应的评估。数据加工过程中，要对数据分类整理，通过各种方式和手段形成各种代表总体的综合统计指标数据，包括汇总和加权计算、以样本指标推算总体指标等。加工形成的综合统计数据要经过分析评估，包括误差评估和数据逻辑性评估，确认数据的可靠性。

数据生产的最后一步是发布、传播，有条件情况下还可以提供相关增值服务。经过评估的综合统计数据可以经过“包装”在不同渠道发布，比如以公报、简报、新闻稿方式，配以相应的图表以及其他可能增强统计数据所传达信息的视觉手段，可以用新闻发布会、主流媒体、统计部门网站等多种形式发布。发布要有一定的程序管理，比如要经过必要的审批，关注数据发布之后用户的反馈，并以不同方式与用户沟通，以此保证数据发布的效果。在中国，针对大型统计调查项目，特别注重后期数据应用开发，要基于所获取数据邀请相关机构和专家进行专题性统计分析，相当于为包括政府部门在内的各类用户提供增值服务。

第三部分是对调查项目做整体评估。评估就是总结。对新数据产品生产过程的每个环节进行总结，评估每一步的质量和效率以及最终产品的整体质量。这一步骤对于一个统计调查项目的后续管理非常重要，可能会决定其是否继续实施；如果继续实施，相关评估结果就可以作为进一步改进优化的依据，甚至可以说，这一轮实施的评估就是该项目下一轮实施的开始。

以上是对政府统计调查项目业务流程的完整描述，目的是提供一个最完备的规范。实际运作过程中，政府统计调查项目可能是多种多样的，最多见的情况是以前延续下来的项目，还有一些是根据已有历史数据做进一步开发。为此，需要结合不同统计调查项目的具体情况，灵活看待上述业务流程以及各个环节的规定性，可能只涉及某一部分环节，可能有不同的工作重点。

政府统计开展企业调查提取哪些信息

本文刊发于《中国统计》2021 年第 10 期。

在现代经济社会系统中，企业是一类重要的存在。它是按照法律程序处理的“法人”，其主要职能是从事各类经济活动，并由经济活动派生出与资源环境、科技、社会有关的其他活动和外部效应。所以，企业身上附着了非常丰富的信息。对政府统计而言，针对企业做调查采集相关信息至关重要，不仅是经济统计的基础，同时也会涉及社会统计、资源环境统计以及科技统计。

一、企业基本活动概括

企业（或称公司）是专事经济活动的法人单位。从经济活动过程看，企业以汇集生产要素进行货物和服务生产为主要职能，现代经济体系中大部分货物和服务都是由企业供给的。作为法人单位，企业是经济交易者，以盈利为目的，追求经济效益，可自主进行金融和投资决策，有权并有责任为货物和服务的生产配置资源，可以在一个或多个地点从事一项或多项经济活动。

图 1 是对企业经济活动过程的展示。概括地说，从投入开始，通过生产过程形成货物和服务产出，进而面向市场销售，企业生产经营就是这样一个不断周而复始的过程。所谓投入，首先是指当期直接用于生产过程的投入，一方面是劳动投入，另一方面则是生产能力和材料投入；动态来看还要考虑后续增量投入，一方面是投资扩大生产能力，另一方面则是通过研发与创新提升生产能力。所谓生产过程，就是各种投入组合起来通过生产加工转换为产出的过程，投入在此过程中发生了消耗，产出则表现为各种产品（货物或者服务）产量和价值。对于企业而言，产品需要在各类市场上、以各种方式销售，以此变现其价值；如果不能及时出售，则会沉淀为库存。除了上述基本经济活动之外，企业还要考虑生产经营过程所形成的各种外部效应，要承担社会责任。比如面对当前特别受到关注的资源环境问题，企业必须适应各方面监管要求，努力节约资源、减少废弃物排放。

图 2 是在企业会计核算内容基础上扩展形成的企业经济核算的框架，可以显示企业

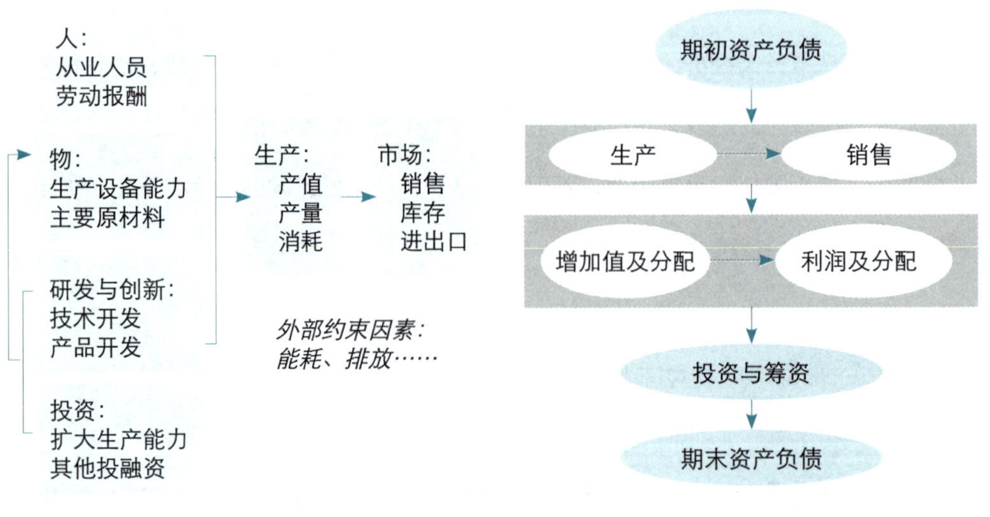

图 1　企业经济活动过程示意图　　图 2　包含会计核算的企业经济核算框架图

作为法人单位追求盈利、实施资本运作的过程。起点是企业资产负债状况，以此为基础进行生产经营，通过生产和销售实现价值的创造和分配，进而通过投融资改变资产负债状况，使其达于期末状态。资产负债核算、利润及其分配核算、投融资核算，这些都是企业会计核算的主要内容。由此延伸，就会形成一些与宏观统计核算对接的内容，比如，将核算视角从销售上推到生产，这样就可以针对增加值与分配核算、固定资产投资统计等内容提供数据信息。

二、两份企业调查内容清单

政府统计通过调查从企业提取哪些基础信息？

联合国曾经制定《基本经济统计用数据项目综合目录》专门列示，并通过《关于工业统计的国际建议》和《经销业统计国际建议》先后落实到工业统计和批零贸易业统计之中，此外还延伸到针对发展中国家制定的《工业统计指南与方法》——以上文献内容可参见《政府统计国际规范概览》（经济科学出版社，2017）中的介绍。

企业调查在中国政府统计调查体系中一直占有最重要的地位。当前实施的《一套表统计调查制度》对企业调查内容有统一的规范，覆盖工业、建筑业、批零贸易业、住宿餐饮业、房地产开发经营业以及其他服务业等不同行业。

表 1 列示了工业企业调查拟采集的基础信息内容清单，分别来自联合国开发的国际规范和中国当前应用的企业一套表统计调查制度。

综合考察这两份内容清单，不难发现其内容就是上面图 1、图 2 展示的两套基本逻辑的叠加。进一步就两份内容清单作对比分析，通过不同词语转换，可以看到二者之间具有很强的共性，显示出中国当前企业调查内容与国际规范的一致性，但同时也具有一定的区别。比如，国际规范清单中包含了一组“产出、中间消耗、增加值”等非必须采集项目（通常由统计部门从收集到的其他数据项中推导），此类项目没有出现在中国清单的一级板块中，但在“生产经营活动”板块中包括相关产值指标；中国清单中有专门

表 1 企业调查的基础信息内容类别：以工业为例

国际规范中的企业统计目录	中国“企业一套表”中的统计内容目录
◎ 单位基本情况	◎ 基本情况
◎ 就业（人数与时间）	◎ 从业人员与工资
◎ 雇员报酬	◎ 财务状况
◎ 其他支出（货物服务购买，包含专门的燃料电水等购买）	◎ 生产经营情况
◎ 营业额、销售额、服务收入、其他收入（含电子商务）	◎ 产销总值及主要产品产量
◎ 存货	◎ 主要产品销售、库存、订货
◎ 税收与补贴	◎ 生产者出厂价格和购进价格
◎ 产出 *	◎ 能源和水的消费
◎ 中间消耗 *	◎ 固定资产投资状况
◎ 增加值 *	◎ 研发活动情况（年度）
◎ 固定资本形成	◎ 信息化（年度）和电子商务交易情况
◎ 订单	◎ 生产经营景气状况
◎ 环境保护（支出）	

资料来源：联合国《工业统计的国际建议》（2008），* 代表非必须采集项目；国家统计局《国家统计调查制度》2020，除标明“年度”者外，其余为按月度或季度频率采集。

的企业财务状况模块，生产经营模块的内容要更加丰富；中国清单更加重视企业信息化和电子商务方面的情况，将其作为独立模块处理；国际规范清单中强调环境保护，而中国清单中则以能源和水等资源消耗为重点。总体而言，中国针对企业的调查内容要比国际规范更加详细，体现出与中国具体国情相结合的特点。

三、企业调查基础信息主要内容简述

将表 1 列示的内容模块展开，每一模块中都会包含一组需要采集的信息。《工业统计的国际建议》第四章“数据项及其定义”对这些具体信息的内容做了详细介绍，中国《一套表统计调查制度》也详细列示了相关统计表以及主要指标解释。以下主要依据中国工业企业调查内容清单，就各内容模块所包括的具体信息以及对政府统计的意义做概要性说明。

1. 基本情况。首先是企业属性信息的采集，牵涉到对企业基本特征的刻画，是政府统计后期进行数据分类加工过程中的基本依据。主要包括：基本识别码（用于基本单位名录库建设）、所处位置信息（用于地区分组），所在行业（用于行业分组）、登记注册类型和股权情况（用于不同企业类型分组）、企业规模（用于大中小微企业分组）、此外还有营业状态、隶属关系、机构类别、是否企业集团，以及一些基本指标数值等等。

2. 从业人员与工资情况。从业人员数和工资总额是显示企业劳动用工情况的两个基本指标。从业人员是指企业吸纳的就业人员，不仅要显示其总数多少，还要通过各种分组显示其人员结构状况，包括人员类型、职业类型，以及男女性别等。工资是企业对从业人员发放的劳动报酬，不仅要提供工资总额数据，还要按照不同人员类别提供工资总额，以及工资的具体组成数据。

从业人员和工资对于政府统计具有多重意义，既是经济统计不可缺少的内容，同时也与社会统计相关。从经济意义来看，劳动是企业经营、行业发展以及整个国民经济的基本要素投入。从业人员数是表征劳动投入规模的基本指标，人数变化可以反映经济的状态是扩张还是收缩，人员构成及其变化则代表了劳动资源的配置以及劳动的质量状况；工资总额对企业而言是生产经营的劳动成本，从宏观意义上看则应作为劳动所得，是整个收入分配过程的重要组成部分。所以，经济统计非常重视劳动统计。

从社会意义来看，劳动是谋生的前提。就业和失业状况，就业者的工资水平，以及不同类别人员之间的工资差异，这些都是反映人的生活质量、显示社会公平状况的重要维度。所以，这些信息对社会统计同样重要。进一步地，社会统计还会关注从业者的劳动环境、工作时间、社会保障、政治参与等方面情况，这些内容一般不在企业基础信息采集范围内，但却与企业有关，常常会通过其他各种专题调查被政府统计所捕捉。

3. 企业财务状况。企业财务信息主要来自企业会计核算。首先是企业资产负债表和损益表的信息。企业资产总额及其分类信息、负债总额及其分类信息、所有者权益总额及其分类信息，这些都属于资产负债表；从营业收入开始，通过营业成本及各类费用、营业税金、投资收益等项目，推导出营业利润、利润总额，进而显示其所得税，这些信息都属于损益表。除此之外，必要时还会要求企业按年度提供成本费用的详细资料，其中，制造成本要区分直接材料消耗、直接人工成本和制造费用，其中制造费用还要按更详细的分项提供；同样需要细分的还有销售费用、管理费用、财务费用。为获取这些内容，需要企业在财务报表基础上依据财务成本明细核算做进一步分解加工。

企业财务信息对于政府统计很重要，其用途主要体现在两个层面。第一，以这些基础信息为依据进行分类汇总，可以超越单个企业，在行业、地区、所有制类型等不同层面系统反映企业的整体经营业绩，所形成的综合统计数据无论对短期监测还是长期分析都殊为重要。第二，服务于国民经济核算，行业增加值基础上的GDP核算，与收入分配、资金融通有关的资金流量核算、国民资产负债核算，这些内容都对企业提供的财务信息有很大依赖，比如，之所以要对各种成本费用进一步细分，就是为了满足增加值也就是GDP核算的需要。

4. 生产经营活动状况。企业生产经营活动，由生产和销售两个环节组成。生产活动发生在企业内部，通过销售与外部市场相关联；观察企业与市场之间关系，库存和价格是两个不可缺少的信号。这一过程在工业企业表现得最为完整，其他行业则会有相应变通，比如建筑业是围绕施工项目，批零贸易业的核心是商品购进和销售。

围绕生产、销售和库存的信息采集有两个层次。一个是分产品采集实物量信息，包括产量、销售量、库存量，以及重要原材料的消耗量；进而要将各种产品信息加总起来，通过总产值、销售产值等指标显示。与之相伴随的是市场价格，包括主要产品出厂价格和主要原材料购进价格。

企业生产经营活动信息对于政府统计的用途是多方面的。不仅是从总体上观察企业生产经营状况、市场动态的信息来源，汇总起来可以对应不同行业、不同市场、不同业态形成综合性指标，编制价格指数，还可以为国民经济核算分行业计算增加值、进而汇总得到国内生产总值（GDP）提供不可缺少的信息。

5. 能源与水资源生产与消耗状况。企业经济活动与资源消耗、废弃物排放直接相关。

能源和水是经济活动过程中普遍使用的资源，一方面涉及资源消耗，另一头则通过污染物排放而影响到环境质量。为了全面提高资源使用效率，节能节水已经成为企业生产经营活动的重要观测和考核指标，与此相关的基础信息采集显得特别重要。

相关基础信息采集包含两个层面。第一是消耗信息，无论处于哪个行业，所有企业都要提供其能源和水的消费信息，尤其是能源，要按照不同能源类别显示其消费量和消费金额。第二是生产流通信息，对于能源生产企业，要分品种填报能源生产、销售、加工转换、回收利用、库存等方面的基础信息，相关批零贸易业企业则要分品种填报能源商品购进、销售、损耗、库存方面的基础信息。除了企业直接填报之外，还可以通过能源与水的传输、分配系统从供给端获取相关信息。

这些信息对于政府统计至关重要，不仅涉及经济统计，更与资源环境统计有关。以能源为例，从企业收集的数据是编制全国和地区能源平衡表的基础，同时要将这些消耗数据与相关产出指标（比如行业增加值、地区生产总值，或者企业产品产量等）匹配起来，计算以单位 GDP 以及其他产出指标能耗为代表的能源利用效率指标。最近十余年，这些指标已经作为逐级考核指标在可持续发展管理过程中发挥作用。

6. 投资状况。企业是投资活动的最重要主体，所涉及的投资活动比较复杂。一方面以固定资产投资为核心，基于固定资产投资项目，所采集信息覆盖从计划、开工、在建、竣工整个投资建设过程的不同节点，以及投融资的不同来源和性质；进而针对所有非金融资产投资，分别不同类别、不同构成采集信息，这些信息在一定程度上可以与企业资产负债表上的相关信息对接。

投资尤其是固定资产投资统计是经济统计的重要组成部分，一方面可用于观测经济生产能力的形成状况，更重要的应用场景则是宏观经济需求侧管理，可以作为反映经济未来状况的领先指标。在国民经济核算中，基于固定资产投资统计获取的固定资本形成总额是支出法 GDP 核算的基本构成项，投资对经济增长的拉动作用有多大，特别有赖于在此框架下的核算结果。

7. 研发活动状况。研发（R&D）是研究与试验发展的简称，企业已经成为一国研发活动的最重要主体。这些活动不仅关系到企业自身的发展，同时也关系到国家的可持续发展。因此，企业研发活动信息的重要性越来越显著了。

从企业采集的研发活动信息，与国家层面科技统计具有直接的对接。一方面是研发投入方面的信息，覆盖人员和经费两个方面，以及研发机构建设情况；另一方面是研发产出方面的信息，以自主知识产权、新产品生产销售等指标为主，延及论文发表、商标注册等；进而还要求针对政府政策和资金支持、国际合作和技术贸易方面的情况提供信息。以上是企业总体情况信息采集，除此之外，还希望企业能够罗列具体研发项目提供更详细的信息。

各个企业提供的研发基础信息汇总起来就是全部企业的研发统计信息，与政府属科研机构和高等教育机构两方面的研发统计信息并列，组合成一国完整的研发统计，并延伸到创新统计。

8. 信息化与电子商务状况。电子商务是通过互联网进行交易的一种方式，企业可以自营平台进行线上销售，也可以借助于专业互联网平台进行线上交易。企业信息化水平有关的基础信息主要集中在软硬件建设、计算机拥有量、从事信息技术工作的人员数、以何种方式接入互联网、有无自营交易平台，以及信息化的应用场景和应用强度。企业电子商务状况集中在通过线上实现的交易额，包括采购和销售，并希望企业按照交易对手的身份（个人与单位）、所在地区提供详细数据。

这些信息对政府统计的意义在于：据此进行数据汇总加工，可以从整体上显示企业信息化水平，以及数字经济发展的动态，同时还可以与传统线下经销统计匹配起来，完整地呈现市场交易以及价格方面的政府统计信息。

9. 生产经营景气状况。企业是最重要的市场主体，对市场景气状况最为敏感。通过对企业相关动态以及经理人对市场的感觉，可以为政府统计编制景气指数、进行短期景气判断与分析提供第一手基础资料。一类是主观性指标，请企业经理人对所在行业和企业近期经营状况及其前景做出判断，并显示当前需要面对的主要问题；另一类是针对企业短期经营动态采集的指标，覆盖企业盈利、投资、订单和用工多方面的情况。

如何“保证”政府统计的质量

——《国家统计质量保证框架（2021）》解析

本文刊发于《中国统计》2022 年第 5 期。

统计数据可信，方能达成其使命，在研究、决策中发挥应有的作用。所谓“可信”，实际上就是“质量”；为达到可信，就要进行质量管理。政府统计数据是公共产品，如何通过质量管理使之具备公信力，是政府统计部门必须予以高度重视的课题。围绕政府统计的质量管理，国际组织开发了相应的规范标准，各国也已经有了丰富的应用经验。阅读这些文献，发现一个“槽点”：其名称中大多带有“保证”二字，于是就有以下问题：什么是政府统计质量，如何“保证”政府统计质量。以下结合来自各方面的文献，谈谈我的体会。

一、面向政府统计的质量管理：以“保证”为先导

根据国际质量管理标准（ISO9000-2015），所谓质量，是对象具有的一组固有特性

所能达到的满足要求的程度。解析这一定义，其中包含两个要点：这一组特性是所考察对象固有的；但对其质量的判定则来自用户，取决于对用户需求的满足程度。与此相对应，所谓质量管理，就是建立一套质量目标，然后通过质量策划、质量保证、质量控制和质量改进等来实现这些目标的过程；如何确定一组相互关联或相互作用的要素，将其用于构建质量目标以及实现这些目标的过程，结果就是一套质量管理体系或质量管理框架；适用于所有类型组织的质量管理体系模型或标准，被视为通用质量管理体系。

政府统计以向社会公众提供统计数据及相关服务为基本职能。所以，对政府统计而言，所谓质量就是其满足社会公众对统计数据及相关服务之需求的程度；所谓质量管理就是政府统计部门确立质量目标并通过各方面努力而实现其目标的全过程。为达此目标，政府统计部门会围绕质量管理建立一套相应的管理体系；国际组织会根据各国政府统计实践，制定通用的政府统计质量管理体系。结合当前各方开发的文献，《联合国国家官方统计质量保证框架》就是这样一部通用管理体系，为世界各国政府统计提供了一套质量管理规范；《欧洲统计实务守则》《欧洲统计系统质量保证框架》属于欧盟范围内的通用管理体系，为欧盟各国实施政府统计质量管理所遵循；《加拿大统计质量指南》、中国《国家统计质量保证框架》就属于国家层次的规范，用于本国自身政府统计质量管理。

进一步看，统计质量管理中包含质量保证、质量控制、质量评估等不同概念和功能。质量保证框架的目标是在特定统计组织中建立一套协调的方法和工具体系，确保其遵守有关统计过程和产品的基本要求，是事先制定的一套规则。这套规则一方面服务于面向统计数据生产者的质量控制，作为其在具体工作中要达到的目标、应遵循的原则和操作步骤；另一方面基于“事后”原则服务于从用户视角对统计过程和产品进行全面质量评估，如果将前面的“保证”视为“承诺”，这里的“评估”就是要考察承诺得以“兑现”的程度。所以，以上所列举的国际组织、区域组织以及各国政府统计部门制定的质量管理规范都属于质量保证框架，但却可以为整个质量管理提供规范。就是说，从质量保证到质量评估，实际上就是一事两面，“事先”质量保证所涉及的维度和指标，反过来就是“事后”评价其质量的维度和指标。此外，有些文献将政府统计质量管理具体化为政府统计数据质量评估，尽管有词语上的差别，但实际管理内容却是大体一致的，因为，政府统计质量主要就是围绕统计数据来定义的。

二、如何“保证”政府统计质量：解析《联合国官方统计国家质量保证框架手册》内容

政府统计质量管理到底要管什么？以下结合2019年发布的《联合国官方统计国家质量保证框架手册》（*United Nations National Quality Assurance Frameworks Manual for Official Statistics*）做简要介绍。

从用户需求出发，政府统计质量管理的内容被区分为四个层次或者称为四个维度，然后每一层分别设定管理原则和具体要求，提出管理指标，以此显示为统计质量提供的保证（具体见表1的左半部分）。这就是说，如果按照这些原则和要求执行，政府统计质量就可以得到保证。

第一层是统计系统的管理。主旨是协调国家统计局和其他统计机构之间的关系、进而协调国家统计系统与所有利益相关方——包括数据用户、数据提供者和其他利益相关者之间的关系，并确保整个系统使用共同的统计标准。这些管理被视为高质量和高效率编制官方统计数据的先决条件。

第二层是制度环境的管理。主旨是保证国家统计机构应在不受其他政府机构或政策、私营部门或任何其他个人或实体的任何政治或其他干预或压力的情况下编制和传播统计数据，公平对待所有用户，保持数据生产过程和结果的透明性，保护数据提供者的私人信息并且仅用于统计目的，确保对数据质量的承诺。这些具体管理政策，为落实政府统计质量提供了具体的制度保障。

第三层是统计过程管理。主旨是要求国家统计机构在编制和传播官方统计数据的统计过程中应充分遵守国际标准、准则和良好做法，通过健全的方法体系、高效的统计工作程序、对受访者负责的恰当管理，提高统计数据的可信度。这些内容全面植入了政府

表1 政府统计质量保证框架内容比较

联合国框架		中国框架	
层次	原则要点	主题	内容要点
4. 管理统计产出	14. 确保相关性 15. 确保准确性和可靠性 16. 确保及时性和准时性 17. 确保无障碍和清晰 18. 确保一致性和可比性 19. 管理元数据	1. 质量评价标准	真实性：侧重基础数据 准确性：侧重数据生产 完整性：侧重全面系统 及时性：侧重生产效率 适用性：侧重用户满意度 经济性：侧重数据成本效益 可比性：侧重标准化、规范化 协调性：侧重数据间逻辑关系 可获得性：侧重统计服务质量
3. 管理统计过程	10. 确保方法的健全性 11. 确保成本效益 12. 确保适当的统计程序 13. 管理数据提供者的负担	2. 统计质量全过程控制	确定需求环节的质量控制 调查设计环节的质量控制 核准备案环节的质量控制 任务部署环节的质量控制 数据采集环节的质量控制 数据处理环节的质量控制 数据评估环节的质量控制 数据公布与传播环节的质量控制 统计分析环节的质量控制 项目评估环节的质量控制
2. 管理体制环境	4. 确保专业独立性 5. 确保公正和客观 6. 确保透明度 7. 确保统计机密性和数据安全 8. 确保对质量的承诺 9. 确保资源充足	3. 统计质量保证措施	加强统计法治建设 完善统计体制机制 规范统计制度方法 优化统计资源配置 夯实统计基层基础 强化信息技术支撑 弘扬质量为核心的统计文化
1. 管理统计系统	1. 协调国家统计系统 2. 管理与数据用户、数据提供者和其他利益相关者的关系 3. 管理统计标准		

注：为了与中国框架对比，请注意表中左半部分所列顺序是反向的。

统计工作的具体过程。

第四层是统计产出管理。主旨是围绕统计信息如何直接服务于政府、研究机构、企业、公众和国际社会的需要，要求统计信息应具备相关性满足用户的需求和期望，应具备准确性和可靠性，确保提供统计信息的及时性和准时性、一致性和可比性，以及便捷获取和易于理解。为此应提供与统计数据有关的元数据信息，使用户能够理解统计数据的所有属性，包括他们的局限性。

可以看到，这四个层次之间体现了从外围到核心目标的递进过程。从用户视角定义政府统计质量，统计产出是核心，统计产出质量的高低很大程度上取决于统计过程的规范性，而统计过程的规范性在一定程度上会受制于统计制度环境以及整个统计系统的状态。

三、政府统计质量管理如何实施：以中国《国家统计质量保证框架》为例

实施质量管理的第一步是要开发国家质量管理框架，为整个国家范围内的统计质量管理提供目标、原则和要求，这是政府统计综合机构的职责。

中国政府统计质量管理规范化建设与联合国国际规范开发的节律大体一致。2013 年国家统计局第一次发布质量保证框架，2021 年发布了根据国际规范修订内容、中国近年政府统计面临的内外环境变化而修订的最新版本，即《国家统计质量保证框架（2021）》。

解读新版《国家统计质量保证框架（2021）》文本，其基本目标是“进一步加强和改进我国政府统计质量管理工作，不断提高统计能力、统计数据质量和政府统计公信力”，内容主旨是“针对统计调查的全过程提出质量评价标准、质量控制要求和质量保障措施”。首先“从统计的真实性、准确性、完整性、及时性以及适用性、经济性、可比性、协调性和可获得性等 9 个方面，确定了统计质量的评价标准”；其次，与《统计业务流程规范（2021）》相配套，“从确定需求、调查设计、核准备案、任务部署、数据采集、数据处理、数据评估、数据公布与传播、统计分析、项目评估等统计调查流程的 10 个环节提出了具体的质量控制要求”；最后是提炼影响政府统计质量的核心要素，“从加强统计法治建设、完善统计体制机制等 7 个方面明确了统计质量保障措施”（以上引文来自曾玉平：“用好统计质量保证框架，高质量推进统计现代化改革”）。

粗略比较，很容易感受到中国质量保证框架在基本目标和实施基本思路上与国际规范具有大体一致性（除了叙述顺序正反颠倒以外）。但仔细考察起来可以发现，中国框架的整体结构不是照搬联合国框架所列四个维度，而是具有自身的逻辑。第一，基于联合国框架针对统计产出的若干评价标准，如准确性、及时性、适用性（相关性）、可比性、协调性（一致性）、可获得性，中国框架增加了针对统计过程的评价标准，包括真实性、完整性、经济性，使之成为整个政府统计质量的评价标准体系，统揽统计质量保证框架。第二，扩充联合国框架中有关过程评价的内容，更强调与统计业务流程的结合，将具体评价落实到统计调查项目运作流程的各个环节，提出具体要求。第三，基于联合国框架针对统计体系、统计制度环境提出的保证内容，转换角度重新提炼，作为统计质量的保障条件纳入评价范围。应该说，这是基于一个统计项目而开发的一套质量保证体系，比较适合国家统计系统从上到下的质量管理需要。

曾玉平在解读文中具体列示了中国近年来在政府统计质量管理方面的具体推进，我这里择要转述。一个方面是国家统计局研究制定了一系列规范性文件并建立实验室，确保质量管理措施落地落实，比如《国家统计调查元数据标准》《统计元数据维护与管理办法》《统计调查表测试工作规程》《企业一套表联网直报工作手册》，以及数据质量审核评估管理办法、主要统计指标数据质量评估制度等。另一个方面是加强了统计项目评估工作，除了统计局内部开展的自我评估和内部评估之外，最近几年开始组织外部评估。其中既包括如第四次全国经济普查这样的一次性大型统计调查项目，也包括常规的调查项目，如规模以下工业企业抽样调查，服务业统计调查，资质外建筑业统计调查，限额以下批零住餐业统计调查，企业（单位）研发活动统计调查，工业生产者价格指数（PPI）调查，主要畜禽监测调查，以期通过项目执行情况评估结果反向促进统计调查制度方法进一步健全完善。顺便提一句，本人深度参与了第四次全国经济普查项目执行情况评估工作，也算是为中国政府统计质量管理做了一点小小的贡献。

3

专业阅读－旧识与新知

《理解国民账户》是一面镜子

本文刊发于《中国统计》2017 年第 12 期。

用时两天半，仔细读了一遍这部经合组织出版物《理解国民账户》（[法]弗朗索瓦·勒盖耶/[英]德雷克·布莱兹，中国统计出版社，2017 年）。结论是：这是一部非常值得读的书，特别要推荐给两类人：以国民经济核算作为研究对象的人，运用经济指标做宏观分析的人。其中，后一类读者可以直接从本书受益，从书名可以看出，此书实际上是面向用户写的；前一类读者，也就是直接以国民账户的研究者和编制者，则可以从中学习如何面向用户数据需求进行国民经济核算，以及以用户友好型的姿态对外宣讲国民账户的原理，引导用户正确使用国民账户数据。

我属于前一类人，主要工作内容不涉及国民经济核算实务，而是集中于国民账户原理研究和教学。以下我将依照这个角色定位写这篇读后感：将此书当作一面镜子。一方面比照我对国民经济核算的理解水平，是否达到此书所展现的高度；另一方面是比照我们编写的《国民经济核算原理与中国实践》，看有哪些方面值得我们吸收。此外，我觉得还可以比照中国国民经济核算的实际水平，在哪些方面还存在差距。

一、内容轮廓与写作方式

全书共分 16 章，我将其大体分为以下几个部分。

前五章组成第一部分。先介绍以 GDP 为核心的主要宏观经济总量指标（第 1 章），进而讨论如何将 GDP 的变化区分为物量增长和价格变化两部分（第 2 章），然后给出依据购买力平价进行 GDP 国际比较的方法和结果（第 3 章），最后返回来介绍 GDP 所覆盖（以及排除在外）的生产活动内容（第 4 章），以及 GDP 最终使用的定义（第 5 章）。

第二部分包括接下来的四章。依次介绍住户账户（第 6 章）、企业账户（第 7 章）、金融账户和资产负债账户（第 8 章）、广义政府账户（第 9 章），显示从部门视角做观察和分析的思路。

第三部分的内容较杂，大体属于核心账户内容的综合、延伸和背景。先介绍投入产出表和综合经济账户的结构和用途（第 10 章），然后给出国民账户的编制方法和报告模式（第 11 章），进而专门介绍美国实行的那一套国民收入与产品账户（第 12 章），最后对国民账户体系进行历史回顾总结（第 14 章）。

第四部分则集中于当前关注的几个专题。第 13 章集中讨论国民账户在 2007—2009 年金融危机与衰退中的“表现”，第 15 章从福利角度对 GDP 做评价，提出所谓“超越 GDP”议程，第 16 章则涉及全球化背景下国民账户所遭遇的挑战。

这个内容架构和排列顺序与国民账户体系的国际标准（比如 SNA-2008）以及一般国民经济核算教科书大有不同，是以一种面向数据用户的姿态介绍相关原理、编制方法和数据应用思路。以下是我就此书写作特点给出的几点归纳。

第一，“用户友好”在内容体系上有集中体现。以主要宏观经济总量开头，先讨论大家都十分关注的经济增长测算和比较问题，涉及GDP的生产和最终使用及其数据应用。然后分别住户、企业、政府展开，对应各个领域的调查和其他数据来源，不仅把相关指标衔接起来，而且涉及看问题的视角，从比较中显示国民核算的意义所在。这种写法显然更加契合宏观经济学者的思维习惯。

第二，“用户友好”还体现在写作体例上。用数据开头，用不同国家的数据开头，引出相关问题，然后一一解释。其中包含了国民核算的基本原理，但却不是板起面孔的教科书式说教，而是顺着一般数据用户的思路展开，娓娓道来，引导用户一步步理解国民核算的指标及其算法，警示数据应用中的陷阱。

第三，视野开阔。所用材料来自经合组织（OECD）不同国家（大体每一章选定一个国家为主），以欧洲各国为主，兼及其他国家。不仅在讨论核算过程中的得失和具体处理时覆盖了不同类型的国家，还通过各项指标的数据并列展示来表现各国经济的不同特点。

第四，不回避问题，不讳言国民账户的局限性，以及具体处理上仍然存在的内在矛盾。就一些热点问题专门设章讨论，澄清各种认识。比如，通过数据展示，总结国民核算在此次金融危机中的表现；以贸易增加值为中心，讨论全球化尤其是跨国公司对国民核算的影响；还有就是在“超越GDP”主题下历数对GDP的各种批评以及改进思路。

二、一些值得关注的专题和要点

总体而言，此书有关核算原理的阐释并没有超过当下国民经济核算的标准文本（比如SNA-2008）。但是，由于此书在展开过程中引入很多案例，并延伸提供了许多具体问题的思考，因此可以极大地增进阅读过程中的体验，为一些具体知识点的理解解惑，验证这套宏观观察工具的时效性。以下根据我自己的阅读体验简述一二。

最大信息量来自第13章。面对此次金融危机，如何评价国民核算的作用，是我一直存在心里的问题。应该说，此次金融危机以及后续引发的经济衰退，为检验这一套国民核算体系的有效性提供了难得的机会。这一章分别就衰退、复苏、危机爆发前三个时段用经合组织数据进行演示，观察国民核算数据是否能够有效显示各个阶段的特征，进而是否能够对经济失衡起到预警作用。得出的结论是：（1）在跟踪大衰退期间以及后来的经济复苏方面，国民核算十分必要；（2）国民核算没能发现金融危机之前的所有失衡，比如在金融工具和机构部门层面的“过度汇总”，可能会导致一些关键信息被隐含起来，但在发现一些重要失衡方面仍然有用；（3）相关问题在一定程度上会通过后续研究使之进一步完善。换句话说，经过此次危机的洗礼，我们应该对国民核算这套体系抱有信心。

另一个对国民核算造成冲击的现象是全球化。跨国公司的全球布局，全球市场链的形成，而这些全要被打散，分别塞进不同国家的国民账户之中，由此会不可避免地产生一个问题：这样得到的结果还有用吗？第16章就此做了专门讨论，对国民核算所面临的问题有很好的归纳。通过介绍贸易增加值核算方法，说明其“不是要对增加值或GDP等国民核算总量进行调整”，相反，它证明了“需要基于国民核算”的投入产出表才能测算，“贸易增加值仅仅是给出了总贸易流的额外解释”——一句话，对国民核算持肯定态度。另一方面则承认跨国公司确实给国民核算带来困扰，包括公司内部跨境交易的转移定价问题，无形资产的记录问题等，这些问题到现在仍然没有得到解决。

此外，还有很多“小地方”的信息，也很有意思。以下是我的摘录与评论：

◎ 对住户部门，最重要的观测指标是储蓄率（储蓄占可支配收入之比）。对企业部门，最重要的指标则是利润份额（营业盈余占增加值的比值），相当于整体的利润率。对政府部门，最重要的观察指标是净借入/净贷出，就是盈余/赤字的另一种表达形式。

◎ GDP中服务业占比远高于国际贸易中服务贸易占比，这一方面说明服务的不可贸易性（这个已为人所知），同时也说明“服务业为国内制造业提供了重要的中间投入”（这一层可能很多人想不到）。

◎ 矿物勘探作为无形资产记录，不光是SNA这样处理，实际上采矿公司一直将这些支出作为资本形成记录。但关于研发的记录方法则相反，国民核算作为资本形成记录，企业会计却未必会这样处理（**我此前曾写论文专门讨论中国这方面的情况，可以说提供了来自中国的验证**）。

◎ SNA漏掉了广告资助的电视或互联网服务消费（**免费观看或浏览**）。书中明确提出这一点，我们却是最近在讨论数字经济核算时才意识到。

三、对中国国民经济核算的启发

对照中国国民核算，有一些地方值得关注。

一个是供给使用表的编制。它对于GDP核算的重要性无论如何强调都不过分，但在中国发布的国民核算数据中却一直缺失。其结果，一方面会导致投入产出表的作用不能得到充分发挥，另一方面也限制了GDP核算数据的开发应用。

另一个是GDP物量指数（经济增长率）的测算方法。第一应向拉氏指数看齐，当前中国算出来的结果并不是拉氏指数；第二要向链式指数过渡，避免价格基期过早带来的偏差；第三必须要重视质量变化调整，因为没有做此调整，当前中国测算的经济增长率实际上有低估之嫌。

《中国国民经济核算体系2016版》把原来2002版的经济账户部分去掉有点可惜。比照此书，不仅要编制总体账户，还要分别各个部门编制账户。借助于这些账户，可有助于从部门角度将核算内容贯通下来，给出更接近部门管理的数据解读。

那些一直伴随我们经济生活的统计指标

——《我国 20 个统计指标的历史变迁》读后

本文刊发于《中国统计》2020 年第 7 期。

国家统计局编写了一部《我国 20 个统计指标的历史变迁》（中国统计出版社 2017）。从书名可知，这不是一般的统计指标解释，而是要介绍这些指标在过去数十年所经历的变迁。如果你确实想了解当前这些常用指标的前世今生，读一下此书肯定会有收获，否则就可以忽略。反过来说，我感觉读此书还是需要一点“门槛”的，心中要有点儿历史感，最好在这个领域有一些经历。本人一把年纪，在这个领域“混”了好几十年，从 20 世纪 80 年代初期读大学开始，翻来覆去就是“鼓捣”这些东西，所以应该算是有感者中的一员；再加上这一阵子我一直在翻阅 20 世纪 50 年代的老文献，所以感觉还会更加深切一些。以下就是我读这本书的一些体会，写出来与大家分享。

一、指标概览：通过分组看一看

先看看20个指标里都包括什么。按照所涉及的领域，我大体这样划分：

◎国民经济综合指标：国内生产总值；

◎生产领域产出指标：粮食产量、农林牧渔业增加值、工业增加值、建筑业总产值；

◎人口与就业指标：总人口、就业人员、城镇单位就业人员平均工资、失业率；

◎投资与消费指标：全社会固定资产投资、房地产开发投资、社会消费品零售总额、居民可支配收入和居民消费支出；

◎价格指标：居民消费价格指数、工业生产者出厂价格指数；

◎经济发展关键要素指标：能源消费总量和能源生产总量、R&D经费支出；

◎经济景气状况指标：采购经理指数。

当然你也可以按照其它方式划分，不同指标也可能放在不同类别里面——我这里就是为了罗列一下这些指标。罗列之后可以发现，这些指标都是关系国情国力和经济社会发展的基本指标，也就是说，是展示任何一个国家（或地区）基本状况都离不开的指标。然而，进一步审视这个清单还可以发现，其中似乎还漏掉了一些指标。比如，反映一国政府财政状况的财政收支指标，反映一国金融状况的货币供应量指标，反映一国经济基本生产要素的耕地面积指标，反映一国对外经济关系的外贸进出口指标等，它们无疑也应该属于这个“基本指标”序列。但为什么没有进入本书范围？我这里妄加猜测：因为这些指标不是由国家统计局负责调查进而提供统计数据的，而是分属于财政部、人民银行、自然资源部、海关等其他政府部门。如果这一条成立，那这本书的名字实际上就应该是：“我国国家统计局主导的20个统计指标的历史变迁”——我这当然是在调侃，书名肯定不会这样起，但以下建议相信你会赞同：如果此书出修订版，应该将上述这几个指标以及我没有想到的其它一些指标加进去，以便能够更全面地展示国家基本统计指标的历史变迁。

接下来从历史动态角度做分组，这 20 个指标大体呈现出三种情况。

第一种情况是从 20 世纪 50 年代初期就存在，一直持续到了今天。尽管统计方法可能有很大变化，统计范围也有一些调整，但其指标名称和基本内涵没有发生改变。总人口和粮食产量最符合这个特征，稍微放宽一点要求的话，能源生产总量和能源消费总量也大体属于这种情况。

第二种情况是早期并不存在，1978 年“改革开放”之后才逐渐建立起来。归于此类的指标包括：房地产开发投资，失业率，R&D 经费支出，工业生产者价格指数（PPI），采购经理指数。

第三种情况最为复杂，从 20 世纪 50 年代就有相关指标，但其内涵、范围则在几十年间发生了蜕变，指标名称也随之有所改变。其中，国内生产总值的前身是秉承苏联传统的国民收入；工业增加值的前身是工业总产值；农林牧渔业增加值也是在农业总产值基础上转换形成的；早期的基本建设统计，经历几轮变化才形成现在的全社会固定资产投资统计；社会消费品零售总额源自当年的社会商品零售总额；就业人员可以追溯到早期的社会劳动者，中间还曾使用过在业人口、从业人员等不同名称；城镇单位就业人员平均工资所依附的工资总额早期是指职工工资；居民消费价格指数（CPI）与当年的商品零售价格指数和职工生活费指数有一定传承关系；居民可支配收入和居民消费支出所赖以生成的住户调查，其前身是 20 世纪 50 年代的家计调查和职工家计调查，但相关指标的名称和范围在后续年份里发生了很大变化。

所以，真想搞清楚这些，了解这些指标的前世今生和变迁过程，确实需要一本书才成！

二、历史钩沉：简单讲几个故事

书中每一个指标都采用同样的体例编写，包括四个部分：（1）变迁简史，是讲对应的统计制度变化过程。（2）变迁亲历，是一些当事人的回忆。（3）变迁图谱，是把统计各要素的变化放在一张图表中集中展示。（4）最后是历年数据，可以借此看看其对应的中国经济社会发展轨迹。应该说，这样的设计还是挺棒的，一方面是正规地介绍制度沿革，同时用人和事的追忆来营造现场感，只是亲历部分似乎还有些不太过瘾。

以下我将书中这两方面的材料揉合起来，再加上我最近阅读20世纪50年代《统计工作》老文献得到的一些感觉，贴着上述指标，讲几个故事。当然书中的故事不止这几个，想知道更多那就必须自己去看书。

第一个故事从早期基本建设统计讲起。基本建设统计学自苏联，就连基本建设这个词也是来自俄文，是指固定资产的新建和改扩建及相关设备的购置行为。1951年建立的基本建设统计原本主要集中在全民所有制单位；1978年之后几经变革，逐渐演化为全社会固定资产投资统计，并连带派生出房地产开发投资统计和建筑业总产值统计。

从基本建设投资到全社会固定资产投资，其间包含两个方向的扩展。一个是统计对象，从全民所有制单位一步一步扩展到集体所有制单位、其他各种经济类型单位、农村企事业组织，最后扩展到农户和城镇个体户，实现了“全社会”口径。另一个是统计范围，从原来的基本建设活动（这在当时被视为固定资产扩大再生产行为）逐步扩展到更新改造活动（当时认为这是固定资产简单再生产行为），以及其他与固定资产有关的活动；同时还有统计内容的变化，不再以基建工程量为重点，蜕变为真正的“投资”统计。龙华（国家统计局原总统计师）在“变迁亲历”中讲述了当时如何进行国际文献考察，最终实现从“基本建设”到“固定资产投资”词语转换的过程，现在读起来真的是让人五味杂陈，可知当时的“转型”之旅何其艰难。

房地产开发投资统计的前身是当年基本建设统计中的一个分类指标：房屋投资和住宅投资。改革开放之后，伴随住房从计划分配到商品化的变化，1987年建立“商品房购置统计”。1990年又一次重大变革，统计对象从购置（买）方改为开发建设（卖）方，基于各类房地产开发公司建立统计调查制度，最终形成了房地产开发投资统计。

建筑业总产值统计原本也是隐含在基本建设统计之中的，作为建筑承包工程施工活动统计，与基本建设统计中的“自行完成建筑安装工作量”对接。相关统计工作很长时间内归属建设部门，1982 年之后才由国家统计局接管，定名为“建筑业统计”，正式体现建筑业行业概念，统计范围从早期的国营施工企业一步一步扩展到当前“具有建筑业资质的所有独立核算的建筑业企业”。卢安祖在“变迁亲历”中提到，20 世纪 90 年代曾经有某部委正式发公文，要求将建筑业统计移交该部承担，国家统计局自然是拒绝，但相关分工的纠葛和利弊争议到现在似乎也没有结束。

第二个故事讲能源统计。能源统计的制度变迁撰写者是孟合合，他同时也是亲历者，大概应该算是国家统计局能源统计资格最老的专家了。能源作为燃料动力，与原材料、机电设备一起，在计划经济时期属于计划分配物资范畴，故而能源统计最早包含在物资统计中，统计内容包括生产量、消费量和库存量。20 世纪 80 年代开始建立完整的能源统计体系，并参考联合国模式研究编制我国的能源平衡表。但是，受国家能源政策转变、国家统计局机构调整、物资统计制度取消等一系列因素的影响，随后的能源统计却没有延续这种上升势头，而是经历了一个较长时间的波折时期：基础统计工作与总量核算工作分离，地区能源消费统计断档，国家统计局能源统计人员最少时只有 3 个人，地方统计局几乎没有专职能源统计人员。

进入 21 世纪后，能源安全和环境问题日益引发关注，节能减排被提到很高层面，单位 GDP 能耗降低率成为重要约束性指标，能源统计再次迎来发展机遇。开始建立健全单位 GDP 能耗统计指标体系、监测体系和考核体系，统计的能源品种进一步充实（可再生能源等进入统计范围），调查范围也从工业扩展到所有产业和居民生活各个领域。由此可以看到，统计发展与国家政策以及发展战略导向是如何密切联系在一起的。“变迁亲历”中讲述的围绕万元 GDP 能耗指标所发生的故事，现在读起来很是让人哭笑不得，但那就是现实。

最后我要围绕产值指标讲故事。在这个指标清单里，好几个都属于产值指标。国内生产总值（GDP）自不待言，背后还拖着工业增加值、农林牧渔业增加值，以及建筑业总产值（不知道为什么这个指标不是定位于建筑业增加值）。这些指标都可以在 20 世纪 50 年代的产值指标中找到对应：国民收入、工业总产值、农业总产值，以及当时不太引人注目的建筑业总产值。对照之下，其间发生的变化主要是以下两个方面：

一是生产范围。无论是国民收入还是各部门总产值，当年都将计算限制在物质生产范围内。除了农业、工业、建筑业外，余下的只有货物运输邮电业（还要特意将不属于货物的活动从中剔除掉）和商业（含餐饮）等与物质产品有关的生产性服务业，其余都不在生产范围之中，故而不计算产值，不能进入国民收入的核算范围，由此构成国民收入与 GDP 的基本差别。

另一方面是指标内涵。总产值是按照产品全价计算的，包含各种物质消耗转移价值，加总起来会在企业之间、部门之间造成重复计算。相比之下，国民收入是各物质生产部门生产中新创造的价值，基于净产值计算，可以更好地反映国民经济生产的成果，据此可以在国民经济层面编制国民收入平衡表。岳巍曾经撰写“国民收入生产的计算方法问题”专门从理论上介绍国民收入指标（见《统计工作》1956 年第 1 期）。郭文茹在“变迁亲历”中讲，“当初在 1955 年试算出了 1952—1954 年我国社会总产值、国民收入及消费积累数字”，向党中央和国务院报告。1956 年中共八大召开，薄一波副总理在发言中“就是根据国民收入统计数字，分析提出了经济发展要掌握视为二、三、四的几个比例关系的数量界限”，即“积累、财政收入占国民收入的比例为 20% 和 30%，基本建设投资占财政支出的比例为 40%”。证明这一套计算在国家经济管理中发挥了作用。但是，净产值计算比较复杂，对基础数据要求较高，难以在企业层面计算应用。

围绕总产值和净产值的这些问题，1956—1957 年间就曾有过热烈讨论。稳健派主张在有限范围内加以改进，激进派则主张抛弃基于企业按照“工厂法”计算的总产值，改为基于国民经济范围的最终产品进行计算，在企业层面则主张用利润等指标取代总产值指标。当时国家统计局有两位副局长分别撰文详细阐述自己的观点，同时刊出（见《统计工作》1957 年第 13 期），一篇是孙冶方的“从‘总产值’谈起”，一篇是王思华的“关于工业总产值的商榷”，对比之下很有看点。遗憾的是，相关讨论尽管不断提到“加工价值”或者“生产性作业”这些概念，甚至还有文献提到欧美各国已经开始计算生产活动的增加价值，并写出 Value Added 这个英文词语，但始终只是将“加工价值”作为产值指标计算过程中进行便宜处理的项目看待，没有提升起来形成部门增加值这个现在大家耳熟能详的指标。

三、延伸思考：寻找推进指标变迁的力量

要想从书和故事中听出“门道”，首先应该大体了解中国政府统计 70 年演变的大背景：（1）中华人民共和国的政府统计没有接续民国遗产，是重打鼓另开张的，当时对标的是苏联模式和计划管理体制。（2）从 20 世纪 50 年代开始，中国政府统计建设与国家整个政治生态变化密切关联，经历了曲折的过程，尤其是“文革”期间，曾经遭遇机构撤销、人员解散，随后恢复但直到 20 世纪 70 年代末，政府统计工作仍然大体停留在 20 世纪 50 年代的格局和水平上。（3）自 1978 年以后，中国政府统计进入快速变化时期，不仅原来的统计内容发生了根本性变革，还开拓出很多新的统计内容。所以，上面提到的第一和第三类指标几乎都有一个共同的特征：早期建立，中间经历一“劫”，然后是恢复，最后是蜕变；而第二类指标则没有这些历史包袱。

以政治大背景为基础，我们还可以从更深层次上提问：为什么政府统计前辈们当年筚路蓝缕的思考和实验，最终大范围开花结果要等到数十年之后？为什么几十年间各项统计指标会有脱胎换骨的蜕变？为什么最近四十年中国政府统计会有非常大跨度的进步？我认为，大尺度观察，当年制约政府统计发展的因素，也就是促成我国政府统计最近四十年快速发展的因素，可以概括为以下三个方面。

第一是改革。必须有国家经济体制的变革，才会有各项统计指标在名称、内涵、范围、方法诸方面的蜕变，才会有政府统计自身的根本性改革。孙冶方之所以当年能够提出在企业层面以利润指标替代总产值指标，是因为当时在“双百方针”指导下开始反思高度集中的计划管理体制，开始有“大计划小自由”之说。当时之所以很多讨论无疾而终，之所以最近四十年有很多变化发生，原因都可以归结到国家经济体制这个“锚”的变与

不变。

第二是开放。当年中国只有一个学习对象，就是苏联，当年只有一个理论来源，那就是体现苏联“修正主义”影响的政治经济学。如果不能破除这样的教条主义，不能把对应用经验的关注扩展到更广的范围，就无法从既定的桎梏中走出来，政府统计就不可能有理论和实践上的根本性突破，同时也就无法实现相关指标的国际可比。当年孙冶方在文章中曾经提到美国固定资产折旧经验，却是从一篇苏联文献间接引用的。龙华曾经讲到如何就中国国民经济核算体系转型模式要不要同时体现与 SNA 和 MPS 的对接，而与联合国统计委员会交流。这些故事从正反两方面体现出开放对于政府统计建设是如何重要。

第三是发展。没有经济社会的巨大发展，很多问题无法显现，就不可能从需求角度对政府统计形成压力，结果就不会有传统指标的蜕变改进，不会有新指标的开发应用，不会有政府统计整体的大发展。书中所讲各项指标背后的故事，形象地体现了中国最近 40 年快速发展留下的轨迹。比如，没有服务业的发展，国内生产总值（GDP）就难以确立其在诸多经济指标中的核心地位；没有节能减排等战略性发展目标的提出，不可能有一套完备的能源统计监测指标体系；没有科技兴国战略的实施，研发、创新等指标的重要性就不会凸显出来。

中国历史上的人口普查和人口统计数字

——《明初以降人口及相关问题》读后

本文刊发于《中国统计》2020 年第 11 期。

最近几年，人口问题以计划生育年代完全相反的路数再次成为上下关注的焦点。取消独生子女政策，单独二胎、全面二胎，直至酝酿全面放开，人口政策变化让人目不暇接。然后发现，这些举措对人口增长的用处已经不大了，年轻人不恋不婚不生倾向越来越显著。于是，对未来人口的悲观情绪蔓延，有人甚至用人口预测曲线来描绘国运。

在人口自然增长乏力背景下，人口迁移和城市化的重要性凸显，上上下下都越来越认识到，人口空间分布状况在很大程度上已经成为一个地区发展的前提条件。人口多不一定就是一个大包袱，同时还是带动消费的潜力，是住房购买者，是城市建设的门槛——比如，不到一定人口规模不让你修地铁，高铁站不会在你这里设站点。于是，在抢人才大战之后出现了抢人大战——为了吸引并留住外来人口，开始出台各种政策。

人口问题受到关注，与之相伴的就是人口统计数据的重要性。到底有多少人口，各地区分布状况如何，生育率到底有多高，迁移人口规模有多大，迁移的流向是怎样的，哪些区域（城市）是净迁入、哪些是净迁出，坊间不时会排出座次。但弄清这些数据非常不容易，人口统计数据一直是有关统计部门的痛点，备受持各种观点的人的诟病和诘难。认识到这一点，你才能理解第七次全国人口普查到底有多重要。

说起来，人口统计不仅是现代社会的必须，在中国历史上，人口及其分布数据同样也是古代王权社会进行国家治理所不可缺少的。最近因为关注 2020 年第七次全国人口普查问题，读了何炳棣的《明初以降人口及相关问题》，其中对明、清两朝以及民国时期人口问题的讨论，让人感觉长了不少见识。

一、这部书讲了什么

何炳棣是史学大家，一生研究中国史，做了三件事：一个是搞清楚中国历史上有多少人，写成《明初以降人口及相关问题》；一个是搞清楚中国历史上有多少地，有著作《中国历代土地数字考实》；还有一个就是搞清楚中国历史上科举考试制度效率怎么样，《明清社会史论》可为证明。三件大事哪一个都可以吹一辈子。

这部书尽管以人口作为主题词，内容却不只是讨论中国的人口问题。其中会涉及人口的增长、迁移，还会延伸到人口与土地、粮产等方面的关系，但其关注的焦点却是明初以来的人口统计数字。

然而，此书的目的并非要给出一套经自己调整的中国人口历史统计数据——因为他研究所用大都是地方志一类局部材料，不足以成为中国全面数据调整的依据。他所做的，是系统讨论在人口统计数据形成背后的那些制度因素：动机（为什么要统）、用途（数字用来干什么），能力（用什么方式去统），等等。其中会多方位涉及古代王朝的国家治理，比如中央与地方的关系，官绅民关系，土地制度，边疆治理……正如作者在序言中所说：本书基本上仍是一篇制度和经济史论文，不能期望它是人口统计分析。

因为他讨论的是人口统计数字背后的制度性因素，所以才在 1959 年成书之后的数十年间持续受到关注，给作者带来声望，其影响一直延绵到当下——今天看来，书中讲到的那些影响人口数据生产的制度性因素，可能换了副面孔，但仍然清晰可见。

二、中国古代有人口普查吗

此书讨论的对象是中国全面的人口数据以及地区分布，基本不涉及生育死亡等自然变化数据；会涉及迁移数据，但也是出于对各地总体人口数据的关切。这就意味着，全部讨论要以人口普查为线索——这就与我们当下关注的第七次全国人口普查产生了关联。

以下我拟了几个问题，借助书中材料做简要回答。

中国古代有人口普查吗？1381—1382年，明太祖朱元璋主导下编成黄册《劳役登记名册》，是以全部人口的统计为基础的，其做法和效果都相当接近现代人口调查。直到乾隆四十一年（1776年），中国才再次进行足以与上次相提并论的人口调查和统计。第三次可以称为人口全面统计的时间点是1851—1852年，为了应对太平天国时期军事形势的需要，咸丰初年进行了一次比较全面的人口登记。此后经历光绪年间的努力最后在宣统三年（1911年）“理论上说”完成了首次“现代”人口统计。国民党主持下的国民政府也曾经在1927年和1934年为人口调查做过努力，但总体而言以失败告终。最后就是1953年中华人民共和国以以往任何政权都无法比拟的社会动员能力所完成的第一次全国人口普查。

如何做人口普查？明朝洪武人口调查采用登记法：每户颁发户贴，在户贴上记载每户的成员、财产等项目。网红作家马伯庸在《显微镜下的大明》中花很大篇幅写“天下透明——大明第一档案库的前世今生”，对此有生动描述。清朝主要依赖保甲制度登记人口。保甲机构主要是维护地方秩序，人口登记只是其附加职能，直到1775年在乾隆朝的大力敦促下，各地充分动员保甲机构清查了当时的人口。咸丰年间的人口登记依然借助于保甲，但主管部门从户部转到兵部，这可以视为此后由警察部门主导的开端。光绪年间在内务部下设立了统计司，制定了一个六年人口普查计划，设计了相应的调查表格，名义上由警察部门组织主导但也有其他方面的人参加。1953 年人口普查，国家统计局以 1939 年苏联人口普查为模式，进行了一次大规模的人口登记：内容详细，组织严密，有明确的时点，尽管也有问题，但其“普查结果仍比中国以往任何人口数字都更接近事实”，何炳棣说。

影响人口数字的因素有哪些？最大的影响因素是为了税赋、兵役而进行人口统计，由此带来的最大问题是为了逃税逃役而瞒报人口。不仅个人有此动机，村落社区有此动机，各级政府官员在应对中央政府税赋时同样也有此动机。反过来中央政府（皇帝）也会以此作为手段来实施税赋减免。由此出现种种现象，避户、并户、改变原来身份，“丁”逐渐取代“户”和“口”作为主要统计对象，这些均极大地影响了人口数的统计。除此之外，国家的统一与分裂、疆域拓展等，对于人口统计的实施能力也有很大影响。特别要说明的是：如果说以往人口统计的最大难点是缺乏直达基层的组织能力，1953 年第一次全国人口普查在此方面有极大改进，一方面具有控制基层的能力，另一方面上上下下都不再具有任何逃避普查的动机。

三、明清以来人口知多少

何炳棣说：总结过去五个世纪的中国官方人口数，明太祖时期（1368—1398）、乾隆四十一年至道光三十年（1776—1850）期间和 1953 年人口普查的数据比较有用。乾隆六年至四十年（1741—1775）间的数字尽管有很大缺点，但还有些用处。咸丰元年（1851）至 1949 年间虽有各种数字，实际上却是人口数字的真空时期。这里我按照时间顺序从书中摘一些概略性人口数据——按照何炳棣的说法，这些数字尽管都有问题，但还是可以看看的。

◎ 1393 年，洪武年间，6054 万。

◎ 1741 年，乾隆六年，14341 万。

◎ 1776 年，乾隆三十一年，20810 万。

◎ 1850 年，道光三十年，42993 万。

◎ 1953 年，中华人民共和国第一次全国人口普查，58260 万（不含台湾地区）。

你可以看到人口的增长，而且增长速率大有不同。这确实显示了中国古代在不同时期的发展状况——在“糊口经济”年代，人口数变化就是衡量发展的最好指标。但是，我们也不能简单地用相邻两个数据相比，以数学运算的结果来评价不同时期的人口发展状况，其中有两个不可比因素不可不察。一个是疆域扩张带来的人口增加，另一个就是人口数到底准不准。你看，第三个数与第一个数相比，人口增加了两倍，清乾隆时期中国版图扩张肯定在起作用。从第三个数到第四个数，其间不到八十年，人口翻了一番多；但第四个数与第五个数之间正好一百年，人口增长却远不及前面的结果。为什么？其间原因还真是值得思量啊！正如何炳棣在书中所说：若要对过去五百年间人口动态的可能模式做出鉴别，就必须了解各个时期特殊的历史环境，考察对人口变化起作用的不同经济和行政因素。

关于“中间人”的统计观察

本文刊发于《中国统计》2019年第7期。

这个题目和很多当下关注的关键词有关，比如交易者成本、数字经济等，但激发我最终提笔（开机）写出这篇文字，却全凭最近读了这样一本书：《中间人经济》（副标题“经纪人、中介、交易商如何创造价值并赚取利润”，中信出版集团，2018）。以下我从此书所讲故事、所做总结出发，加入我自己的思考，延伸到统计观测，连缀成文，请大家批评指教。

一、什么是“中间人”经济

此书面向大众书写，核心内容就是总结在信息技术大发展背景下的今天，中间人所扮演的各种角色，然后讲故事。书中将中间人归纳为六类，每一章对应一类中间人，以案例（故事）引入，讲述其出现的不同场景和背后的道理。我先抄在这里：

（1）搭桥者：缩短在物理空间、社交或者时间上的距离，促成交易发生；

（2）认证者：去伪存真，为买方提供关于卖方质量的可靠信息；

（3）强制者：确保买卖双方全力以赴、相互合作并坚守诚信；

（4）风险承担者：减少波动和其他形式的不确定性，尤其适合风险厌恶型交易者；

（5）礼宾者：减少纷争，在客户面对纷繁复杂的信息时，协助其做出明智的决策；

（6）隔离者：协助客户获得所需，避免给人留下贪婪、过度自我推销、喜欢挑衅的恶名。

读完之后的感觉，所谓六类中间人，更像是中间人具备的六种功能。现实生活中的中间人可能会同时承担多种角色，但无论哪一种中间人，都无一例外地承担了搭桥功能，不搭桥就不是中间人——这正是传统理解的中间商角色。但除了搭桥之外，很多中间人身上还背负了其他功能——这就扩大了传统所指中间商的范围，并伴随互联网等信息技术的发展，使得现代中间商具备了新特征、新面貌。

按照书中所讲故事，风险投资公司属于中间人，涉及搭桥、认证和风险承担等多种功能；但分担风险的也不只风险投资公司，很多中间人都或多或少承担一部分风险。古董商、招聘经理、寄售经营者、出版社（或者编辑）等是中间人，他们作为认证者出现，先搜寻（找）再甄选（挑）最后是举荐（提供），同时也具有一定的隔离功能。互联网平台企业属于各种双边市场的中间人，商品买卖、点餐、订座、房屋短租、打车、婚恋、社交等等，在搭桥之外还必须建立起强制机制，形成相互信任，以便能够同时吸引市场双边的参与者。你如果认为旅行社、婚礼公司这些功能有些老套，但即使在自由行、自己操办婚礼时，你仍然可能需要一个“策划者”，帮助你从复杂的信息中脱身出来，将各种与你的目的有关的供应商提供给你，这就是礼宾者的作用；类似的还有房产经纪人、帮助上市公司路演的 IPO 经销机构等。猎头和明星经纪人是典型的隔离者，通过他们搭桥，可以避免因为“跳槽”“转会”等而带来的不便，有些律师、医疗代表等从事的工作也属于此类。

所谓搭桥，就是要在供求两方之间建立联系，促成交易的发生。进一步要问：针对什么搭桥，关于什么的供求？促成了从供给者到需求者之间关于什么的流动？传统上说，第一类对象是“物”，可能是货物，或者实物资产，对应地有两个流，一个是物流，解决位置移动问题，另一个是商流，解决的是所有权转手问题，由此就有两类中间人：运输商和经销商以及购物网络平台。第二类对象是资金，为资金的供求充当中介，实现资金流动，各种金融机构以及金融交易平台在其中充当着中间人。但读此书让我感觉到，搭桥的对象不止各种实物和资金，还有更宽泛的供求关系。接下来，第三类对象是“人”，一方面是人的空间移动，由客运商承担；另一方面涉及人的状态，比如职业介绍所（以及猎头），是在招工和就业之间充当中介，高大上一些的就是明星经纪人；还有婚姻介绍，在男女两方之间充当中介，以及更广泛的交友网站。第四类对象是信息和知识，中间人为信息在供求两方之间的流动充当中介，比如出版商和经销商，各种咨询机构、智库平台，以及信息网络平台。第五类对象是服务或无形资产，中间人为某种服务的供求充当中介，比如旅行社，功能是将大量与旅行有关的服务提供者与旅游者连接到一起，在互联网背景下此种中介越来越重要和发达了，比如外卖服务、订座服务、租车服务、租房服务、技术交易服务等等。

把上述现象总括起来，就是所谓“中间人经济”。

二、“中间人”经济的统计识别和观测

一个经济体的运作离不开中间人，放到国民经济运行体系中加以定位，中间人经济的主要功能就是提供不同种类的中介服务。尽管此书针对中间人经济写了很多故事，但

要想具体刻画中间人经济的状况，显示其在宏观经济中的作用，必须进行严格意义上的统计观测。为达此目标，第一要进行识别，给出统计观测的范围；第二要设置相应指标，据此搜集数据，显示特定时空下的实际状况。

“中间人”就是一群人吗？实际上，中间人首先是作为一类功能存在的，即提供搭桥及相关服务的功能。所以，首先要将其视为一类活动（搭桥）、提供了一类服务（中介服务）。然后看是“谁”承担了这项功能、提供了中介服务。可能是自然人，但在现代经济中更可能是一类组织：企业、政府机构、其他非营利机构，以及住户。接下来的问题是：这些人或组织是专门从事搭桥活动提供中介服务吗？有些组织（个人）确实可能是以此作为主业的（是他的主要活动），但对很多组织（个人）而言，搭桥并不是他的主业，只是其中的一项业务（作为次要活动存在），甚至只是为自身服务的一类岗位（相当于辅助活动）。显然，要识别这些活动、为中间人经济划出统计范围，还不是一件简单的事情。

基于此类活动，我们有三条线索进行统计识别。一个是职业分类，从人入手，根据其从事的职业岗位，确认中间人经济；一个是产品分类，从产出入手，根据其提供的中介服务性质，确认中间人经济；最后是行业分类，从组织入手，根据其从事的经济活动性质，确认中间人经济。结合中国实际情况看，当前尚不具备完整的职业分类，产品分类尽管有初步标准但尚待完善，所以，最具可操作性的只有行业分类。因此，所谓中间人经济的识别和统计范围确定，主要是在行业分类基础上进行。

先以2017年《国民经济行业分类》为依据，看行业分类目录。在门类层面（20个），毫无争议属于中间人经济的是批零贸易业（F）、交通运输业（G），以及金融业（J）。如果下沉到大类层面，会捕捉到更多的行业，除了上述三个门类之外，还会涉及：电信、广播和卫星传输服务（63），互联网和相关服务（64）（以上两个大类所属门类是信息传输、软件和信息技术服务业）；租赁业（71）（所属门类是租赁和商务服务业）；新闻和出版业（86）（所属门类是文化、体育和娱乐业）。如果再进一步下沉到中类，除了上述大类行业之外，还会涉及：电力与热力生产和供应业下面的电力供应（442），住宿餐饮业下面的餐饮配送及外卖送餐服务（624），房地产业下面的房地产中介服务（703），租赁和商务服务业下面的会议、展览与相关服务（728），科学研究和技术服务业下面的技术推广服务（751）、知识产权服务（752）、科技中介服务（753）、创业空间服务（754），居民服务、修理和其他服务业下面的婚姻服务（807），文化、体育与娱乐业下面的电影和广播电视节目发行（875）、电影放映（876）、图书馆与档案馆（883）、博物馆（885）、彩票活动（904）。最后是小类层面，除上述之外，还可以进一步考虑诸如地理遥感信息服务（6571）、呼叫中心（6591）、职业中介服务（7262）、旅行社及相关服务（7291）、翻译服务（7294）、票务代理服务（7298）、体育中介代理服务（8991）、网吧活动（9013）、文化娱乐经纪人（9053）、体育经纪人（9054）等等。（免责声明：以上是凭本人经验判断给出的选择，权当示意，未必完全正确哈！）

看到这里我敢肯定你已经烦了，但这还不是事情的全部，中间人经济的识别还要面对更复杂的问题。第一个问题是：除了上述所列大中小类之外，还有一些行业是混杂的，只包含一部分中间人活动。比如热力生产与供应（4430），其中只有供应部分属于中间人经济，类似的还有燃气生产与供应业（45）、自来水生产与供应（4610）。咨询与调查（724）也存在这种情况，其中一部分属于信息传输中介服务，但也有可能是自行生产信息内容然后提供给需求方，类似的还有广告业（725），不仅涉及传播同时还涉及内容制作。看看统计局制定的很多应用型行业分类标准（比如文化产业分类、生产性服务业分类、知识密集产业分类等），为什么很多小类的右上角要加“*”，就是要说明：这个类别中有一部分属于这个主题范围，在具体测算中不能全部放进去，但也不能全部忽略掉。

即使有了这个行业范围，也不等于能够精确识别出来，我们还需要讨论其中存在的第二个问题：分类单位带来的影响。行业分类的基本单位（也就是具体用来划分的最小单位）尽管理论上是产业活动单位（在一个地点、从事一种经济活动，可以独立提供生产收支数据），但实际运作中常常难以做到，故而只能以法人单位（独立进行经济决策，可以编制资产负债表，能够独立承担法律责任）作为基本单位来划分。然而，一个法人单位常常会从事多种经济活动，为了将其整体归入一个行业类别，只能以其主要经济活动作为归类依据，由此导致的结果是：通过行业分类识别某一类活动的精度会受到很大影响。在本文场景下，一方面，有些被纳入统计范围的法人单位，其中可能包含一部分不属于中间人的活动，在具体统计指标汇总时会夸大其规模；另一方面，还有一些中间人活动是由那些没有被纳入统计范围的法人单位作为非主要活动提供的，这就会造成实际统计结果的“遗漏”。最后，夸大和遗漏到底哪一部分更大，这可能还真不是一个能够说清楚的问题呢！

以上主要就统计识别做讨论。在识别问题解决之后，接下来的就是要通过一系列指标对中间人经济做统计测度。通过统计测度，从微观视角要显示其经营状况和经济效益，从宏观视角则要显示其规模、内部结构、外部关联和影响。篇幅所限这里就不详细展开了。

三、如何评价“中间人”的作用

在现实经济社会中，中间人可能是既不可缺少又不受待见的一群。仔细想想，之所以不可缺少，在于中间人的搭桥功能在现实中具有普遍的需要；之所以招人恨，主要是在供求双方看来，他们似乎并不创造价值，但却从交易额蛋糕中切走了一块，而且常常还是不小的一块。此外，还有一些中间人会利用信息不对称来隐瞒事实、架空供求某方从中取利，给交易者带来损失，这就更是不可饶恕了。为此，人们总是期待有新技术能够承担起搭桥的角色，以取代这些“可恶”的中间人。但这种期待一直没有成为现实，最近几年发生的针对互联网的最初想象和最后结果，再一次印证了这一点。

为说明其中缘由，我们需要对中间人的经营模式做一点解析。无论是针对哪一类对象，中间人大都取两种模式。一种是纯粹的搭桥，将供求双方牵到一起促成交易发生；另一种是先充当买家再充当卖家，最终为处于两头的供求者搭起桥梁。以商流为例，批发零售企业是后一种，而各种展会、集市就是前一种；同样，对资金流而言，银行就是后一种，信托公司就是前一种。就特定中间人而言，可能会同时按照两种模式经营，比如投资银行，一方面为资本市场提供中介服务，同时也可能会用自己筹集的资金直接投资；比如画廊，一方面是接受画家寄售，同时也会自己先收购再出售。互联网时代似乎并没有改变这种格局。你看，京东自营就是后一种，淘宝则更像前一种，但京东在自营的同时也允许其他商家使用自己这个平台；滴滴打车更像前一种，首汽约车更像后一种，但滴滴后来也开始经营专车自行提供客运服务。与不同经营模式相伴随的，就是不同的获益方式。如果是自营，赚取的是两头买卖形成的价差，比如批零贸易业的毛利、银行的存贷利差；如果是纯粹的中介，拿到的只是中介费，比如单笔交易的抽成、信托公司的通道费、展会的摊位费、网络平台的会员费等。相比之下，后一种中间人会承担更实际的责任和风险，缓冲供应和需求之间的不对称，所以收益应该会高一些；前者主要是作为交易场所、通道而存在，尽管也会承担前面提到的认证、隔离、强制等作用，但没有实际经营风险，所以收益率理应低一些。

现实中之所以需要中间人，第一是供求双方信息不对称所致，进而还有更复杂的理由，《中间人经济》一书中所列出的除了搭桥之外的其他功能，诸如认证、隔离、强制等，各自代表了对中间人的不同期望。如果用经济学术语表达，这就是一个效率问题：中间人作为专业分工的结果，可以提供更加专业的中间环节服务；对客户而言，与其自己打理相关事务，雇佣中间人是更加节约的选择。宏观来看，中间人的效率表现在两方面：促成更大规模的交易发生，将交易成本保持在一个合理的水平上。

如何将通过中间人实现交易的成本保持在一个合理的水平上，或者说，如何判断交易成本是否处在合理的水平上，这是一个特别值得关注的问题。说中间人不创造价值，这肯定是非常过时的认识。中间人既然提供了被交易者认可的服务，这项服务就属于特定商品、资金、信息从生产到最终使用整个过程的必要组成部分，就应视为参与了价值创造，也就理应获取属于这一环节的那一份。如何观测这一份的大小，从市场的观点看，就是由该项服务之供求关系所决定的价格（*谁更有议价能力*），上升到宏观，就表现为中间人所在行业的增加值及其占 GDP 的比重。显然，如果价格过低，或者行业增加值占比过小，肯定不能很好地促进整个市场和宏观经济的繁荣；反过来，价格过高，或者这些行业增加值占比过高，可能反过来会伤及所交易的物品和服务的供求、造成资金或信息流通的阻碍。当前宏观经济从供给侧发力，为企业降成本提供支持，其中相当一部分工作就与这些中间环节的交易成本有关；还有关于中国金融行业增加值占比为什么这么高的讨论，其中就涉及是否因为金融服务价格（比如存贷利差）过高带来的影响。

《中间人经济》按照能力和热度（你可以将此作为贪婪的反义词）两个维度，将中间人区分为四个类别：既没有能力又没有热度者是寄生虫，能力强但热度低者是捕食者，热度高能力差的属于宠物，只有那些既有能力又有热度的合作者，才是最优秀、最受社会肯定的中间人。我们期待整个中间人经济能够处于比较健康的“合作者”状态，以造福于整个经济体系。

从家庭资产评估到住户部门资产负债表

本文刊发于《中国统计》2021 年第 3 期。

春节期间读了一本书，《官绅的荷包——清代精英家庭资产结构研究》（以下简称《荷包》），很是不错。书中借清朝被抄家官员的财产清单，为读者了解官绅这个精英群体的家庭财产结构提供了丰富的材料。有案例，有概念架构和估价方法，还有描述性分析和统计检验，可供不同视角下的阅读。出于职业偏好，我比较关注其中与家庭财产核算有关的内容，感觉与当下我们在国民经济核算框架下编制住户部门资产负债表所涉及的处理方法还真有一比。以下拟串联起来做一些讨论，供大家参考。

一、《荷包》中的家庭与家庭资产

《荷包》所讨论的家庭是指“被抄罪员”家庭以及相关家庭。从被抄者身份看，大部分属于政府官员，同时包含一些依附这些官员而随案被调查被抄家的幕僚或长随，以及一些专门料理家庭事务的亲属。一般而言，这些官员以及随员大部分经历过科举而具有“功名”，但也有一些是通过捐纳由商入官，还有一些属于没有功名的满洲籍官员。鉴于此，该书最后以“官绅”这个词语来概括上述各种官、绅、商的交叉身份，将其定位于“精英家庭”这个层面。

显然，这是一个特殊的“样本”，对家庭住户整体肯定不具备代表性。但是，此书在研究过程中对家庭资产所做定义和处理，却具有一般方法论性质，值得我们去关注和讨论。

第一是家庭的范围，说明应在多大范围内界定属于一个家庭的资产。清代抄家一般以“罪员”名下资产为范围，那些已经分家析产的其他成员的资财不在其列——并不是坊间所说的“株连九族”。据此，书中遵循“经济资源占有和使用相一致的主体单位”原则来确定家庭边界。

第二是对家庭资产界定，说明家庭资产覆盖什么内容，以及如何分类。“资产是指拥有价值的任何东西”。书中结合抄家过程中的资产登记和处置方式，结合现代划分方法，最终按照以下类别概括被炒家庭的资产：（1）实物资产，具体包括两个子类。一个是不动产，包括房屋和田地，另一个是财物，既包括古玩字画珠宝皮货丝绸等各种奢侈品，也包括家当什物等日常用品。（2）金融资产，一部分是金、银、钱等现存货币，一部分是借贷形成的资产，还有一部分与典当有关。（3）商业资产，一部分是用作营运的本银或股份，还有一些以存货及其他种种形式（比如盐引）存在的资产。除此之外，还有一个现代人难以想象的类别：人口，就是依附于家庭的那些仆婢。在实际分析中，书中常常将上述资产按照更简洁的六分法展示：田产、房产、财物、金融、商业、人口。

如何看待这个资产范围？想象一下，家庭被抄仿佛现在企业破产后的清产核资，所有的“存在物”都要事无巨细一股脑包括在其中。书中列出了一些案例的详细清单，其中甚至会包括很多非常普通的日常用品。所以，该书界定的资产范围未必就是一个正常家庭所识别的资产，更不符合现代经济学对资产的定义，因为这里完全混淆了消费与投资之间的界限。

第三是估价方法，即采用什么方法估算家庭资产的价值。抄家资产清单上首先是按照实物列示明细，同时会有一些非常笼统的估值。为了将不同案例合起来进行总体比较，此书作者在研究过程中花费很大工夫，试图按照统一的估价方法对所有类别的资产进行估值。书中专设一章分门别类讨论实物资产的估价方法，这里择要简述。以田产为例，估价采用三种方法：一是找到对应的市场价格按亩估算；二是以租定价；三是按照产量计价，即以年租或年产量为依据确定田亩价值。用现在的说法：前者就是现行（参照）市价法，后两者就是未来收益现值法，将年租或年产量折成现银，然后取当时的利率作为贴现率计算。房产与田亩类似，但财物估价则比较麻烦：金银器饰直接按重量折价，玉石珠宝只能视具体情况综合考虑，服饰衣类绸缎布匹则按照市价大体折算，一般家当什物价值较低，一般就是通估一个整数，人口一般也是按照一个通价估算（每人十两白银）。

基于以上，就可以对涉案家庭的资产做出估算：总资产、负债，两者相抵就是净资产。

二、基于国民经济核算的住户部门资产负债

国民资产负债表中会分别各个机构部门展示其资产负债状况，住户部门就是其中之一。与《荷包》的关注点在于单个家庭的微观数据不同，国民资产负债表中的住户部门是一个整体，要就全部住户估算其资产、负债和净资产。即使如此，就其中所包含的一些要点进行比较，对于理解国民资产负债表，还是很有意义的。

要点一：住户是否等同于家庭。按照《国民账户体系（2008）》的定义，住户是指“共用生活设施，把成员的部分或全部收入或财产汇聚起来使用，集体性地消费某些货物或服务（主要是住房和食物）的一小群人”。这个定义很长，但仔细琢磨，其基本内涵与《荷包》一书作者所采用的家庭定义有着基本相似之处。这里以“住户”替代“家庭”，意在强调其组织属性而淡化血缘关系。与历史上的多代家庭不同，现代住户大多以核心家庭为主。除了家庭住户之外，还可能会有一些机构住户，比如由长期居住于养老院、

福利院等机构的人所组成的住户。

要点二：资产的范围与分类。《国民账户体系（2008）》对资产的定义比较抽象，认为它“是一种价值储备，代表所有者在一段时期内持有或使用这些实体所产生的经济利益”，简言之，资产是指能够给所有者带来经济利益的各种实体，其价值就是通过所带来的经济利益表示的。显然，单靠此定义还难以对接《荷包》中所涉的家庭财产。为清楚起见，需要结合资产类别加以具体甄别。

图中所示是国民经济核算的资产分类。限于篇幅这里难以一一解释，仅对照《荷包》中列示的资产类别在这里就住户部门做简单对应交代。

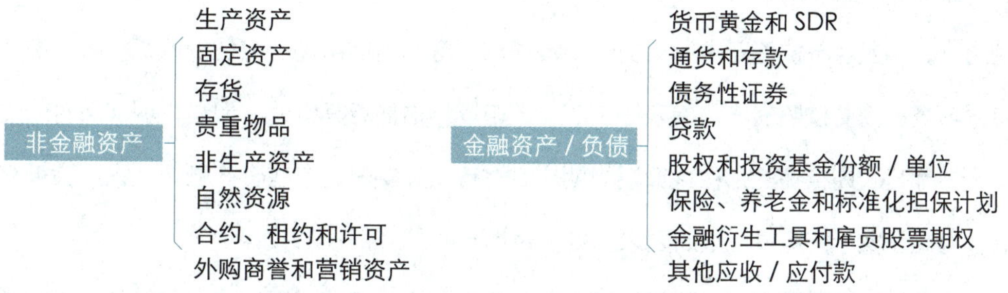

非金融资产
- 生产资产
- 固定资产
- 存货
- 贵重物品
- 非生产资产
- 自然资源
- 合约、租约和许可
- 外购商誉和营销资产

金融资产 / 负债
- 货币黄金和 SDR
- 通货和存款
- 债务性证券
- 贷款
- 股权和投资基金份额 / 单位
- 保险、养老金和标准化担保计划
- 金融衍生工具和雇员股票期权
- 其他应收 / 应付款

1. 房产，无论是自己居住还是出租经营，均属于固定资产。

2. 田亩，如今已经扩展到矿产、水面、林木等各种自然资源，在中国这些都属于国有资产，住户只拥有其使用权，在发生交易之后才会记录其价值。如果在其上发生后续投资，比如土地改良，则会作为固定资产处理。

3. 金融资产，充当货币的贵金属（**货币黄金**）在现代经济中仅限于政府持有，对住户已经没有意义；代之以各种基于信用形成的金融资产，住户可以持有通货（**现金**）、存款、债券、股票、保险、期权以及其他债权，同时也可能因为贷款和其他借入而承担负债。

4. 商业资产，在这里需要按照资产类型拆分。一些金融性投资直接归入金融资产（**比如股份**），个体经营过程中积累的机器设备、存货，以及无形资产都要按照其性质归入固定资产、存货以及其他非生产资产之中。

5. 各种财物，需要分门别类讨论。大额交易获取的珠宝、字画、金银器物等可以作为贵重物品记录为资产，但是各种日常用品在其购买当时就已经作为一次性消费支出处理，因此与资产无关。即使是价格相对比较高的各种奢侈品（当年的皮货、丝绸、衣饰，现在的品牌包、名表等），以及使用时间比较长、单位价值较高的耐用消费品（比如家用汽车、电器），也都不记录为资产。这种处理不仅与当年大清朝时期的理解不一样，与当前一般理解的家庭财产概念（比如财产保险中的家庭财产）也有不同。

6. 人口，自不待言，国民经济核算明确规定：人力资源不在资产范畴之内。

要点三：资产的估价。编制一套完整的国民资产负债表，估价是需要面对的棘手问题之一。国民经济核算要求所有交易和资产均要遵循当期市场价格估价原则，就是说，每一项资产都要按照资产负债表编制时点的市场价格估算其价值。但是，现实面对的资产大多都是长期存在的，在核算期当期未必进行实际交易，有些资产甚至从来不会被交易，为此在实际核算过程中需要采用各种替代方法。

一种是参照价格法，即采用当期发生的同类资产交易价格对资产进行估价。这就相当于《荷包》中针对田亩的第一种估价方法，针对各种金银器物的估价也属于这种方法。

另一种是重置成本法。对那些个体性强、没有市场价格的资产，比如各种大型基础设施，按照“如果重新建造该资产需要花费多少成本投入”这样的假定，估算其当期价值。此类情况不太可能出现在住户部门，《荷包》中也不曾涉及。

第三种就是各种名目下的净现值法，不仅可用于自然资源、无形资产，还有一些金融资产也会采取这种方法估值。《荷包》中也采用了这种估价方法，比如以租金和产量对田亩、房产价值进行估算。

可以看到，《荷包》中针对家庭资产进行的估价与现代编制住户部门资产负债表所采用的估价原则是一致的。但实际上后者面对的情况要复杂很多，《荷包》中只处理单个案例，可以不考虑不同案例之间的可比性，也无需特意关注各个案例所处的不同时间，这些在住户部门资产负债估价中却都是绕不过去的。

三、浮光掠影关注一下家庭资产结构

《荷包》专设一章，借助于符合条件的 185 个家庭做数据处理，展示“清代官绅家庭资产结构的一般特征”。书中对这些家庭组成的样本做属性分析，认为可以作为 18 世纪后半叶上层官绅的代表反映其家产结构状况。以下是最后形成的一些结构分析结果。

第一，田产和房屋作为传统资产形式，在样本数据中占比并不太高。全样本统计，不动产占比尚未过半（42.4%）；排在前几位的家庭中，这些不动产占比大多不超过 10%。结合人员背景做进一步分析可以发现，随着财富的增加，家庭资产的结构会发生变化，早期以不动产为主，积累到一定水平后则会更明显地转向其他方面，尤其是金融资产。

第二，金融资产占比已经比较显著，在全样本中达到 29.5%，在顶级富有的家庭中占比更高。但是，仔细看这些金融资产，真正体现投资的部分非常少，主要以金、银、钱等流动性金融资产形式存在，而且常常是埋在地下或者置于房屋夹层中被“窖藏”起来。出现这种情形当然与当时金融市场发展水平有关，但更主要的是当时的观念以及整个群体特有的心理特征在起作用：财富一旦超出一定水平，“藏富”压力就不断上升。尤其是那些出身贫寒然后靠做官发迹者，很不愿意露出“宽裕之像”。为此书中最后一章还专门进行统计检验，判断财产合法性是否会影响家庭资产的配置结构。

以上是针对 18 世纪中国处于社会上层的官绅阶级给出来的家庭资产结构。由此延伸，你肯定想知道现代家庭资产结构是什么样子。遗憾的是到现在为止，中国还没有官方公布的住户部门资产负债表。我们此前在《国民经济核算原理与中国实践》（第四版）中曾经引用过英国 2015 年的国民资产负债表，其中住户部门的情况大概可以作为一个参考。

根据该表，英国住户部门非金融资产 5.6 万亿英镑，金融资产 6.3 万亿英镑，负债 1.7 万亿英镑。在非金融资产中，住宅达到 5.3 万亿英镑，占有绝大比例。在金融资产中，通货与存款 1.5 万亿英镑，保险和养老金计划 3.7 万亿英镑，二者合起来超过了 80%。负债的主要组成成分是贷款，达到 1.6 万亿英镑，显然与前面的房屋资产的按揭贷款有一定关联。

从当年的“拨改贷”到如今的“高杠杆”

本文刊发于豆瓣网 2018 年 10 月 11 日。

《中国经济新方位》（吴敬琏等，中信出版社，2017）是一部演讲合集，里面有杨凯生（原工商银行行长）一篇“关于去杠杆的几点思考”。讲到为什么企业有“高杠杆”，此公居然从 1980 年代的“拨改贷”讲起——我有点纳闷，初以为又是“过来人”偏爱怀旧所致，不料他后续说出来的一番道理，却解决了我原来一直疑惑又没有明确提出来的一个问题。我这里沿着杨行长的思路用自己的语言再添加一些材料重新叙述一遍。

一、问题的提出

企业高杠杆的微观表征就是资产负债率过高。为什么资产负债率高？肯定与资产（企业）、负债（债权人）、所有者权益（股东）之间的角力有关。表 1 是资产负债表的示意：

表 1 企业资产负债表结构

资产	负债
流动资产	银行贷款
固定资产	企业债券
长期投资	其他应付款项
其他	所有者权益
	股本
	资本公积和盈余公积
	未分配利润

如果是一个烂企业，经营不善导致大幅度亏损。那么，在同样资产水平下，负债不变（还不起了），亏损会通过未分配利润侵蚀所有者权益，导致资产负债率高企；更糟糕的情况是企业还要增加负债（千方百计，如果能够借到的话）来应付一些必须刚性兑付的款项，结果是进一步推高资产负债率——这是比较容易理解的一种情况。

但对大量正常经营的企业，甚至是扩张中的企业而言，之所以有比较高的资产负债率，很可能是因为，伴随企业资产扩张（资产增加），其融资主要来自向债权人借债（银行贷款或发行债券），股东却没有同步增资。

问题是股东为什么不增资？一般的解释是我国金融市场以间接融资为主，直接金融不发达。杨行长说，这是一个原因，但不是唯一的原因，事实上企业发债也是直接融资，但结果也是扩大了负债。他说，除了间接融资与直接融资的比例不合理之外，尤其对于国有企业而言，还有一个很重要的原因——要说明这个原因，需要从 1980 年代的“拨改贷”说起。

二、当年的“拨改贷”及其背景

计划经济年代的企业是什么样子？没有资产负债表，会计编制的是资金平衡表，一方是资金占用，另一方是资金来源，前者相当于现在的资产，但后者对应的主要是现在所说的所有者权益，只是不用这个词语（我觉得，如果不考虑企业管理需求，资金来源、资金占用这些词儿还真称得起是超越经济利益关系的“中性”词语，揭示了企业资金的本质呢）。为什么？因为资金全部来自财政拨付，而且是分类拨付分类使用：固定资产来自固定资金拨付（从建设开始，各项固定资产投资都是国家财政拨款，累积起来的），称为固定基金；流动资产分为两部分，一部分是定额流动资金，也来自财政拨付，另一部分是超定额流动资金，由银行临时贷款解决。这两部分要各自平衡，不能用固定资金做流动资产的事情，打酱油的钱绝对不能买醋，所以当时是资金平衡表大体如表 2 这个样子——我在 1970 年代读中专，1980 年代初上大学，会计学课程都是这样讲的。

表 2 企业资金平衡表结构

资金占用	资金来源
固定资产	固定基金（财政拨款）
流动资产	定额流动基金（财政拨款）
	超定额流动基金（银行贷款）

可以看到，企业经营中所需资金，几乎全部都来自国家财政拨款，只有临时性的流动资金需求才由银行贷款解决（大财政 / 小银行格局，金融业完全抖不起威风啊）。这种体制最大坏处就是企业无偿使用资金，所以效率很低。在改革背景下必须做出改变，于是有了“拨改贷”。具体而言“拨改贷”包括三个内容：企业固定资产投资所需资金由拨款改为贷款，称为基建贷款，贷款计划由计委负责；企业挖潜、革新、改造所需资金也改为贷款，称为技改贷款，贷款计划由经贸委负责；企业经营所需流动资金不再区分定额和超定额，全部转为贷款，由银行统一负责。这一“改”，企业资产负债的格局就发生了变化。

三、如今的“高杆杆”及其原因

讲这些与当前的高杠杆有何关系？

杨行长说，计划经济下的那套机制纵有千般不是（所以必须要改），却有一个好处，就是企业资本有明确、固定的补充渠道——财政拨款。“拨改贷”之后，由于种种原因，国有企业原有的、固定的资本金补充渠道变窄了，甚至断掉了。尽管当时有一系列规定，比如有基建项目的企业必须有一部分自筹资金方能贷款，但实际上往往落实不了。与此同时，民营企业涌现出来，开办企业时确实是需要注册资本金的，但后续伴随企业资产规模扩大，却对增加注册资本金没有提出硬性要求。

就是说，“拨改贷”以后，国有企业资本注入的渠道没有了，民营企业也没有后续资本注入的机制，因此银行贷款成了各类企业在生产经营和发展壮大过程中所需要资金的主要来源。在这样的融资结构下，企业资产负债率很容易被推高。

从以上例子中得到的结论是：要解决企业杠杆率过高的问题，关键是解决企业的出资人责任，要明确企业出资人对企业不断注资的责任。无论是国有企业、民营企业还是混合所有制出资人，一定要有资本意识：你要想继续控制和拥有自己的企业，就必须要承担以不同方式对企业持续注入资本的机制和责任，不断增加所有者权益；反过来，如果认为企业前景不好，出资人就要想办法转让股本，实现资源重新配置。从宏观上看，就是要把一直以债务融资为主的方式转换为以股本融资为主，起码要达到一个合理的比例。这是从制度上、根本上控制企业杠杆率的关键。

到此你可能会觉得，这些原本不用担心，因为，企业没有足够的所有者权益，资产负债率过高，银行就不会提供贷款，企业发债可能就没有买家。这相当于将企业负债率的决定权交到了银行或者金融市场手上。事实上这是靠不住的。一方面，对国有企业而言，即使负债率较高，银行业也会提供贷款，因为他觉得你有国家财政兜底不会有风险；除此之外，常常还会受制于各方面的因素，银行被迫提供贷款，或者成为寻租的对象。

四、其它与此有关的事项

说到此，牵涉到另外两件与此有关的事情。

一个是“债转股”。上世纪末国企脱困的一个重要手段就是“债转股”。说起来简单，就是将原来记录的负债挪到下方的所有者权益中，结果，既降低了企业的成本（不用付利息了），这是“里子”，又降低了企业资产负债率，这是“面子”。在一定程度上，我们可以称其为账面游戏，似乎就是一个笑话。

但实际上这真不是个笑话，而是上述中国长期以来融资结构方面问题的一个反映和对应的解决办法。一方面是银行贷款的资本化倾向很严重，银行贷款长期沉淀在企业里，成为类似企业资本金性质的资金，造成银行信贷资金的流动性越来越差；另一方面是企业出资人责任不明确，资本金注入渠道不通。通过“债转股”，借助于资产管理公司这个第三方，一方面剥离了银行的不良资产，另一方面则相当于向国有企业注入了资本金，在一定意义上说是同时解决了这两方面的问题。

但是，面对当下的高杠杆，是否仍然沿用二十年前的“债转股”？杨行长强调要谨慎。当年主要是以行政手段操作，后续遗留问题延绵至今也没有完全消化。当前则要更多采取市场化方式，将其视为一类特殊的债务重组方式对待。

另一个是国有企业分红。国企只交税不分红一直特别受人诟病，十年前开始改革，直到现在也是区别对待，相当一部分企业仍然不分红，即使是分红企业，红利占利润的比例也很有限。

说起来这当然不对。问题是为什么会这样？难道国务院及其下属政府部门不知道国企在挣钱、挣了钱就应该向东家交钱这个简单道理？究其背后的原因，很大程度上与上面所说的国有企业出资渠道不通有关：企业没有后续增资机制，丧失了股本增资的渠道，转而采用了一种隐蔽的方式增资，以企业利润转过来增加所有者权益——要么计提资本公积金，要么累积未分配利润，以此实际起到国有资本增资的效果。也就是说，原本分红和增资是两件事情，因为增资渠道不通，故而形成了两步并作一步的处理方法，一方面不要求分红，另一方面也不再直接增资，而是以利润作为再投资。

所以，要从根本上解决国企分红问题，还要回到企业出资人责任的落实上来。

与国家创新有关的那些指标

——《美国创新简史》读后

本文刊发于《中国统计》2022年第11期。

国庆长假期间读了《美国创新简史》。这是一本按照畅销书模式写的书，前三章简要追述二战及此后美国创新的起落过程，然后比较私企研发与公共研发的优势与劣势，探讨创新在美国国内不同城市的地域分布以及给地方经济带来的影响，最后一章讲当下和未来美国遇到的竞争和威胁。虽然不是严谨的学术著作，但有历史追述也有现实分析，借助于大量案例，夹叙夹议，可读性很强，是一部可以增广见闻的好书。讨论对象是美国，但推广开来可以将美国经验提升到一般场景或者干脆落实到中国场景，以此可以引发思考。读完此书我写了一个书评放在豆瓣读书上（题目是《国家创新会牵涉到哪些问题》），结合书中内容总结国家层面的创新需要考虑的问题，比如创新的动力所在，创新的能力取决于什么，创新需要什么机制才会更有效，最后我提到此书中所使用的指标以及所创建的指标体系。

对，我最感兴趣的是此书对指标和指标体系的应用。话说数年前我曾经和国家统计局社科文司的各位专家一起琢磨研发投入统计规范的制定，关注过 OECD 新一版《弗拉斯卡蒂手册》的中文译本，所以看到这些指标立马“两眼放光”。以下我夹叙夹议，结合此书使用相关指标的思路，以及所给出来的一些数据，演绎一下这个话题。

一、反映创新水平的基本指标

创新是一个笼统的概念，新时期我们倡导新发展理念，第一要义就是创新发展，其基本内核就是科学技术及其应用。

将这个笼统的理念落到实处并给予定量描述，不是一件容易的事情。一般而言，可以将创新视为一个由三个环节组成的链条：投入、过程、产出，当前统计针对这三个环节都设计了一些指标。但是，受创新的不确定性影响，相比较而言，产出的可测性最弱，过程主要通过问卷用“行为”表达，得到的结果依然模糊不清，最具客观性的、能够量化的指标就是针对投入环节的研发支出。

简单地说，研发支出就是为创新花了多少钱，真金白银，这个账可以算也必须算。进一步地，将投入视为创新的前提，假定这些投入总是有效的，即可将其作为衡量一个时期创新水平的指标看待；然后可以用研发支出与 GDP 的比值作为创新投入的强度，进一步深化对创新水平的观测。

此书全篇应用的指标就是这个研发支出占 GDP 的比值。书中追溯：美国创新发力起于二战，大体以范内瓦·布什 1940 年拿着一张纸走进美国总统办公室作为标志性时间节点，1945 年他呈交给罗斯福总统的建议书也一直受世人称道，后以《科学：无尽的前沿》公开出版畅销至今。由此开始到 20 世纪 60 年代中期，美国研发支出一直领先全球各国，占 GDP 的比值在 1964 年曾经达到 2.4% 的高位。此后数十年该比值开始下降，到今天已经被一些国家如奥地利、丹麦、芬兰、韩国、瑞士等超越，还有一些国家如中国则在快速追赶之中。

二、反映创新机制的相关指标

实现创新不仅要花钱，而且要看花在哪里，怎么花，谁出钱。这就涉及创新的机制。以下仍然以研发支出为基础指标，结合书中所述以及当前各国研发投入统计规范做简单说明。

研发的全称是“研究与试验发展”，其中包含三个体现其内在逻辑的类别：基础研究、应用研究、试验发展。OECD《弗拉斯卡蒂手册》（第七版）对此提出了一套非常拗口的定义，简单地说，基础研究是一类“不预设任何特定的应用或使用目的”的“实验性或理论性的工作”，目的只是“为了获取关于现象和可观察事实的基本原理的新知识”；应用研究也是“为了获取新知识而进行的初始性研究”，但会与“某一特定的实际目的或目标”相关联；基于试验发展所完成工作的着眼点则是更明确的应用，“利用从科学研究、实际经验中获取的知识”，“形成新的产品、工艺（流程），或改进现有产品、工艺（流程）”。可以看到，基于知识产生、扩散、应用这一链条，三者处于不同阶段。显然，如果没有基础研究对知识的创建，就不会带来后期的应用成果；但是，落实到具体操作看，从前到后，目的性逐渐增强，反过来，从后到前，面临的不确定性却在不断变大。由此就产生一系列问题：如何将有限的研发投入资源在这三个阶段上分配，通过什么机制进行配置，谁来为前期那些漫无目的、难以短期见到效果的基础研究承担费用支出。

围绕创新运作存在着两条途径。一是市场，二是政府。不难想象：在后端接近产品、工艺开发的地方，未来实现前景可期，市场机制可以发挥作用，即使具有一定程度的不确定性，也可以通过市场主导下的风险投资基金加以运作，以此进行有效的资源配置。前期基础研究阶段的研究则正好相反，尽管其对于未来创新具有基石作用，但在很大程度上具有公共品的性质，难以引入市场机制解决资金投入问题，必须由政府代表公共目标介入。在一定程度上说，政府投入机制相当于是国家针对创新的“风投资金”，承担了私人投资无法承担也不愿意承担的风险和责任。

基于上述，有关研发投入的统计测度，必须包括以下两个指标：一个是基础研究所占比重，另一个是政府支出所占比重，以此反映创新的动能以及政府在其中发挥的作用。《美国创新简史》用两章分别讨论“私企研发的局限性”和“公共研发”对于“推动前沿发展、促进增长”的重要性，并全程运用政府研发支出占比（与研发支出占 GDP 比值并列）作为衡量美国创新水平的重要指标。数据显示出，20 世纪 60 年代美国研发支出占 GDP 的比值达到高峰并领先于世界各国，政府出资在其中功不可没：“1940—1964 年，联邦政府的研发资金增长了 20 倍，到 20 世纪 60 年代中期鼎盛时期，这项开支已经接近当年 GDP 的 2%”。但“在接下来的 50 年里，这一比值下落到 0.7% 左右”，由此可将其视为这一时期美国总体研发支出占 GDP 比值下降的重要原因。

创新机制的另一个问题是由谁主导和投向何处。书中提到，“研究经费的增加大部分归功于国防部，占 GDP 比值从 0.41% 上升到 0.77%。NASA（美国航空航天局）也成为重要的参与者，政府用于火箭和相关技术的支出从 20 世纪 50 年代几乎为零到 1965 年占到 GDP 的 0.71%”。也就是说，这一时期美国相当大部分的研发投入集中于“二战”军事用途以及后续与苏联竞争的各个领域，比如核技术、太空技术的研发。此后政府研发投入力度回落，在一定程度上与国内公众层面出现反对核污染的强大呼声以及更加广泛意义上的环境保护观念兴起有很大关联。

三、反映创新潜力、吸引力的指标体系

实现创新必须具备三方面的能力。第一要有钱，就是上面所说的研发资金投入；第二要有人，不仅是科学家，同时还要有科研成果产业化过程中的实验和技术人员；第三要有厂，足够的企业和生产能力，能够将研发成果转化为实体产品，推向当年战场和后来的市场。为此需要培养和吸引顶级科研力量，扩充大学教育，夯实产业基础。二战前后美国国力之所以迅速蹿升，与上述方面的种种际遇有着莫大关系。

反过来说，一个地区（城市）如何才能吸引到更多的创新资源、成为创新基地呢？书中对所谓创新明星城市做了不少描述，先是结合实例对既往发生的变迁做分析，进而讨论一个城市需要具备什么条件才能吸引大型创新项目和众多创新主体落地。为此书中设计了一套指标体系，对美国境内的相关城市进行了一次实际评估，排出先后顺序。以下我对这套指标体系做简单描述，或许会有读者感兴趣。

作者认为，一个地区能否成为未来技术中心，应取决于以下三类信息所反映出来的潜力和吸引力。一是要有足够的工人填补未来的工作岗位，所以人口规模很重要。二是能够为技能和产业精神提供高质量基础，这个需要通过高等教育来实现。三是要有良好的生活质量，能够吸引人才落户，其重要性显然无需多说。基于这个“三高”框架（人口数量、教育程度、生活质量），形成了若干项具体指标，并给予相应的权重：

◎ 25—64 岁的人口数

◎大学学历人口占比

◎前 20 名学科研究生学位点数量

◎考入前 20 名博士学科的本科生人数

◎平均每个工人的专利数

◎平均房价

◎人均暴力犯罪率

◎通勤少于 30 分钟的员工比例

不难看出，第一项指标对应人口规模，随后的四个指标与教育程度有关，最后三项指标涉及生活质量。这个指标体系看起来有些简单，但思路清晰明了，比起弄一大堆指标最后平均下来不知道要表达什么可能还更靠谱。此外，这个案例中对所评价城市的定义，我觉得也值得借鉴：不是简单采用行政区划的城市，而是以都市统计区为对象；对上述各项指标设定一定标准（比如人口数、房价等），明显不符合某些指标标准的城市直接剔除，然后评价排序。这样既可以减轻评价工作量，同时也会提高相互之间的可比性。

平均预期寿命及其背后的“故事”

本文刊发于《中国统计》2019年第5期。

最近读了一本《逃离不平等》（中信出版社，2014），副标题是“健康、财富及不平等的起源”，作者安格斯·迪顿，自称以全球贫困为研究领域。有关这本书，我曾经写读后感“通俗但不简单”放在豆瓣上，这里要专门拿出平均预期寿命这个指标，结合书里讲的“故事”和其他方面搜索到的材料，按照我自己的理解，连缀成篇，与读者共享。

一、什么是平均预期寿命

查百度百科，关于人口平均预期寿命（Life Expectancy）有以下解释：“假若当前的分年龄死亡率保持不变，同一时期出生的人预期能继续生存的平均年数”。

人口平均预期寿命要依据人口生命表计算。简单算法是不考虑生存不满 1 年的日期，针对生命表中年龄 X 岁存活者，从 X+1 岁开始，把以后逐年一直到生命表终极的生存人数（Lw）全部加起来，除以年龄 X 岁的生存人数（Lx），所得的商即为该年龄 X 岁的简约平均余命。要想计算更加完整的平均余命，也就是全部可能生存的时期——包括不满 1 年的零数也考虑在内，那就需要在上述简易计算基础上，再加上每人平均尚生存半年的数字（近似值）（以上见百度百科）。需要说明一下，尽管你可以就任何年龄的人群计算其平均预期寿命，但新生儿的预期寿命最为通用，如果不加说明，所谓一国人口预期寿命，所指就是当年新生儿的平均预期寿命。

仔细看这个定义和计算方法可知，尽管指标名称中有“预期”两个字，但其依据却是当期各个年龄段的人口死亡率水平。已经有人做过详细证明，单从计算结果而言，所谓平均预期寿命与同期计算的平均死亡年龄，二者并无二致，只是赋予它一个新的含义而已（见王峰，何平：论平均预期寿命与平均死亡年龄，数学的实践与认识 2011 年 6 期）。也就是说，这个预期寿命并非真的是这些人未来实际存活的平均寿命，而是基于当期各年龄段死亡几率未来保持不变这个假定前提，当前同年出生的这一批人未来可能存活的平均年数。所以，“平均预期寿命是一个假定的指标”——事实上，人口死亡率水平是不断变化的，所以，不同年份计算出来的平均预期寿命会各有不同。

如何看待这个每年计算出来的结果？可以想象，在一些特殊年份，计算得到的平均预期寿命可能会给人带来困扰。《逃离不平等》一书中特别提到，“一战”之后的大流感时期美国人口预期寿命有一次巨幅下降，和 1917 年相比，1918 年的人口预期寿命下降了 11.8 岁，而到 1919 年又从那个谷底反弹了 15.6 岁，原因就是在此期间因流感导致超过 50 万人的死亡，这个只持续了一年的事件被当作未来数十年死亡水平，由此扭曲了当年新生儿预期寿命的计算结果。但是，如果排除掉这些偶然事件带来的影响，将不同年份的计算结果按照时间顺序排列图示，就可以看到特定人群之人口寿命变化的基本趋势。

二、计算平均预期寿命有什么用

《逃离不平等》中用大量篇幅展示了当下世界各国的人口预期寿命，还专设一章追溯了上千年的人口寿命变化。这里从中引一些数据供读者粗略了解：一个刚出生的美国女孩（注意是女孩）如今的预期寿命是80岁，她的曾祖母如果生于1910年，预期寿命只有54岁，她的祖母如果生于1940年，预期寿命是66岁；与此同时，在塞拉利昂或者安哥拉、阿富汗，其人口预期寿命却只有40岁。

我们不禁要问：为什么要设计这样一个显示“预期”的指标？上述横向差异和纵向变化到底说明了什么？

存活是人类生活质量的基本前提和基本表征。在此意义上说，人口预期寿命代表当期出生的一群人未来预期存活的年数，这是对生活质量的一个基本评价，而且是对当代人生活质量的评价——不要忘了它的计算依据是当期人口死亡水平。不难想象，横向观察，不同区域有不同的预期寿命，不同人群有不同的预期寿命，所表征的就是人类生活质量的差别；动态地看，人类的平均预期寿命在不断提高，也就相当于说人类生活质量处在不断提高之中。当然，作为生活质量的表征，人类追求的是健康而不仅仅是存活，用存活年数代表生活质量似乎有些简单粗暴。但是，没有存活何谈健康？而且，如何设计一个健康测量指标可能会有很大争议，预期寿命则是一个可以客观测量的好指标。

进一步追问：如何认识不同国家、人群在预期寿命上的差别？《逃离不平等》特别强调：预期寿命的差别，以及推广开来的人类在健康方面的差别，都属于不平等的范畴，是不平等的重要表现。作者认为，仅仅用收入占有差别作为不平等的研究对象，不足以全面显示不平等，尤其是不平等的实质性后果，因此，此书选择以人均GDP和预期寿命两个维度讨论在全球各国之间以及各国内部的不平等状况。

此书如此架构还是很有来头的，应该说直接传承自阿马蒂亚·森（诺贝尔经济学奖得主）主导下建立的人类发展指数（或称人的发展指数，HDI）——作者直接将此公列入了前言的致谢名单。HDI 中包含三个指标：人均 GDP、受教育水平、平均预期寿命。由此看来，预期寿命这个指标，不单单是一个孤零零的寿命长短问题，而是作为物质生活保障、受教育水平、健康体魄三者中的一极，关系到人的选择能力，关系到人的发展水平的高低。

三、影响平均预期寿命的因素有哪些

世界不同地区人口的预期寿命具有显著差别，预期寿命在最近三百年间有了显著提高，这已经为大量记录和统计数据所证明。进而需要回答这一切背后的原因是什么？

存活是最终结果，其前提条件，第一是营养，第二是疾病，第三是医疗，此外还有社会环境影响。《逃离不平等》有大量篇幅讨论这些内容。营养不良的后果，第一是身材矮小——这是人类生存对营养水平低下的“适应”，然后就是早亡；随着营养供给水平的改善，一方面是身材变得更加高大，另一方面就是延长了存活时间。流行病和传染病的发生是另一个立竿见影的影响因素，比如疟疾曾经长期困扰非洲国家，是造成高死亡率的主要因素，伴随卫生防控力度加大和关键药物介入，大规模传染病被阻断和治愈，预期寿命就会有显著提升。还有就是战争、社会动乱带来的人口伤亡，中断了大量中青年人的生命过程，会直接影响到预期寿命。

儿童尤其是新生儿是最脆弱的人群，无论营养缺乏、传染病还是社会动乱，首先影响的就是这个人群。所以，用新生儿平均预期寿命作为一般指标应用，固然可以直观表达一个人的平均可达寿命，但有时候也会具有片面性。书中讲到，事实上，如果闯过新生儿这一关，或者顺利成长到五岁，后续死亡风险就会大大降低，于是可能出现一种看起来有点奇怪的计算结果：5 岁组的未来预期寿命甚至会高于 0 岁预期寿命。

以上大体就是当前发展中国家的状况。发达国家却是另一番景象：没有营养不良问题，产妇生产、婴儿哺育风险已经降低到不会造成重大影响的程度，矛盾的焦点已经从儿童转移到老年，从营养缺乏以及传染病转移到各种慢性病，比如糖尿病、心血管疾病、癌症等。除此之外还会有一些现代社会出现的新问题，比如交通、工业事故带来的死亡风险等。总体而言，发达国家不同年龄段的预期寿命常常会呈现出与发展中国家不一样的形态。

进一步看，是什么决定了营养水平和卫生保健水平并最终影响其平均预期寿命？应该说，宏观看就是各个国家的经济发展和社会发展状况。回到人类发展指数的指标构成，可以将所设三个指标做梯度区分从而建立以下关系：人均 GDP 代表经济发展水平，预期寿命代表最终目标，教育水平作为中介变量，代表社会发展水平，可以解释从物质生活水平到预期寿命之间是如何实现能量传递的。《逃离不平等》对此也有阐释，通过案例说明，较高的受教育水平可以帮助人们较早认识到诸如吸烟、传染病等对人的健康的影响，从而较早付诸行动。

四、中国人的平均预期寿命有多高

全球视角看，人口平均预期寿命的差异有两个层次，一个是国别之间，一个是国家内部人群之间。《逃离不平等》用很多章节讨论国别差异，不难理解，在国别比较中肯定要划分发达富裕国家和欠发达的贫穷国家做观察。我这里要说的是，在此类比较分析中，中国和印度屡被提及，常常作为上述两类国家之间的“拐点”出现在图表中——已经基本脱离发展中国家水平、接近发达国家水平。

中国和印度之所以特殊，一方面是因为人口众多，对全球人口的福利和健康状况影响巨大，另一方面是最近几十年都保持了较高的经济增长速度，贫困人口下降显著，相伴随的就是人口预期寿命的显著提高。为此书中针对发展中国家提供相关数据时，需要区分两个口径，一个是包括这两个国家的，一个则要将其剔除在外。比如，全球日均生活标准低于 1 美元的人口，已经从 1981 年的 15 亿下降到 2008 年的 8.05 亿，占全部人口的比例则从 42% 下降到 14%（在此期间全球总人口增加了 20 亿）。如果把中国数据排除在外，1981 年这个数据是 7.85 亿，2008 年是 7.08 亿，对应的比例则只是从 29%

下降到 16%。

所以，有必要在这篇短文结束时专门展示一下中国当前的人口预期寿命。根据《中国统计年鉴》(2018)，全国人口平均预期寿命：1981 年是 67.77 岁，2015 年是 76.34 岁；其中男性对应这两个年份的数据分别是 66.28 和 73.64 岁，女性分别是 69.27 和 79.43 岁。各省份的结果我没有查，但可以想象其中肯定存在差别，欲知详情就自己动手去找吧！

三部书连缀
中国政府统计百年历史

本文刊发于《中国统计》2019 年第 12 期。

最近断断续续看了三部有关中国政府统计史的书，产生了一些联想。一方面是感慨：百年筚路蓝缕，几代人努力，才有中国政府统计今天的模样。另一方面是惭愧：已经一把年纪，几十年做中国政府统计研究，却对其历史过程不甚了了。转念再想，或许“不甚了了”的人不止我一个，故而打算依据这三部书连缀一文，简要介绍一下中国政府统计的历史“故事”——预先声明：我不是专门搞历史研究的，手头也没有第一手文献资料，只是借着三本书提供的内容做摘编、改编，加一点自己的议论，有不当之处你可以提意见但也不要太较真儿哈！

一、三部书风格不同、各有侧重

第一部是朱君毅的《民国时期政府统计工作》。此公一生履历不凡：1910 考取北京清华学堂留美预备生，然后赴美国留学、获博士学位归国，在东南大学等多所大学任教。1934 年起任南京国民政府主计处统计局副局长、局长等职，直到 1949 年辞职再次回到大学任教。一生从事统计行政与教学工作，对统计理论研究造诣颇深，有多种著述和译著。此部著作系作者 1963 年写成，当时曾经内部油印，直到 1988 年由中国统计出版社出版。

第二部是王一夫主编的《新中国统计史稿》，多位参编者均来自国家统计局、北京市统计局，是新中国政府统计工作建设过程的亲历者，1986 年由中国统计出版社出版。此书全面覆盖新中国政府统计从新中国成立之初到 1984 年三十余年的风雨历程，按照不同时期分述；内容全面，涉及政府统计工作的方方面面，最后还专门设一章“新中国成立以来统计工作的主要经验”做全面总结。书后有长篇附录，除给出“大事记”之外，还提供了 1952、1957、1960、1965、1975、1982 若干年份的统计报表目录和统计指标体系。

第三部是莫曰达、刘晓越所著《新中国统计工作历史流变》（1949—1999），书稿完成于 2007 年，2015 年由中国统计出版社出版。由“流变”二字可知，这不是一部按部就班的史学著作，而是以时间为轴，通过关键文献摘录，画龙点睛对主要脉络加以点评，体现了这位长期工作于政府统计领域的研究者对这段历史的反思。

诚如书名所示，第一部的对象是民国，后两部的对象是中华人民共和国。两段时期比较，政权性质不同，政府统计的性质也完全不同。朱君毅是在共和国时期反过来写民国时期政府统计状况，抑扬之间的拿捏、选择，处处见诸笔端。写共和国政府统计发展的两部作品不是替代关系，《流变》截止期比《史稿》延长了十余年，但两部书的真正差异不是时期长短，而在于写作风格：前者是一部全面叙述的历史，内容覆盖方方面面，后者则仅仅是点到为止，重点在于展示各个时期的“风气”主调。

二、民国时期的政府统计

中国具有悠久的历史传统，很早就确立了以中央集权为特征的政治制度，故而有关国情国力的政府统计起源很早。但现代政府统计体系建设是从中华民国开始起步的。

1911 年辛亥革命结束了清王朝统治，建立了中华民国，但迅速进入军阀割据的混乱局面，即所谓北洋政府统治时代。以 1927 年为标志，蒋介石领导的国民党建立中央政府，开启了统一中国之路，即所谓训政时期，直到国民党政权丧失大陆退守台湾，中华民国在大陆实际执政年代结束。

政府统计是国家政治和行政治理制度的组成部分，所以，中华民国政府统计发展阶段的划分也要体现上述特征。首先是以 1927 年为界分为北洋政府时期的政府统计和国民党政府时期的政府统计，可以说，现代意义上的政府统计开始于后一阶段。但是，从政府统计本身的建设而言，其进展还会自有其不同特征，故而需要在两阶段区分基础上再做区分，主要是以 1931 年主计制度建立为节点，将训政时期再区分为两个阶段。这样，整个中华民国时期的政府统计工作包括三个阶段：1911—1927 年为北洋时期，1927—1931 年为前主计制度时期，1931—1949 年为主计制度建设实施时期。

总体而言，北洋时期政府统计工作乏善可陈，“承袭清末规模，略事更张，各机关各自为政，虽有集中的统计机关，而无统筹的统计计划，因此，统计工作零星片段”。第二阶段系国民党执政初期，“政府注重统计调查，普遍设置统计机构”，“统计事权还未集中统一”，但开展的“统计工作要比第一阶段为多”。第三阶段为国民党巩固其执政的时期，为掌控国家财政大权，特设置主计处，政府统计基于主计处在组织机制上实现了集中统一，据此开展了多种统计工作，但仍然无法实现全国范围的实际调查统计，统计内容也比较有限。

所谓主计制度，是以“超然”（直接隶属国民政府，独立于其他部门和机构）为原则，对全国数字进行计算的一套原则、办法、程序和组织机构。当时实施主计制度的背景是要加强财政监督，其中包含一套由“岁计、会计、统计”组成的架构。岁计是年初财政预算，会计是预算执行的记录，统计则是为编制预算提供参考资料，为此，统计局被置于主计处之下。但是，统计的职能并不仅限于财政监督，而是要为整个政府“一般政事”的设计、执行、考核提供辅助，故而统计局架构体现了一套完整的政府统计机制。在此架构下，统计局要统领政府各机关的统计工作，负责制定统一的统计方法和统计表，开展“国势调查”和其他部门无法覆盖的综合调查，编制全国统计数据报告。可以说，自此民国政府统计有了一套比较完备的组织机制。

主计制度建立之后，政府统计能力有了一定提升，统计工作有所加强。完成的基本“国势调查”和常规统计工作主要包括：1942 年的户口普查以及相关人口调查，持续开展的遍及全国不同城市 / 地区的物价调查和价格指数编制，始于上海此后曾经尝试扩展到更大范围的工业普查，局部地区尝试进行的农业普查，针对政府各机关职能行使及其结果的公务统计，以及教育统计等。自 1935 年开始编制《全国统计总报告》呈送国民政府内部应用，不同年份上曾先后编辑《中华民国统计提要》《中华民国统计简编》《中华民国统计年鉴》等，以及《统计月报》，公开发行供社会各界使用。

以上文字所依据的材料均来自朱君毅的《民国时期的政府统计工作》一书。

三、新中国的政府统计

新中国成立后百废待兴，其中就包括政府统计。总体看，共和国时期政府统计并非是民国政府统计的承接，此前解放区虽然有统计有调查但也不足以作为全国政府统计的基础。这一套全新的政府统计体系的源头，是东北统计局的建立以及所开展的工作，背后则是来自苏联的政府统计经验和具体指导。也就是说，共和国政府统计应以 1948 年东北统计局开展的工作为起点。

按照一般历史分期，新中国成立以来包含的各个阶段是：恢复时期（1949—1952）、一五时期（1953—1957）、二五时期（1958—1962）、调整时期（1963—1965）、文革时期（1966—1976）、改革开放新时期（1977 至今）。《新中国统计史稿》大体按照这个分期，对截止到 1984 年的各时期政府统计发展情况有详细描述，我这里归纳起来做一点“挂一漏万”的展示。

初创时期。以 1952 年国家统计局成立为标志，着手创建全国统一的统计工作。在此期间组织了第一次全国工业普查以及工农业总产值、劳动就业等专项调查，在国民经济的主要领域开始建立统计报表制度。

建设时期，包含一五时期、二五时期和调整时期。尽管其间有起伏有波折，尤其曾经受到“大跃进”时期浮夸风的负面影响，但总体而言建设成就显著，在计划经济体制下建立起来一套相对完整的政府统计体系，统计工作有了很大拓展。其中包括：（1）开始统一制定全国性的统计制度和统计方法，在农业、工业、贸易等很多方面开展覆盖全国的统计调查；（2）从中央到地方各级政府建立了相对独立的统计机构，相关政府部门也开始有了正规的统计机构；（3）开展了第一次全国人口普查和其他多项普查；（4）开始通过统计公报、专题报告（1959 年出版了《伟大的十年》）形式向社会提供统计数据，为国家建设和政府决策提供了有力的统计支持。

受重创时期。十年动乱，前十七年政府统计发展成绩被全面否定，统计局被撤销，专业人员被下放，相关统计工作完全停止，直到 1972 年才开始逐步恢复，1975 年才大体恢复到文革前的水平。

改革开放发展时期。从全面恢复开始，政府统计逐步走上改革开放之路。书中重点提及的事项有：（1）1982 年开展了具有国际水平的第三次人口普查，后期不断改进形成包括人口普查、农业普查、经济普查在内的周期性普查制度；（2）1981 年第一次公开出版《中国统计年鉴》，此后适应信息化时代要求逐步形成多种数据发布渠道，服务社会；（3）1984 年颁布实施《中华人民共和国统计法》，此后出台实施细则和相关行政管理条例，标志着政府统计从此走上法制化轨道。

《新中国统计工作历史流变》沿袭了上述分期，但将观察范围扩展到 1999 年。写作风格迥异于前一部著作，主旨是通过一些大事件对政府统计工作涉及的基本理论、基本性质、基本原则、基本工作方法在几十年间的演变做历史钩沉。比如，如何看待统计学的性质，数理统计与政府统计的关系，苏联统计理论对中国政府统计的影响，如何看待调查研究与政府统计的关系、计划与统计的关系、统计与监督的关系，以及国民经济核算的转型问题、大统计问题、统计数据质量问题等，并将这些问题与当时中国的政治经济发展背景结合起来，对其中所包含的政治问题、学术问题做议论。此书行文中大量引用当时的领导讲话、政府文件、工作总结、发表论文、关键当事人的发言等内容，显示了比较强的现场感，很多场景让人印象深刻。以下我从该书“前言”中抄几段文字，请各位共享。

“系统完整的统计理论，是 1903 年通过日本传入中国的德国旧社会统计学派的统计理论，后来被英美数理学派统计理论所取代。当时国家统计机构的负责官员和国立大学的统计教授，多半曾留学英美。但英美数理学派的统计理论，并不指导当时中国统计活动的全部，中国传统的分散、片段的统计思想，仍然对统计工作起一定的作用。系统的统计理论与统计工作的实践并不完全吻合，这在国民党统治时期尤为突出。

“中华人民共和国成立后，中国统计理论的主流又起了激烈的变化，倒向了前苏联。1978 年改革开放之前，新中国的政治体制和国民思想是集中统一的，全国的统计工作和统计思想也必须集中统一。因此，指导统计工作的统计理论必须出于官方权威之口或由官方权威所肯定，不容个人置喙。如果谁要触犯禁区，就会有灭顶之灾。1978 年改革开放之后，统计思想才开始活跃起来。

四、多说几句做补充

读完这三本书之后，除了对近百年中国政府统计发展史的轮廓性了解之外，我个人还产生了一些延伸的想法。故而这里多说几句聊做补充。

中国政府统计从无到有、从封闭到开放，如今已经形成比较完备的体系。尽管其间有各种曲折弯路，但所取得的巨大成就有目共睹。我们常常会对当下状况有很多不满意，如果能够从历史纵深看问题，就会多一份了解和理解，并对未来发展多一份把握。

著史不易。一方面是史料的搜集整理，更重要的是要形成“史识”。尤其是写当代史，固然会因为作者“亲历”易于了解发生过程，但同时也会受到环境、风气的影响，以及著史者自身认识的限制（王一夫在《史稿》中明确提出这一点）。所以，历史要不断书写。落实到中国政府统计上，不仅要续写 1980 年代之后的历史过程，更希望有新的著作对政府统计百年发展做更多、更完整的总结思考。

许多重大问题的解决需要几代人的共同努力才能完成。以国民经济核算为例，民国时期巫宝三等前辈针对国民收入的研究和测算，是这一领域的开拓性工作；1950 年代孙冶方等前辈基于苏联框架针对总产值、净产值等指标所做的研究，包括测算原理及其在计划经济管理中应用的讨论，以及当时提出的计算国民经济生产总值、初步估算国民收入的设想，相当于是在计划经济体制环境下对这一领域研究的继续；到 1980 年代开始系统进行国民经济核算体系研究，并在 MPS（物质产品平衡表体系）基础上吸收 SNA（国民账户体系）的内容和思想，该领域研究全面展开；最后经过两套体系兼收并蓄阶段，最终才形成以 GDP（国内生产总值）为核心的、与国际规范接轨的中国国民经济核算体系。

很多重大理论认识、工作设计问题贯穿历史延续到当下，或许换了一副面孔，到今天仍然值得关注和进一步研究。比如政府统计与统计学的关系一直存在，直到当前大数据背景下再次凸显出来；经济统计是研究“方法论”还是研究经济社会发展“规律”之争，与当下是否强调统计分析似乎存在着或多或少的关联；政府统计调查与调查研究思想的关系，到现在还是存在争议的；当年一直受到诟病的全面统计报表体系内容过多、重复等问题，同样是今天“企业一套表”调查制度致力于完成的改革目标。

海关统计与国际收支二三事

本文刊发于豆瓣网 2021 年 5 月 23 日。

忘了哪里推荐滨下武志这本《中国近代经济史研究——清末海关财政与通商口岸市场圈》（江苏人民出版社，2022）了，被吸引就是因为其中讲到中国海关统计云云。家里的历史学专业人士囤积了此书（还没有拆封），拆开来看发现，佶屈聱牙，事无巨细，我实在是看不下去（全书 852 页，429 页正文，其余都是附录，正文中“直引”还占了不少篇幅）。好在其中确实沿着海关统计与国际收支测算这个主题有很多展示和讨论（甚至让人感觉副标题才是真正的书名），给了我继续浏览的理由。我这里就此做些归纳和评论。

第一章的主题是从清末财政看海关的重要性。中国传统财政运作崇尚“量入为出”，这种以保守为基调的原则在清末遭遇极大挑战，焦点就是甲午战争和义和团之后的大额赔款。如何偿还这笔巨额外债，列强使团和清朝廷各有自己的算盘。一种做法是逐年偿还，另一种做法是一次性偿还但要先向外国银行借款（书中说，海关总税务司赫德认为，中国不应该采用后一种做法，因为中介费用过高）。无论是哪一种都需要担保，国内经济千疮百孔经不起大幅加税，最为可靠的来源就是海关关税。最后还是采用了后一种做法，这样，海关关税就与清政府财政、外国银行在中国的借贷业务密切结合在一起。

说到中国海关，赫德是一个巨大的存在，但除了赫德，还应该知道马士（Morse），此书第二章的标题就是“马士与中国海关”。马士是美国人，1874 年哈佛大学毕业后就来到中国一直到 1909 年，在 1903—1907 年任总税务司的统计局局长。有关海关统计以及对整个国际收支问题的研究，赫德是出题目的人，马士则是回答问题的人，其贡献不可忽略。首先是海关贸易报告的编制，到 20 世纪初，该报告的内容已经不仅包括“通常记载的进出口货物增减变化，还包含了一些与贸易收支、国际收支相关联的议论”，在马士负责编制的贸易报告中，“国际收支”已经成为目录中赫然在列的题目。之所以出现这种变化，背景是中国当时贸易收支有大额“入超”，与此对应就是支付问题。对这些贸易赤字对应的都是白银流出吗，还有其他什么方式起到弥补作用？进一步还有一个棘手的问题：中国要偿还大额赔款带来的债务，对外贸易照理应该是“出超”，但现实为什么是“入超”？回答这些问题，马士要立足国际收支平衡，研究金银贸易以及国际国内金融市场的结构及其产生的影响，研究香港的作用，还特别关注了华侨汇款对于国际收支的重要性。我当年读《剑桥民国史》曾经对其中一张国际收支平衡表上的华侨汇款印象深刻，此书则更进一步提供了有关华侨汇款的详细数据以及围绕这些数据估算发生的争议。

老早就知道，中国的海关贸易统计是最为完整的近代历史数据集，但其早期统计到底是什么样子却不清楚。此书第三章以“海关与贸易统计”为题，专门讨论这个问题。说实话，这一章我没有太看明白（全书都有这个问题：端出来一堆一堆的史料，就事论事地发议论，缺乏提炼起来给出清晰的论证，碰上我这样的“懒惰”之人，结果可想而知），感觉上其统计范围是一个大杂烩。首先，海关被称为“洋关”，是伴随通商口岸开通之后出现的，与原来的“常关”之间具有复杂的关系，比如大量沿海地区之间的贸易被纳入海关贸易统计范围，还牵涉到沿海区域与内地之间发生的贸易，于是混淆了国内贸易和对外贸易之间的界限；第二，海关贸易的重点是“轮船”贸易，即与大口岸捆绑的大批量运输贸易，对多种多样的地方沿海“帆船”贸易不屑一顾，这就造成另一个层面的混淆；第三，早在一百多年前，香港就是一个在贸易统计中很难处理的存在（直到今天仍然是中美贸易数据不对等的主要原因）；此外，外贸统计中还有大量与计价、运费（那个年头还没有服务贸易的说法）、关税以及厘金等附加成分等有关的技术性问题的处理。最后，看得我真是“头大”。

寻找中国海关贸易统计的演进路径

本文刊发于豆瓣网 2021 年 6 月 10 日。

滨下武志在《中国近代经济史研究》中写中国海关和贸易统计，我没有完全看懂，随后让我想起差不多十年前购得的《中国海关与贸易统计（1859—1948）》（托马斯·莱昂斯著，浙江大学出版社，2009）。当时似乎是看不下去（只在开头几页画了一些铅笔道道），此次居然津津有味——看来，所有的事情都需要在“对”的时间去做才会有结果有效率。

此书作者原本是要研究福建的茶叶出口贸易问题，随后发现必须先弄清中国海关及其贸易记录的演变过程，才能正确使用这些数据，于是有了这本小书。此书包括两部分：“中国海关”和“福建的茶叶贸易”，但实际上通篇都是讨论中国的贸易数据，前一部分是通过海关直接钩沉中国贸易数据背后的曲折，后一部分则可以视为贸易数据整合过程的一个案例。

书中说，在中国与列强签订的众多条约中，有四个条约在中外经贸关系史上具有里程碑意义。第一是《南京条约》，结束了原来将贸易限于广州一口与少数行商的历史。第二个是中英《天津条约》，增开商埠，为随后近半个世纪的中外经贸关系确定了基本准则，列强（而不是清政府）取得了设立中国对外贸易管理机构和控制外人在华经商活动的权益。第三是《马关条约》，允许外人在华直接投资设厂，引起了瓜分中国、强占租借地的狂潮。第四个是1928年中美《关税协约》，预示了条约体系的终结。

中国海关1859年成立，其前身是1854年设立的上海洋关。作为一种征收关税和管理贸易的工具，中国海关是按照中外条约设立的，在通商口岸管理相关事务，所以，在很长时间里海关被称为“洋关”，“总税务司”是其组织机构的顶端职位。到1864年，洋关已在所有14个通商口岸运作。此后，海关的管辖范围不断扩张，从沿海口岸到内河、内陆口岸，到1920年达到50个；职能也不断增加，从单纯的关税事务扩展到其他交通相关事务，管辖对象逐步从外籍船只到西式华船、部分民船，再到铁路、内河航运等等。在此期间，列强对中国的领土割让、租借，以及后续的逐步返还，导致中国边界变动而造成“国内”“国外”划分不断变化，这些都在一定程度上影响了海关的职能范围。

海关统计是建立在海关管辖范围基础上的，是对进出海关的贸易活动进行记录。上述种种状况决定了海关统计的复杂性。第一，所记录的贸易活动未必是对外贸易，同时也不一定包含所有的对外贸易，因为洋关不完全等同于中国国境。第二，沿着时间这条轴线考察，海关统计数据在空间意义上不可比，上面说到的洋关个数不断增加，管理链条向内河、陆地延伸，诸如台湾割让（1895）、日本占领东北等等相关事件给国家边界带来的变化，都会体现在海关贸易数据中。

海关统计的对象可以归纳为两类：一类是洋货，另一类是土货，前者来自国外，后者由国内出产。海关统计是各个口岸单关记录的汇总，所以，最后海关记录的贸易活动并不能直接对应于洋货进口或土货出口，而是有可能在各个口岸之间周转，同时还会包含一些复出口、复进口。尤其是香港这个特殊区域的存在，更是给贸易进出口记录带来了难度，为此在海关统计的基本指标中，会将进出香港货物作为一个专门的类别予以列示。比如洋货进口贸易，特定港口统计记录会包括三个口径：国外直接进口、从香港进口、从中国口岸进口；同时还会有复出口，也有三个口径：直接出口到国外、出口到香港、出口到中国口岸。

中国海关统计从近代到当代，一直是神话一样的存在。这本小书打破了这个“神话”。尽管保留了大量的海关档案，史料以及统计数据的实际应用却很受限制。解读其中奥秘，早期有两本书，一本是萧亮林的《中国外贸统计》，一本是杨端六的《中国对外贸易统计》。这个领域的行家贾怀勤教授告诉我，后一本是“中国国际贸易统计研究的发端”，他本人写有“《六十五年来中国国际贸易统计》的历史地位述评”一文（刊登在《海关与经贸研究》2020 年第 5 期上），就是对杨端六之贡献的介绍和评价。

四篇文献再现当年苏联对我国政府统计的影响

——20 世纪 50 年代《统计工作通讯》文献钩沉一例

本文刊发于《中国统计》2020 年第 4 期。

建国初期，苏联对中国国家治理体系建设的影响是全方位的，政府统计也不例外。但到底怎么影响，却需要通过一件件具体事例来显示。此次整理 20 世纪 50 年代国家统计局主办的刊物《统计工作通讯》，发现其中有几篇先后相继的文献，合起来大体构成一个完整的从苏联“输出”中国、进而产生影响的故事。以下我就按照这几篇文献讲讲这个故事。

一、第一份文献：苏联召开了统计学科学会议

1954 年 3 月 16 日到 26 日，苏联科学院、苏联中央统计局和苏联高等教育部联合举行了关于统计学问题的科学会议。两个月后，三大机构举行联席会议，对科学会议

上涉及的统计学争议问题做讨论总结，科学院院士 K·B·奥斯特洛维季扬诺夫执笔完成总结报告，刊于《苏联科学通讯》1954 年第 8 期。1954 年 10 月奥斯特洛维季扬诺夫院士来中国访问，应国家统计局邀请，基于这份总结中的统计学对象和方法问题做报告。中国国家统计局全文翻译了他撰写的这份总结，以“关于统计学的讨论总结”为题刊于《统计工作通讯》1954 年第 8 期（11 月号）——这就是我说的第一份文献。通过他的这篇总结，我们大体可以了解苏联统计学科学会议的情况以及基本观点的形成过程。

文章没有小标题，我按照所涉及的内容将其大体分为以下几个方面：

首先是此次科学会议的背景。“马克思列宁主义经典作家（包括列宁和斯大林）一直重视统计学”。“苏维埃政权建立以来在统计方面取得了很大成就，已经建立了统一的国民经济计算制度”。“社会主义计划与统计制度与国民经济计划相配合，能够监督计划执行，揭露经济中的缺点和不平衡现象，拟定改进计划的措施”。但另一方面，“统计实践的理论性总结和统计理论上一些最重要问题的研究，显然落后于共产主义建设的需要”。统计学家“对统计学这门科学的内容，首先是统计学对象和方法、所依据的理论基础，流行着不正确的观念”。“理论统计学著作只限于抽象的方法论问题，脱离了社会主义建设实践的现实问题”。过去这些“引起争论的问题，只是在少数专家中间解决，没有广泛地吸收科学界，特别是其他科学部门的代表参加，这就给统计学问题的科学研究带来了不少害处”。于是，“为了讨论引起争论的问题，为了研究统计科学的对象和方法，苏联科学院、苏联中央统计局和苏联高等教育部举行了统计学科学会议”。

第二是会议过程的基本情况。（1）会议由苏联科学院、苏联中央统计局和苏联高等教育部共同主办，代表科学研究、统计工作、高等教育的三个顶尖机构，可见规格之高。（2）“应邀到会的共有七百六十人”，其中有列宁格勒等十余个地区的代表。“参加会议的，主要是统计方面的科学工作者和实际工作者”，此外“还有经济学家、工程师、数学家、哲学家和医生”。由此可知，此次会议规模很大，代表性很强。（3）

“召开会议之前，曾在《统计通报》和《经济问题》两杂志上组织过关于统计学对象与方法问题的讨论”。会议期间曾把两部教材提交参会者，一部是苏联中央统计局局务委员会组织人力集体编著的《统计理论》，另一部是苏联高等教育部莫斯科经济统计学院集体编著的《统计学概论》。显然，会议对将要讨论的问题做了充分的准备。（4）会议上，“有六十个人发了言，二十人提出了书面意见”。“全体大会上选出了由二十九人组成的委员会”，对会议进行总结，“参加该委员会的有观点不同的代表”。“会议决议草案发给参会者，以便提出修正”。“已收到的意见和补充，在讨论总结的决议中都考虑进去了”。由此显示会议对相关问题经过充分讨论，形成的决议具有代表性和权威性。

第三是对若干种统计学基本观点的讨论，说明统计学是什么不是什么。“会议上暴露出来的观点，基本上可以归纳为三种比较突出的主张”。“第一种认为统计学是研究社会现象及自然现象的科学”。第二种认为统计学是研究方法论的社会科学，“它是关于收集一定社会现象的数字数据时所根据的那些原则的学说，是关于这些数据的加工方法的学说”。第三种认为统计学是一门社会科学，“它主要是研究社会生产关系，或者主要是研究经济的”。随后用大量篇幅说明上述三种观点存在的问题，其中牵涉到统计学与数学、数理统计学的关系，与政治经济学的关系，与社会科学的关系，进一步讨论当前统计学教科书中存在的问题、科学研究方面存在的缺点。报告对相应观点和问题做出分析，给出此次科学会议最后的处理方式，以及未来实施改进的要求。这些内容都会出现在《决议》中，但《决议》主要给出结论“是什么”，这份报告则更强调论证“为什么”。

二、第二份文献：会议通过了一项决议

《苏联统计学科学会议决议》形成于1954年3月召开的苏联统计学科学会议，原文以“关于统计学问题的科学会议的基本工作总结”为题刊载于苏联《统计通报》1954年第5期。中国全文翻译了此篇决议，刊于《统计工作通讯》1955年第2期——这就是

我要说的第二份文献。说起来很有意思，在苏联，科学会议《决议》刊出早于上面提到的那份“报告”，但在中国，刊出顺序却是先“报告”后《决议》。但是，这一阴差阳错也带来一定的好处：中国相关读者可以先看到相关问题的论证讨论，然后再“学习”这份《决议》。

这是一份很重要的文献，不仅对苏联统计学教学、科研实践产生了重要影响，其影响还延伸到了中国（以及社会主义阵营里的其他国家）。这里简要介绍这份文献所涉及的内容。

第一部分是“统计科学的基本对象和方法”。简短几段话，分别不同方面阐述统计学若干基本问题。“统计学是一门独立的社会科学。它在质与量的密切联系中研究大量社会现象的数量方面，研究社会发展规律在具体地点和时间条件下的数量表现”。“统计学的理论基础是历史唯物论与马克思列宁主义政治经济学”。“统计科学用一系列的范畴、指标和专门的方法阐明它所研究对象的客观性质和特征”，据此“制定专门的研究方式和方法（大量观察、分组、综合指标等等），这些方式、方法总合起来构成了统计学的方法论”。“统计学在某些情况下有成效地运用着数理统计的方法，包括机率论在内”，但“数理统计学却是数学的一部分”。“除了作为社会科学的统计学之外，还存在着物理统计学、力学统计学等科学知识部门，这些科学知识部门和作为社会科学的统计学根本不同，因此不能把它们看成是统计学的部门”。

第二部分是“关于教科书和教学大纲”。以会议提供的两部统计学教科书为对象，剖析其中问题，提出改进意见。（1）两部教科书的优点在于都“把统计学定为以社会生活现象为对象的科学，在现象的质与量的密切联系中从量的方面研究社会生活现象”，“拒绝以‘通用’的统计或数理统计顶替作为社会科学的统计理论”，“正确地强调了统计学的基础——历史唯物论和政治经济学的意义”。（2）两部教科书都存在比较严重的问题。《统计理论》的主要问题是对许多重要问题的论述不够或不完整，比如国民收入计算以及国民经济平衡表编制，统计指标的分析，统计指标的政治经济依据，对现代资本主义统计的批判，统计学方法论特别是应用范围越来越广的抽样观察方法。《统计学概论》

的问题是：有关统计学方法论一系列问题的论述与苏维埃统计实践脱节，所用例证陈旧，尤其在统计分析方面；仅限于重复那些对所有各门科学都有意义的辩证法一般原理，有关统计学特殊方法解释不够。（3）必须尽快编制一本新的统计教科书，既包括统计理论的一般问题，也包括社会经济统计，避免上述教科书中出现的问题，以供大多数高等学校教学之用。（4）教学计划和教学大纲要修改，一方面是高等经济学校统计课程的教学计划和教学大纲，一方面是高等统计学校和统计学系专用的现行教学大纲，其中特别提到要考虑该专业的具体需要教授数理统计课程，出版有关数理统计的教科书。

第三部分是“关于统计科学的现状与任务”。（1）首先对统计学科学研究定位。“苏维埃统计科学应该研究国民经济和社会生活中所发生的过程，用适当的指标正确地表现这些过程，发掘国民经济中的潜力，揭发缺点，阐明社会发展中的新的、进步的现象”。评价统计科学工作成就的主要标准应该是“该问题的解决对于国家工作、经济工作和计划工作的实践有多大帮助”。（2）以此为标准审视，可以发现统计学科学工作中的严重缺点：“统计实践的理论总结，以及重要统计理论问题的研究，显然落后于共产主义建设的要求”。之所以出现这些“理论与实践脱节”问题，首先是统计学界“对统计学的对象、方法和基本理论存在不正确的观念”，“作为社会科学的统计科学实质上被数理统计所顶替，成为脱离了具体内容的、抽象形式的方式方法的总和”，由此对“有关社会产品统计、国民收入统计、职工收入与集体农民收入统计、劳动生产率与成本统计、人口统计、卫生与文化统计、商品流转与财政等统计的一些极重要问题的研究发生了坏的影响，苏维埃统计实践在科学研究中没有得到充分总结”；另一个原因是各方面在统计科学研究组织不力，大学与统计实践脱节，高等教育部门、科学院、中央统计局都疏于科学研究方面的组织和推进。（3）进一步就是要针对当前问题采取措施：“科学工作人员集中力量研究苏维埃统计中具有巨大国民经济意义的、最迫切的问题”，包括与国民经济联系密切的那些最重要的问题，以及需要最迫切的方法论问题（特别提到抽样法）。为达此目标，需要各个部门配合，报刊、出版机构也应有相应动作。具体要求多多，这里省略。

三、第三份文献：响应决议苏联相关部门出台了一份科学研究目录

第三份文献是《统计工作通讯》1956年第14期（7月）刊载的《需要进行科学研究的统计学问题标准目录》（以下简称《目录》），译自苏联《统计通报》1955年第2期。

《目录》开宗明义讲其出台的背景，就是前面提到的《决议》对统计科学工作的批评以及提出的改进要求，为此提出“必须首先集中注意力研究现代苏维埃统计中具有重大国民经济意义的最迫切的问题”。要达此目的，必须“吸引广大苏联统计学界人士参加”。于是，“苏联中央统计局科学方法委会会同苏联科学院经济研究所，在邀请苏联科学院和各高等学校工作人员及实际工作人员参加之下，拟定并讨论需要进行科学研究的最迫切的统计问题标准题目，并公布这些题目的目录”；随后经过广泛征求意见和反复讨论，最后形成了现在我们看到的这份标准目录，目的是为苏维埃统计科学研究的问题“指出一个总的方向”。

《目录》是一份篇幅冗长、表述啰嗦的文本，其中以三种方式提出需要研究的具体课题。首先是“需要首先进行研究的最迫切问题”，列示出18项选题；然后强调“必须加紧研究的统计理论和方法论的一般问题”，以综述方式罗列出8个方面；最后是“一些综合性和专业性的题目”，前面列示出25项综合性选题，后面则按照12个专业统计列出117项具体研究题目。对此加以整合，其内容框架可见表1左边一列所示。在每一个主题之下还会有很多具体题目，限于本文篇幅这些只能从略。

四、第四份文献：中国出台了一份非常类似的科学研究选题

《统计工作通讯》1957年第2期刊出《统计科学研究讨论选题》（以下简称《选题》），署名“本刊编辑部”——这就是我要说的第四份文献。

关于这份《选题》的背景，文中交代：“如何开展统计的科学研究工作，并在研究

表1 苏联《目录》内容框架与中国《选题》框架的比较

苏联《目录》主题列表	中国《选题》主题列表
统计理论和方法论的一般问题	综合
综合性研究题目	
人口、保健、文化统计	人口、卫生、文化教育统计
劳动工资统计，工人、职员、集体农民家计统计	劳动工资统计
工业统计	工业统计
农业统计	农业统计
基本建设统计	基本建设统计
住宅、公用（市政）事业统计	
物资技术供应统计	物资统计
贸易统计	贸易统计
运输邮电统计	交通运输与邮电统计
财政与信用统计	
外国的统计	
计算工作的机械化	

工作中贯彻百家争鸣的方针，这是我们统计工作者所关心的问题”。为此“我们分别向有关单位和学校就这一问题征求了意见，并请他们提出当前我国统计理论与实践中迫切需要研究讨论的问题。这个做法获得了广泛而热烈的反应和支持。现将我们收到的研究讨论题目的一部分整理出来，请大家参考”。尽管目录是以编辑部名义刊出的，但鉴于《统计工作通讯》杂志的官方性质，以及当时统计工作由政府统计部门统一领导的背景，显然这并不是一个杂志的学术性行为，而是代表了国家统计局的意向。

整个选题目录采取“1+8”结构。首先是“综合”，涉及国民经济宏观统计问题，接下来是八个专业统计领域。具体内容如表中右侧一列所示，每一个主题下面都包含各个具体题目（这里省略）。

尽管《选题》中只字不提来自苏联的影响（我想大概是因为中苏关系开始交恶），

但有两个“证据”可以明确显示《选题》与上面提到的《目录》之间的关联。第一是时间，《目录》在苏联1955年发布，1956年7月在《统计工作通讯》（第14期）刊出，1957年初出台《选题》，这个时间轴线看起来很是“合理”。第二是内容框架，通过表中主题比较，不难发现中国这份《选题》对苏联那份《目录》的借鉴（甚至可以说是“抄袭”），凡《选题》有的，《目录》中都有。《选题》中没有出现的，一个是“统计理论和方法论一般问题”，中国当时可能不太重视这些纯理论性研究；还有就是专题性统计中的某些专题没有纳入，或许是因为中国经济还没有达到相应的发展水平（比如“住宅、公用（市政）事业统计”），或许是统计技术还没有达到相应水平（比如“计算工作的机械化”），或许是因为统计局管不了（比如“财政与信用统计”），或许是除了苏联以外其他国家尚不足以成为学习的对象（比如“外国的统计”）。所以，该有的，能做的，基本上都“拿过来”了。

五、补充几句

此篇写的有点长了。之所以长，是因为有大量引文，而不是简单概括。之所以要将引文给出来，是希望能够再现当时的语言生态氛围。对于现在的年轻人而言，这些语言乍看起来就像是“活化石”，但如果仔细琢磨，仍然可以看到延绵至今的一些学科争议，其中许多主题与当前的政府统计仍然有高度相关性。

苏联这次统计学学科会议以及《决议》，当时对中国具有很大影响，不仅限于我这里给出来的这份科学研究选题，而是波及统计教育、统计理论研究以及统计工作的方方面面。有关这份《选题》以及背后来自苏联的影响，我有一篇更加细致的研究论文已经成稿（论文题目初定“20世纪50年代中国统计学领域科学研究导向以及来自苏联的影响”），感兴趣者可以关注后续。

1950 年代苏联统计学领域科学研究状况的一面镜子

——《需要进行科学研究的统计学问题标准目录》文本解读

本文刊发于《中国统计》2020 年第 6 期。

20 世纪 50 年代新中国建设时期，苏联是一个异常显著的存在，作为社会主义（以及共产主义）建设的“老大哥”发挥着标杆作用。从理论到实践，当时的基本原则就是“全面学习苏联”，统计界也不例外。但当时苏联统计学领域是一个什么样子？我此前撰文“四篇文献再现当年苏联对我国政府统计的影响”（见《中国统计》2020 年第 4 期）谈及这个问题，其中提到当年曾经有一份《需要进行科学研究的统计学问题标准目录》（以下简称《目录》），是全面映射当年苏联统计学领域科学研究状况的重要文献，但限于篇幅只是描述了一个大概轮廓。此文发表之后，还真有读者与我联系，显示出他们对于了解当年情况的兴趣。故而我这里打算就这份文献再作点文本分析，看看能够发现些什么。当然，着眼点还是要看其对中国政府统计的影响。

一、《目录》的出台背景

《目录》中文版刊于《统计工作》1956年第14期（7月），译自苏联《统计通报》1955年第2期。

《目录》开篇讲到，“1954年3月苏联科学院、苏联中央统计局、苏联高等教育部召开统计科学会议，讨论了统计学科学的内容及其对象与方法等基本问题，讨论了共产主义建设现阶段上统计的迫切任务”；“同时指出了统计科学工作方面的许多严重缺点”，认为“对统计实践给以理论上的概括、对统计理论上最重要问题进行研究的工作，显著落后于现阶段共产主义建设任务向统计提出的要求”；为此提出“必须首先集中注意力研究现代苏维埃统计中具有重大国民经济意义的最迫切的问题”。为实现上述目标，“1954年3月28日苏联科学院主席团、苏联中央统计局局务委员会、苏联高等教育部部务委员会发布联合决定，委托苏联中央统计局科学方法委会会同苏联科学院经济研究所，邀请苏联科学院和各高等学校工作人员及实际工作人员参加，拟定并讨论需要进行科学研究的最迫切的统计问题标准题目，并公布这些题目的目录”。随后，该目录“草案经过许多学院、加盟共和国统计局及其他组织以及个人的讨论”，针对提出来的意见“又在苏联中央统计局科学方法委员会和苏联科学院经济研究所组织的扩大会议上讨论”，最后形成了现在我们看到的这份标准目录。这份目录“乃是实现统计科学会议工作总结的第一步…还不是详尽无遗的…只是在研究苏维埃统计来说意义最大的某些问题上指出了一个总的方向”。

由此可知，促使《目录》出台的直接推动力就是1954年3月召开的这次统计学科学会议，会上对统计学科学研究状况以及统计学高等教育状况的分析判断已经写入后续发布的《苏联统计学学科会议决议》（以下简称《决议》）之中。事实上，此次会议以及随后发布的《决议》的重要性，不仅体现于在统计学领域开展科学研究的推动力上，还体现在统计学科学研究的基本导向上，在很大程度上决定了这份《目录》的基本内容。

二、《决议》中有关统计学的基本定义

中国《统计工作》杂志曾全文刊载这份《决议》（见 1955 年第 2 期），以及介绍这次会议背景与过程的专家报告实录稿（见 1954 年第 8 期）。仔细研读这两份行文冗长、表述曲折的文献，可以发现，围绕统计学的基本问题，包括统计学与数理统计的关系、统计学的基本性质、统计学与当前苏联共产主义建设的关系等，科学会议曾经有过激烈的争论，最后形成的《决议》对这些问题提供了统一的认识和表述。这里试着归纳其中的主要观点。

1. 统计学是一门社会科学，具有阶级性，与特定社会形态有关，那种将统计学看作“关于自发的和偶然的自然现象和社会现象的通用科学”的看法是错误的。

2. 统计学有其特定的研究对象和研究方法，是研究大量社会现象的数量方面的社会科学，政治经济学是其理论基础，那种认为“统计学是研究方法论的社会科学”的观点是错误的。

3. 作为社会科学，统计学不等于数理统计，数理统计属于数学范畴，但统计学中会用到一些数理统计方法，主要“限于计算上的一些技术方法、抽样法、大数法则、机率论”。

4. 列宁和斯大林等在其经典著作中阐释了有关统计学的创造性思想。“社会主义——这首先就是计算”。中央统计局应该成为“社会主义建设的机关，检查、监督和计算社会主义国家现在、当前首先应当知道的事情的机关”。“任何建设工作，任何国家工作，任何计划工作，如果没有正确的计算，那是不能想象的”。“计算如果离开统计，就一步也不能前进”。

基于上述观点，有如下统计学定义：“统计是一门独立的社会科学。它在质与量的密切联系中研究大量社会现象的数量方面，研究社会发展规律在具体地点和时间条件下的数量表现。统计学在社会的生产力与生产关系的统一当中去研究社会生产的数量方面，研究社会的文化生活和政治生活现象的数量方面”。

我在这里之所以大段归纳和转录这些文字，是因为这些定义、观点、侧重点都在很大程度上影响了我们要着重分析的这份《目录》。

三、《目录》的内容框架

《目录》是一份篇幅冗长、表述啰嗦的文本，其中以三种方式提出需要研究的具体课题。开篇是“需要首先进行研究的最迫切问题”，列出 18 项选题；然后强调“必须加紧研究的统计理论和方法论的一般问题”，以综述方式列出 8 个方面；最后是“一些综合性和专业性的题目”，前面列示出 25 项综合性选题，后面则按照 12 个专业统计列出 117 项具体研究题目。

仔细分析这三个部分的内容，我觉得可以这样解读其间关系：第二部分属于统计学基本理论问题研究；第三部分是按照常规提出来的统计研究内容框架，包括“综合性”和“专业性”题目两个层面；第一部分则属于当前需要重点关注的题目，其内容与第三部分之间存在重复，不仅与其“综合性”题目有重复，甚至会细化到“专业性”题目层面。

据此，以下按照这样的思路展示《目录》的内容框架，作为文本分析的基础：将第二部分与第三部分中的“综合性”题目合在一起，作为“综合统计”；余下的第三部分作为专业统计列示；第一部分的选题则按照其具体内容分别归入“综合统计”和“专业统计”。整理后的结果，综合统计部分包括统计理论和方法论的一般问题以及综合性研究题目，专业统计部分则区分为 12 个专题，依次为：人口保健文化统计，劳动工资统计，工人、职员、集体农民家计统计，工业统计，农业统计，基本建设统计，住宅、公用（市政）事业统计，物资供应技术统计，贸易统计，运输邮电统计，财政和信用统计，外国的统计，计算工作的机械化。

抛开具体研究题目的内容，仅从框架而言，我们已经可以看到前面提到的有关统计学定义及其基本观点对《目录》的影响。统计学是社会科学，要面向社会主义经济建设进行计算和统计，要研究各类社会现象规律性的数量表现，要在生产力与生产关系的结合中研究社会生产过程的数量方面。所以，尽管也涉及统计学基本理论和方法，但《目录》显示的主要研究内容显然基本以应用性社会经济统计为主，而且，其具体专业统计的设置基本上再现了社会再生产过程的不同组成部分。也就是说，这份科学研究目录的整体思路，明确贯彻了《决议》的思想，是以《决议》思想为指导制定的。

四、《目录》具体研究题目内容解析

《目录》列出的研究题目很多，而且其内容表述冗长、含糊，先后有不少重复，由此给资料处理带来一定难度。限于篇幅，以下主要就“综合统计”做简要讨论。

为了更明确地显示其内容覆盖面及其重点所在，本文对这些研究题目按照不同主题做了归纳，处理后的结果如下表1所示。需要说明的是，原文针对各项具体研究题目的表述非常啰嗦且不规范，限于篇幅，这里无法照录原题，无奈只能通过文字处理提炼题目所涉及的关键词语，然后予以列示。

对这些研究题目做总体观察，可以进一步加强前面框架分析形成的认识：《决议》中有关统计学定义和相应观点直接决定了《目录》的具体内容。（1）马克思列宁主义与统计学的关系、统计学的社会科学性质、政治经济学与统计学的关系等题目，作为统计学基本理论的主要研究内容出现在《目录》中。（2）以社会主义建设为中心，强调统计为计划服务，专门设题目讨论“国家计划工作与国家统计任务”，特别将“社会主义统　计算体系”作为研究课题以响应列宁的论述，明确“经济活动分析属于统计”。（3）注重社会主义经济规律研究，体现出很明显的政治经济学色彩，比如，“国民经济社会必要劳动”“国民经济有计划按比例发展规律”等政治经济学经典命题直接被作为统计研究的立题依据，为研究社会主义再生产过程而讨论“社会产品生产、分配、再分配平衡表编制方法论的发展”。（4）概率论、数理统计等词语完全缺失，只是作为“数学方法”探讨其“在统计学中的应用”，同时专门抽离出来一些基于数理统计的方法，比如抽样方法、相关方法，研究其在经济社会统计中的应用，还要将这些归入“资产阶级统计”范畴作为“批判”对象。

如果尽力消解其中的政治色彩，仅从社会经济统计角度加以考察，可以看到所列题目具有以下特点：（1）覆盖了国民经济的主要方面，一方面注重国民经济总体状况的统计与分析，比如“国民财富、社会产品、国民收入的统计方法”“社会产品流通统计研究”，同时还延伸到一些影响国民经济发展的基本要素，比如与固定资产有关的统计研究，利润、生产能力利用等各类综合经济效率指标的统计与计算，技术发展和机械化统计。（2）计划经济特征明显，基于国民经济计划建立各种部门和产品分类体系，探索反映“各部门之间经济联系和动态指标体系”的方法；以“社会产品生产、分配、再分配”过程为对象进行各种平衡表编制研究，“为反映国民经济有计划按比例发展规律

表1 《目录》中属于“综合统计”的研究题目

主题	具体题目
统计学基本理论与定位	马克思列宁主义与统计学。统计学是社会科学。统计学与政治经济学。国家计划工作与国家统计任务。经济活动分析是统计的一部分。
总量与总体统计	国民财富、社会产品、国民收入的统计方法论。地区经济综合研究的方法论与指标体系。国民经济社会产品流通的研究方法论。为反映国民经济有计划按比例发展规律而研究国民经济比例与联系的方法论和指标体系。人民物质与文化生活水平提高情况的统计指标体系。
平衡与结构统计	统计学中的平衡法与专题论述法。社会产品生产、分配、再分配平衡表编制方法的发展。社会产品及其生产资料、消费资料结构的计算方法。国民经济部门分类表编制原则。工业、农业、建筑业部门间联系的研究方法。国民经济各部门相互联系的动态统计指标体系。
动态统计	生产资料和消费资料生产发展速度的统计方法。
固定资产统计	固定资产分类原则。固定资产平衡表编制方法。分类计算固定资产耐用期限的方法。折旧的统计研究。
经济效率指标计算与评价	国民经济社会必要劳动消耗的统计研究。企业和国民经济各部门利润的研究方法论。生产能力利用水平、潜力和增长情况的研究方法。先进与落后企业的统计研究方法。
技术发展与机械化统计	国民经济各部门技术发展水平的统计研究方法。国民经济各部门生产机械化水平的计算方法。全面机械化的研究方法。
统计制度体系	统一的社会主义计算体系。统计与会计的关系。原始核算科学组织的核算原则研究。
调查方法	抽样方法在家计调查、企业调查等各方面的运用。
统计方法	平均数、相对数与指数问题研究。统计资料的整理、汇总、分类和科学分析的方法。数学方法在统计学中的应用。整理资料和分析变异数列的方法。相关性方法在社会经济现象研究中的应用。
国际统计和外国统计	苏联和各资本主义国家主要经济指标（工农业总产值、国民收入、人民生活水平、商品流转额、消费量、劳动生产率等）对比方法论。各人民民主国家和中华人民共和国统计的发展。对资产阶级统计（包括思想基础、国家统计组织特点、指数统计理论与编制方法论）的批判。对美国和英国工业指标的批判分析。
统计史	苏联与前俄国统计史。

而研究国民经济比例与联系的方法论和指标体系”，谋求建立“社会主义统一计算体系”等，都具有这种色彩。（3）方法论研究占了一定位置，一方面是基于国民经济平衡思想的国民经济核算体系研究，同时还有各种具体计算方法研究。

五、补充唠叨几句

此文已经有点长了，但我还是要再唠叨几句。

具体接触这些文字你会发现，全面理解苏联《目录》中所列示题目的内涵并加以适当归类并不容易。作为特定时代的历史文献，它是用苏联在那个时代所形成的一套特有“词语”体系来表述的，其中至少包含：（1）当时基于马克思列宁主义形成的苏联政治经济学。（2）以高度计划管理模式为特征的苏联社会经济机制 。（3）后来被称为“物质产品平衡表体系（MPS）的苏联国民经济核算制度。这里我要自我“标榜”一下：本人曾经历过中国的计划经济年代，20 世纪 80 年代系统学习过当时的政治经济学理论，熟悉 MPS 的一套方法和专业术语；故而作为研究者，我有一定自信，能够充分理解这些题目的具体内涵，能够对这些材料做出适当处理，包括主题提炼以及相应归类。

读者可能要说，你费这么大劲在这些历史文献上下工夫，有用吗？我的回答是：深入研究历史才能准确理解当下，准确理解当下才能正确把握未来，这就是学术史研究的意义。基于此，钩沉 20 世纪 50 年代新中国初建时期发生的事情非常重要，而这一时期的主基调就是学习苏联。为此，我们需要了解苏联统计当时是什么样子，传入中国被中国相关机构、人员看到的苏联统计是什么样子，最后就是苏联统计对当时的中国政府统计产生了什么影响。我相信，经历过那个历史年代的人，包括活跃于 20 世纪 50 年代直至 80 年代的好几代人，看到上面的文字，都会不同程度地勾起自己的历史记忆。至于对中国政府统计的影响，还请各位后续关注我将要完成的“20 世纪 50 年代中国统计领域科学研究导向以及苏联的影响”一文。